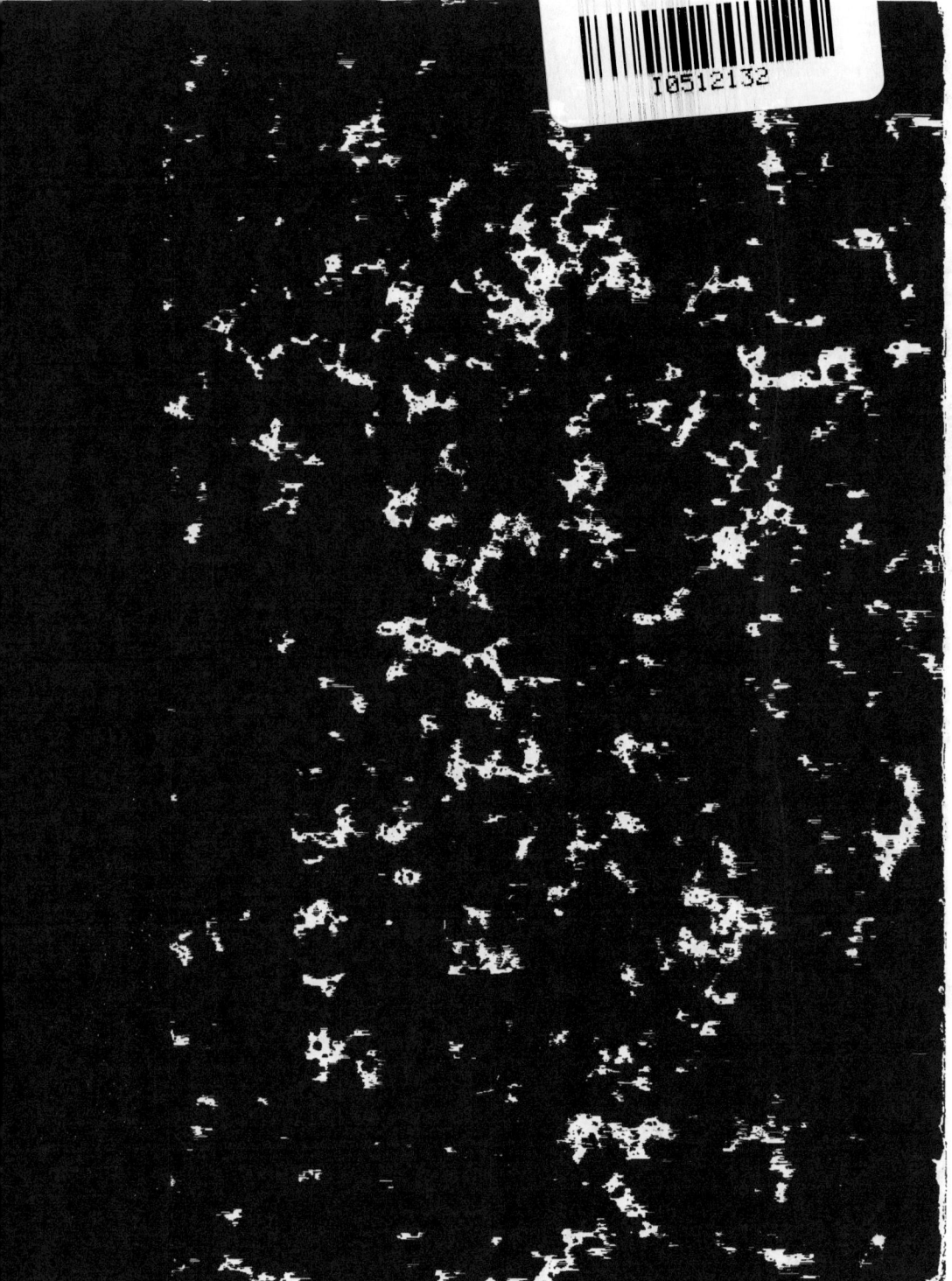

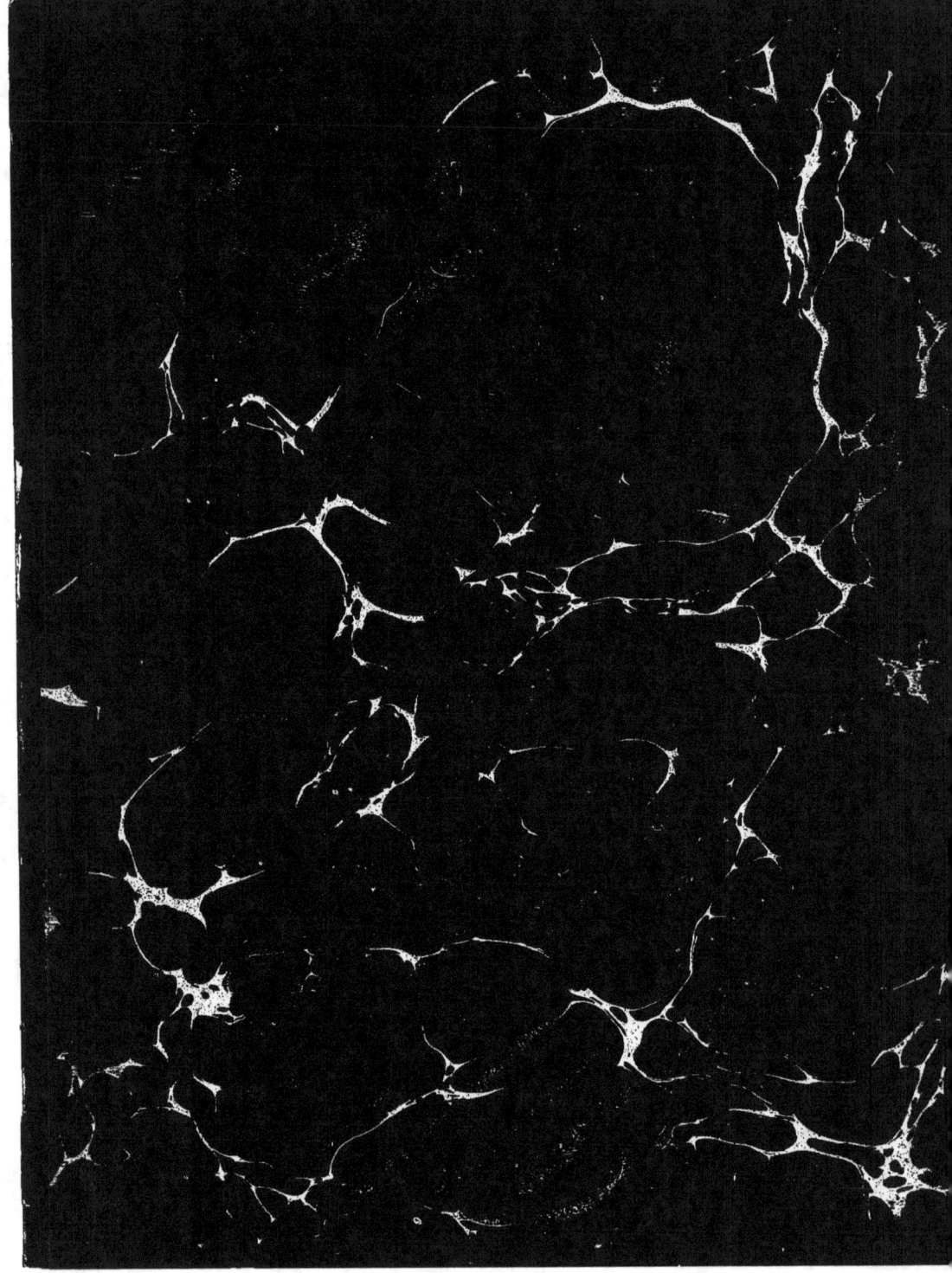

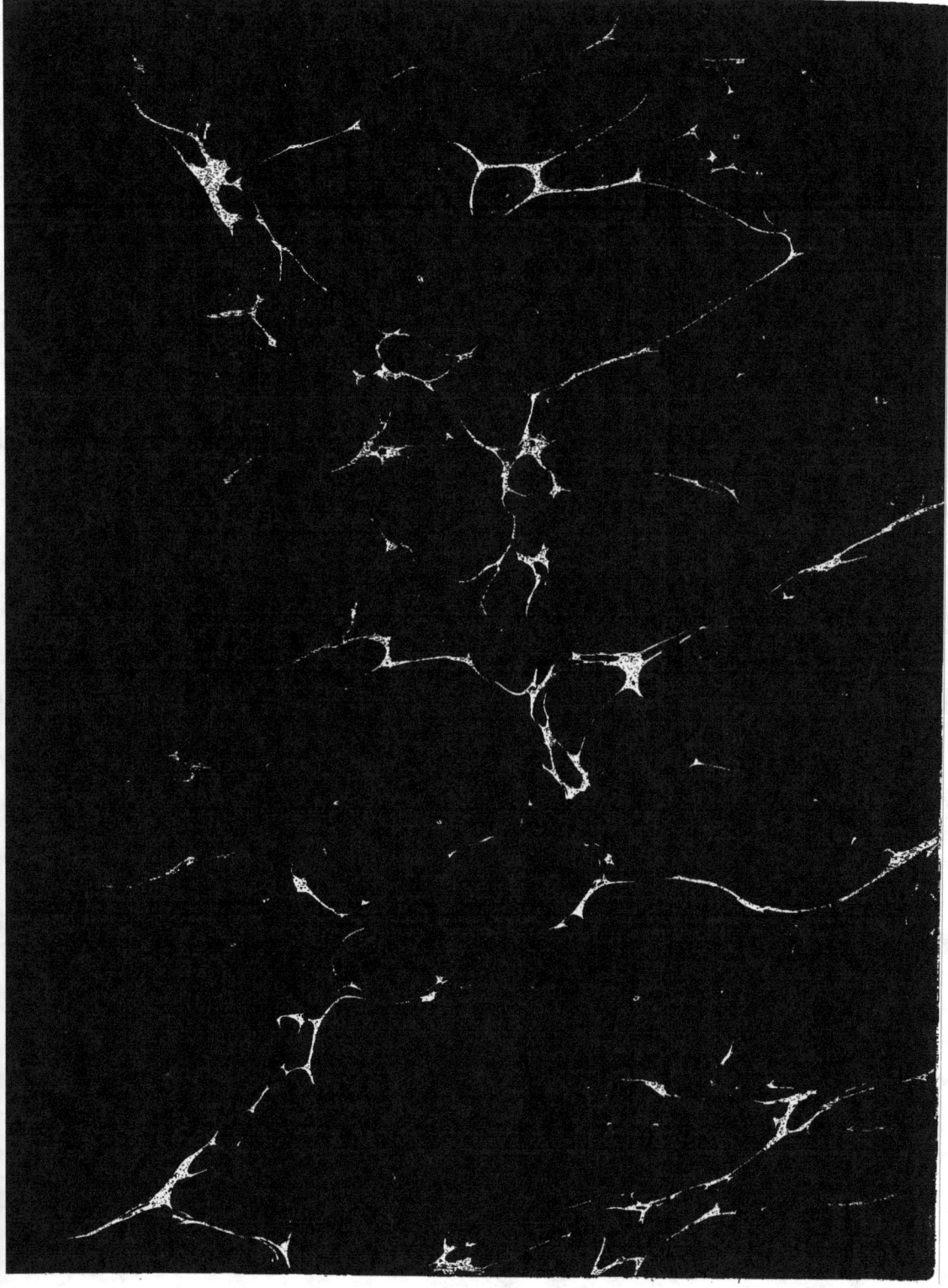

ICONOGRAPHIE

DE LA VIERGE.

ICONOGRAPHIE

DE LA VIERGE

TYPE PRINCIPAL DE L'ART CHRETIEN

DEPUIS LE IVe JUSQU'AU XVIIIe SIECLE,

PAR

EDOUARD LAFORGE.

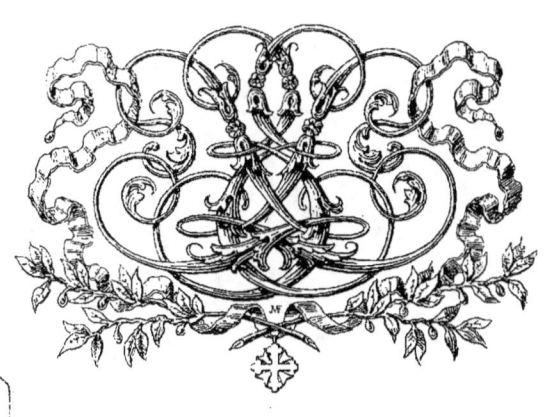

LYON

IMPRIMERIE DE LOUIS PERRIN

M D CCC LXIII.

1863

INTRODUCTION

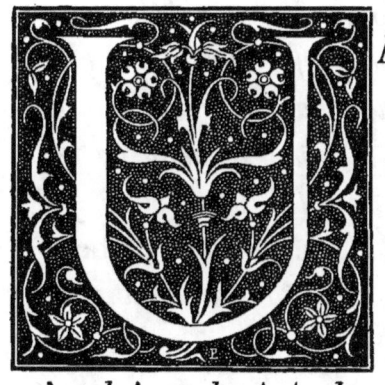NE des plus fortes preuves de l'existence de l'Etre Suprême se tire de l'assentiment de l'universalité des hommes à reconnaître un Dieu, n'importe sous quel nom, n'importe de quelle nature. Une des plus fortes raisons qui motivent aussi l'intérêt qui s'attache à Marie, le culte qu'on lui rend généralement, est l'ensemble des attributs qui entourent sa personne & qui l'élèvent d'autant plus dans l'esprit des nations civilisées que l'histoire d'aucun peuple, les fictions d'aucun poëte, aucune des fables de l'ingénieux paganisme n'ont jamais fourni un type qui puisse approcher de celui de la Vierge.

Les masses, dont l'opinion ne se trompe pas, l'appellent Sainte-

Vierge — pleine de grâce, — Mère de Dieu, — sanctuaire ou épouse de l'Esprit-Saint, — reine des anges, — reine des saints, — temple vivant du Dieu vivant & de mille autres appellations que font instantanément éclore, comme des fleurs jetées aux pieds de ses autels, la piété & l'amour qu'on lui porte.

Pour comprendre la grandeur des mérites de Marie, le prestige qui s'attache à elle & surtout le motif de l'honneur exceptionnel que lui rendent spécialement les personnes de son sexe, il faudrait exposer ce qu'était la femme avant la naissance de Marie, avant l'accomplissement de la mission qui lui était assignée de toute éternité & apprécier ce que cette moitié du genre humain a acquis en dignité, en grandeur, par celle qui s'est tant abaissée, qui s'est tant humiliée.

Communément regardée, par les yeux de la prévention, comme la source du mal, la femme était nulle pour l'influence du bien; constamment dominée par l'idée de l'assujettissement auquel elle avait été soumise comme première expiation d'une première faute, son rôle était de servir, sa récompense d'aimer la main de fer qui s'appesantissait sur elle; & l'homme, qui lui devait tout, qui ne pouvait se passer d'elle, ne la regardait que comme un beau mal, mais un mal nécessaire, qu'il lui était impossible d'éloigner de lui.

Le type féminin religieux, dans l'antiquité païenne, était Vénus; Vénus, qui n'était ni vierge, ni épouse, ni mère, ni fille, ni sœur, ni rien de ce que peut être la femme en bien, mais qui était tout ce qu'elle peut être en mal. Dépouillée de toute qualité morale, comme de tout voile, armée de tous les attraits, de tous les appas séducteurs dont le roi des poëtes avait composé sa ceinture, elle était la plus victorieuse de toutes les divinités, la dominatrice des dieux & des hommes, qu'elle couvrait de honte après leur défaite, en les attelant à son char triomphal.

Qu'on juge, dit l'auteur du Plan divin, de l'influence que ce type de la femme devait exercer sur son sexe & par lui sur les mœurs, par le culte infâme qu'il recevait à Chypre, à Samos, à Corinthe, au mont Erix, où il était desservi dans des temples magnifiques, par des milliers de courtisanes.

Tirons un voile sur cette abjection, sur cet abîme de dégradation où la femme était tombée. C'est assez faire pressentir la nécessité, pour toute l'espèce humaine, de trouver, au sein d'une religion régénératrice, une femme, modèle spécial de sainteté & de dignité, qui relevât son sexe de la boue & lui rendît, à côté de l'homme, la place que lui destinait le Créateur & d'où l'avait fait descendre une coupable faiblesse.

La Vierge paraît; elle est ornée de toutes les qualités physiques & morales, de tous les dons de la nature, de tous les charmes qui captivent, qui subjuguent les cœurs, tout en inspirant un respect, une vénération qui ne s'expliquent que par le beau, le grand, le noble, le parfait qui se trouvent en elle & qui rejaillissent sur tout son sexe, afin que, par elle, il soit relevé, réhabilité, ennobli, comme le sexe de l'homme le sera par l'Adam nouveau, le Christ, le Sauveur du monde.

C'est une femme; elle a tous les avantages, tous les priviléges de la femme, elle n'en a point les défauts. A son apparition, elle est saluée avec enthousiasme, par la moitié du genre humain, comme une libératrice, comme une nouvelle mère qui va engendrer un monde nouveau, comme une reine dont la puissance toute morale détruira les préjugés funestes à son sexe, comme une femme prédite, annoncée, élue, prédestinée pour rétablir, pour refaire ce que la première femme a détruit.

Avec des titres aussi vrais, aussi peu contestables que peu contestés, au respect, à l'admiration du monde, n'est-il pas étonnant que presque aucune plume n'ait entrepris d'écrire son histoire !

Son éloge est cependant dans toutes les bouches, la dévotion qu'on lui porte fait palpiter tous les cœurs, son effigie remplit les temples, les chapelles, les musées, les habitations domestiques, elle est placée sur les montagnes, sur les tours, dans les carrefours; sa personne est partout, son histoire n'est nulle part.

Plus de quarante mille volumes ont été consacrés à perpétuer sa mémoire, à exalter son mérite, à dire les bienfaits de sa puissance, de son crédit auprès de son divin Fils, à raconter les faveurs célestes qu'elle fait pleuvoir sur la terre, mais aucun ne contient son histoire proprement dite.

Si on cherche la raison de cette lacune, on la trouve dans l'impossibilité de dire convenablement, de raconter avec quelque exactitude, avec dignité, les actes, les circonstances, les événements d'une vie toute pleine de mystères, d'une vie dont aucune vie n'approche & qui n'a de commun avec celle de l'humanité que la naissance & la mort, que les souffrances & les épreuves, mais dans laquelle se remarque, à chaque pas & à grands traits, l'empreinte de la divinité.

L'Ancien Testament fait, à chaque page, pressentir la naissance de Marie, le Nouveau Testament l'annonce & dépose de son existence, mais le récit des événements qui lui sont particuliers n'a trouvé place que dans les légendes, fruit avorté de la dévotion populaire.

Cependant, lorsque les ministres de la religion veulent faire tomber sur les grands du monde, sur les masses, du haut de la tribune évangélique, des paroles émouvantes, remuant les cœurs, fixant l'attention, captivant les esprits; lorsqu'ils veulent proposer un exemple à suivre, un modèle à imiter, c'est toujours dans la vie du Christ ou dans celle de sa Mère qu'ils puisent leur enseignement.

Lorsque les biographes entreprennent le panégyrique d'un grand personnage, ils n'ont garde d'oublier de citer l'illustration de ses ancêtres, d'énumérer les armoiries, les blasons qui, s'attachant à la vie de ses aïeux, rejaillissent sur lui & rehaussent son origine.

On pourrait en agir ainsi en faisant l'histoire de la Vierge. Fille de quatorze rois de Juda, épouse apparente d'un descendant de la race de David, mais en réalité épouse d'un Dieu, les titres de noblesse de Marie sont inscrits dans les chartes du peuple hébreu, dans les annales de l'éternité, & l'éminence de ses prérogatives lui assure à jamais des droits aux respects & à la vénération des riches du monde, des grands de la terre, comme à ceux du pauvre & de l'esclave.

Mais où trouverait-on, dans les ancêtres de la Vierge, un mérite qu'elle n'ait point surpassé, un genre de distinction qu'elle n'ait pas obtenu! A côté de son innocence pâlit l'innocence d'Abel, auprès de sa sainteté, de sa sagesse s'éclipsent la sainteté de David, la sagesse de Salomon; la chasteté de Suzanne n'est qu'une ombre de la pudeur qui brille sur le front virginal de la

Mère de Dieu, & le courage d'Esther & de Judith, se sacrifiant pour le salut d'Israël, ne peut se soutenir à côté du courage de Marie assistant au sacrifice de son Fils unique, mourant pour le salut du monde.

Il est donc évident que, pour retracer la vie de la Vierge, vie si noble, si digne d'être connue, si pleine d'intérêt à tous les points de vue, il fallait des plumes inspirées par le génie, conduites par le génie ; il fallait enfin les plumes des beaux-arts.

Confiant en ses propres forces, l'art a accepté cette tâche ; depuis plus de quatorze siècles, il est à l'œuvre avec d'autant plus de persévérance & de ténacité que plus il y travaille, plus il y trouve à faire. Quand il a fini, il recommence, & son œuvre, quelque multipliée qu'elle soit, trouve toujours des admirateurs nouveaux.

Différent des autres biographes qui ne parlent qu'à l'esprit & dont le récit n'exerce sur les sens qu'un mouvement éphémère, l'art parle à la fois à l'esprit & aux yeux ; son livre, toujours ouvert, est intelligible à l'ignorant comme au savant, & plus son style s'élève en expressions nobles, en conceptions élégantes, plus le sens en est compris, plus il est goûté & apprécié.

Aussi que de pinceaux, que de burins, que de talents, que de génies se sont exercés à reproduire les événements de la vie mystérieuse de Marie, dont la personne n'est en réalité qu'un mystère.

Depuis des siècles nombreux, toutes les branches de l'art ont été au service de la Mère de Dieu ; toutes les fortunes ont contribué à son exaltation, & rien, dans cette existence à la fois si noble & si pure, si poétique & si sublime, n'est resté inédit ; tout a été traduit de mille manières & tranfmis, avec tout le preftige de l'art, à l'admiration des peuples & des générations futures.

Dire tout ce qui a été le fruit de tant d'efforts, énumérer tout ce qui a été produit par tant de vénération, de reconnaiffance & d'amour, cela ne fe peut : ce ne ferait rien autre que faire l'hiftoire complète de l'art chrétien, fous toutes fes formes & depuis fon origine.

Nous avons penfé que, même en reftant en dehors d'une tâche auffi vafte, il y avait encore beaucoup à faire. Il nous a femblé qu'il ne ferait pas fans utilité pour les artiftes, fans charme pour les amateurs, ni fans édification pour les fidèles, de décrire rapidement les principaux types fous lefquels Marie a été repréfentée à diverfes époques & chez différents peuples ; de dire de quelle manière ont été repréfentés les divers événements qui forment la partie la plus intéreffante de fa vie, celle qui fe lie intimement à l'hiftoire évangélique de fon fils. Ces modeftes études d'efthétique religieufe pourront peut-être profiter à l'art contemporain, en faifant connaître les perfonnifications les plus heureufes de la Vierge-Mère & en rappelant les formes confacrées, & pour ainfi dire liturgiques, fous lefquelles elle a été repréfentée.

Nous n'ofons nous flatter d'avoir atteint complètement ce but, mais on nous faura gré, du moins, d'avoir entrepris une œuvre fi néceffaire, & l'on reconnaîtra peut-être que nous n'avons rien négligé pour affeoir notre travail fur des bafes certaines.

Outre les fources originales & les monuments : tableaux, gravures, marbres & ivoires, que nous avons confultés, nous devons fignaler particulièrement quelques auteurs dont les ouvrages nous ont été d'un grand secours. A cet égard, nous devons beaucoup à MM. Didron, Feuillet de Conches & Emeric David, à l'abbé Pascal, à Monseigneur Pavy, à l'abbé Orsini & plus spécialement encore à Madame Jameson, dont l'œuvre sur les légendes de la Vierge nous a servi de guide pour l'ordonnance de notre livre & dans laquelle nous avons trouvé des documents précieux.

Que ces écrivains distingués reçoivent ici l'expression de notre vive gratitude, &, s'il se trouve dans notre ouvrage quelque chose d'utile, c'est à eux que le lecteur en sera redevable, ne réservant pour nous que l'honneur de le lui avoir fait connaître.

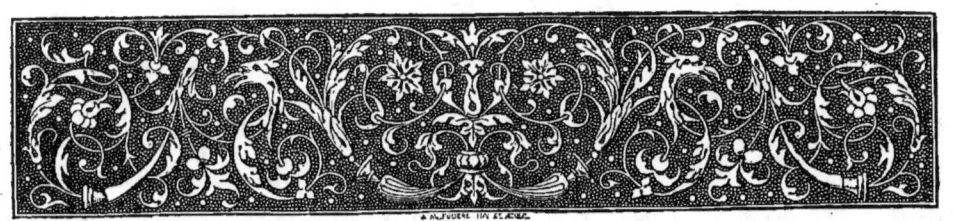

VIE DE LA VIERGE

RACONTEE PAR LES BEAUX-ARTS.

I.

Miſſion de Marie. — Ses Grandeurs.

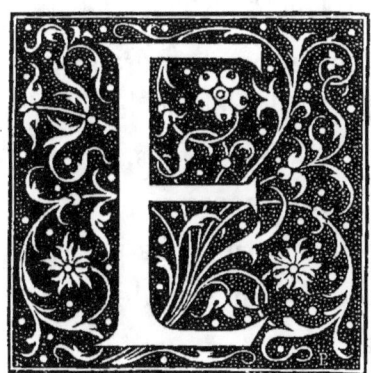N liſant avec quelque attention la Genèſe & le Livre des Prophètes, il eſt facile d'y voir que, depuis l'origine du monde, dès l'aurore des jours, une femme était annoncée par l'oracle éternel & que la miſſion qui lui était deſtinée avait une telle ſublimité que, pour la remplir, il fallait une de ces prédilections qui tiennent du ſurhumain, dont aucun mortel ne peut approcher, ſans la participation directe de la divinité.

Abuſant de la liberté que le Créateur venait de lui départir, comme son plus noble apanage, dit le premier Livre de Moïse, l'homme, par une coupable faiblesse, avait perdu tous ses droits, toutes ses prérogatives. Un abîme immense s'était creusé sous ses premiers pas; il avait désobéi. Satan s'était posé en antagoniste, disputant au Créateur la possession de sa créature, &, par la préférence qu'il en avait obtenue, une barrière infranchissable s'était placée entre Dieu & l'homme, entre le ciel & la terre.

Une sentence terrible était aussitôt venue frapper les coupables; mais le châtiment que le Seigneur infligeait aux transgresseurs de sa loi laissait subsister toute la faute, n'en détruisait pas les funestes effets : une mort, & une mort sans fin devait en être la conséquence.

C'en était donc fait de l'espèce humaine. Après avoir, ici-bas, végété quelques jours, sans rien pouvoir par lui-même pour sa réhabilitation, l'homme aurait vu s'exécuter l'arrêt fatal & son existence, sur cette terre, n'eût été que le passage d'un fantôme de vie temporelle à un trépas éternel, si, dans sa miséricorde, Dieu n'eût daigné faire luire à ses yeux un rayon d'espérance. « Un Rédempteur viendra, dit l'Eternel, il réhabilitera le ciel avec la terre, l'homme avec Dieu. » Paroles consolantes, bien propres à ranimer le courage de nos premiers pères.

Mais la même prédiction portait, en termes formels, la punition terrible de Satan : « Une femme naîtra qui t'écrasera la tête. » (Gen. III, 15.) Cette femme était Marie.

Il ne s'agissait de rien moins que de la régénération du genre humain, que de la destruction du vieil homme, pour mettre à sa place l'homme nouveau. Il était question, en quelque sorte, d'une nouvelle création de l'homme. Jéhovah, qui avait pu seul,

& par un acte de fa volonté, opérer une première fois ce grand œuvre, femble avoir befoin maintenant de la participation d'une femme, pour refaire, pour rétablir ce que le mal a détruit. « Une femme naîtra, dit la Genèfe, chap. III, v. 15, & cette femme aura un fils qui détruira ta puiffance. » Telle eft la prédiction qui fort de la bouche du Très-Haut & qui trace, en peu de mots, & le rôle de Marie & celui de fon fils. Telle eft auffi l'indeftructible union de ces deux noms que l'on trouve inféparables dans toutes les théogonies de la terre, à tel point que partout où l'idolâtrie a confervé quelque emblème de la révélation primitive, même dans fes fables les plus compliquées, on eft fûr de trouver, à côté d'un libérateur promis, une mère & fouvent une vierge-mère promife avec lui.

La voilà debout cette Vierge fainte, debout fur les fondements du monde chrétien. Elle apparaît déjà comme la fource des générations fidèles, comme le point de mire des perpétuelles mais ftériles embûches de Satan, comme la mère du Rédempteur promis, comme une reine qui, au temps marqué pour fon triomphe, brifera les puiffances de l'abîme, & *celui qui a vaincu par la femme fera vaincu par une femme.*

Cependant cette promeffe que Dieu fait au premier homme, & dont la réalifation fe perd encore dans un lointain avenir, femble prendre plus d'importance, de la part de l'Eternel, à mefure qu'approche le temps de fon accompliffement. Non-feulement il a peint cette femme en caractères vivants, dans chaque page de l'hiftoire hébraïque, en la déguifant tantôt fous les noms de Sara, dont la fécondité eft l'effet d'un miracle, de Débora & de Judith, victorieufes des ennemis d'Ifraël, tantôt fous ceux d'Abigaïl qui perfonnifie la prudence, d'Efther qui expofe fa vie pour fauver fon peuple; mais il la fait encore annoncer par les Prophètes. « Quel figne, dit Ifaïe aux enfants d'Abraham, voulez-vous que je vous donne, dans le ciel & fur la terre, de la vérité que je vous annonce? Voici celui que vous donnera le Seigneur lui-même: *Une Vierge concevra & enfantera un fils* dont le nom fera Emmanuel, c'eft-à-dire Dieu avec nous. »

A chaque page des Ecritures facrées, les grandeurs, les vertus & les priviléges de cette femme myftérieufe font exprimés fous des termes figuratifs & fymboliques qui la peignent, qui l'annoncent, qui la défignent fans la nommer. Elle y eft dite *l'aurore* qui préfage le lever du foleil de juftice; *le lis* au milieu des épines; *l'arche d'alliance* qui portera dans fon fein l'efpérance & le falut du monde; *le rejeton de la tige de Jeffé*, d'où naîtra, comme une fleur, le Défiré des nations.

Mais qu'eft-il befoin de fuivre pas à pas, dans le Pentateuque, toutes les citations, toutes les allégories qui ont trait à la fille de Joachim! Pendant quarante fiècles, la loi mofaïque, dit Mgr d'Alger, l'a portée dans fes flancs, avant de l'enfanter fur le feuil de la loi nouvelle, dont elle eft l'aurore; le foleil va diffiper les ténèbres.

Depuis quatre mille ans, le monde, renfermé dans le cercle de fer de l'abrutiffante idolâtrie, courbé fous le joug fatanique & dans la plus dégradante proftitution, attendait le moment de fa délivrance & la réalifation des promeffes depuis fi longtemps faites & fi fouvent renouvelées. Dieu, qui s'était déjà repenti d'avoir fait l'homme, mais qui, en faveur d'un feul jufte, avait caffé l'arrêt de la deftruction totale de la race humaine, fe laiffe enfin fléchir par les larmes & les prières de son peuple, par le mérite de ses prophètes & de tant de justes qui avaient vécu dans l'attente du Rédempteur promis & s'étaient assis à l'ombre de la mort, en attendant le lever du soleil de la vie; Dieu, disons-nous, daigne abaisser sur la terre un regard favorable. Le temps marqué par ses oracles approchait, le règne de l'erreur allait finir, &, la réalité succédant aux figures, la vérité allait se montrer dans tout son éclat.

La fille d'Anne & de Joachim, Marie immaculée, dont le nom est apporté du ciel par un ange, est cette femme privilégiée, prédestinée depuis le premier des jours, qui va être la mère du Messie.

Si, de la Bible, on passe à l'Evangile, la mission, les grandeurs de Marie y sont dépeintes en termes plus expressifs encore.

Un archange, y est-il dit, député du Très-Haut, chargé de remplir auprès de Marie une ambassade divine, vient négocier avec elle l'Incarnation du Verbe & le rachat du monde. Il lui donne, de la part de Dieu, un salut que jamais femme, même la plus élevée en dignité, ne reçut ici-bas. « Je vous salue, Marie, pleine de grâces, le Seigneur est avec vous; vous êtes bénie par dessus toutes les femmes; Celui qui naîtra de vous sera nommé le Fils de Dieu & sera l'œuvre du Saint-Esprit. » (Luc, 1, 28, 35.)

Que de grandeur, que de majesté dans ces paroles de l'ange! O Marie, c'est à vous qu'elles s'adressent; vous seule en étiez digne! Une femme, faible créature, va donner le jour à son Créateur; de son lait virginal, elle nourrira Celui qui distribue, tous les jours, la pâture aux oiseaux & la nourriture aux hommes;

elle emmaillotera Celui que le ciel & la terre ne peuvent contenir; par elle une seconde alliance sera faite entre le ciel & la terre; un Dieu se fera homme &, par lui, les hommes seront faits dieux.

Toute cette férie de prodiges est concertée entre Elle & la Trinité; sublime destinée, admirables prérogatives d'une femme de laquelle aucune bouche ne saura jamais dire la gloire & les priviléges! Est-il possible, dit Mgr Pavy, d'élever plus haut, par la pensée, par le langage & par le miracle, une simple ouvrière, comme l'appellent Tertullien & saint Jérôme?

Mais, pour que les desseins du Très-Haut s'accomplissent, il faut le consentement de Marie, &, dans ce moment, le ciel & la terre sont dans l'attente de cette parole qui doit sortir de sa bouche & décider du sort du monde.

Avant d'accepter l'honneur sublime d'être la mère du Rédempteur, pendant que la nature entière, courbée en sa présence, tandis que tous les siècles, captifs à ses pieds, attendent avec anxiété sa réponse au message céleste, elle délibère dans son esprit, elle veut savoir, ô prodige de vertu, si c'est au prix de sa virginité que s'exécutera le plan divin, & ce n'est qu'après avoir acquis la certitude de la conserver tout entière, sans altération, sans souillure, qu'elle accepte, en humble servante, d'être la mère du Fils de Dieu. *Fiat*, dit-elle.

Un premier *fiat*, tombé de la bouche de Jéhovah, créa la lumière qui éclaire la nature extérieure; ce *fiat* de Marie produisit la lumière qui, selon saint Jean, éclaire tout homme venant au monde & chasse les ténèbres à l'ombre desquelles les nations dormaient d'un sommeil de mort. (Luc, II. 79.)

Est-ce assez d'élévation! est-ce assez de grandeur! Le Créateur, que l'auteur inspiré nous présente conversant avec ses créatures, en a-t-il jamais élevé une autre à l'égal de Marie! Beaucoup de filles, dit le Sage, ont réuni leurs richesses pour plaire à l'Epoux, mais elle les a surpassées toutes. (Proverbes, 29, 31.)

Le consentement est donné, « *Je suis la servante du Seigneur; qu'il me soit fait selon votre parole* », répond enfin cette humble & modeste femme. Mais, pour que Marie croie aux paroles de l'ange, il lui faut une preuve, un témoignage éclatant de la vérité. Gédéon n'accepta la conduite du peuple hébreu & le commandement de l'armée d'Israël, qu'après avoir vu s'accomplir trois prodiges, comme preuve de sa mission divine. Un seul suffit à Marie pour croire aux paroles de l'Archange, mais il le lui faut de premier ordre. « Rien n'est impossible à Dieu, dit le messager céleste, & voici que votre cousine Elisabeth, qui depuis longtemps était stérile, est dans le sixième mois de sa grossesse. »

A ces paroles de l'Archange, Marie, pleine de foi, s'humilie profondément &, remplie de surprise, elle part pour aller féliciter sa cousine de la faveur que Dieu lui a faite en la délivrant de l'opprobre de sa stérilité.

« D'où me vient ce bonheur, s'écrie Elisabeth, en abordant Marie, que la mère de mon Seigneur vienne jusqu'à moi? Je n'ai pas plus tôt entendu votre voix, que mon enfant a tressailli dans mon sein. »

« Mon âme, reprend Marie, mon âme glorifie le Seigneur qui a fait en moi de grandes choses. Il a déployé la puissance de son bras pour me donner Celui que, dès l'origine des siècles, il a promis à nos pères, à Abraham, à toute fa race &, parce qu'il a regardé l'humilité de fa fervante, voilà que toutes les générations me proclameront bienheureufe. » (Luc, 1, 42, 55.) Paroles admirables, cantique plus fuave, plus harmonieux que les chants du Roi prophète, plus lyrique que l'hymne des Hébreux échappés des mains de Pharaon, plus triomphal, dans fon humble fierté, que le chant de victoire de Débora dans la plaine fanglante du Cifon.

Le foleil fait pâlir l'aurore, dit l'éloquent & nouvel apôtre de l'Afrique; les ombres fuient devant la lumière; mais la gloire infinie de Jéfus n'a pas voulu effacer la gloire immenfe de Marie. Le Fils de Dieu l'a, au contraire, grandement rehauffée. Tant que dure la vie privée du Chrift, l'Evangile le préfente comme foumis à fa mère & à Jofeph à caufe d'elle. Le premier miracle, qu'il fait aux noces de Cana, eft l'effet des prières de Marie & fon dernier acte, qui fe paffe au Calvaire, le dernier mouvement de fon cœur, fon dernier foupir, au moment de fa mort, eft encore en faveur de Marie.

Les oracles bibliques l'ont annoncée dans leurs écrits myftérieux & prophétiques, précifant la miffion que l'Eternel lui deftine dans les grandes chofes que la Trinité projette. Affociée en quelque forte à la divinité, elle devait en partager la félicité, & voici que l'exilé de Pathmos la voit déjà triomphante dans la demeure célefte. « Un figne éclatant, dit cet apôtre dans fon Apocalypfe, m'apparut dans le ciel : Je vis une femme, revêtue du foleil, ayant la lune à fes pieds & fur la tête une couronne de douze étoiles. » (Apoc , 1, 12.)

Si de l'Ancien & du Nouveau Teftament on paffe aux écrits

des Docteurs, des Pères de l'Eglife, les éloges de Marie grandiffent encore, & il femble qu'à mefure qu'on s'éloigne de ces temps de prodiges, le mérite de la Vierge, mieux apprécié par le bienfait de la civilifation qui a fuivi les traces de la doctrine du Meffie, reçoit partout & toujours un plus grand témoignage.

Le martyr faint Ignace l'appelle la maîtreffe de la religion chrétienne; Irénée, l'apôtre de Lyon, la nomme l'avocate d'Eve, parce que les hommes, étant devenus efclaves par la faute d'une femme, ont été affranchis par une femme; Tertullien, reprenant la même idée, dit : « Eve a tout perdu, en croyant au ferpent; Marie a tout fauvé, en croyant à l'ange. » Saint Cyprien la nomme fans tache & il ajoute : « à la Mère était due la plénitude de la grâce ; à la Vierge, la furabondance de la gloire. » Origène obferve qu'à Marie, & à Marie feule, était réfervé l'honneur de s'entendre faluer *pleine de grâces;* faint Grégoire Thaumaturge l'appelle Fleur immaculée de la vie. « Très-fainte Vierge, dit-il, votre gloire eft de beaucoup au deffus de tout éloge ; le ciel, la terre & les enfers vous rendent le culte & la vénération qui vous font dus. »

Si, après ces témoignages ifolés, difféminés à profufion dans les œuvres des auteurs facrés, de ces hommes qu'on regarde comme les colonnes de la vérité évangélique, on paffe à l'expreffion de la Foi des conciles, qui en font comme la clé de voûte, on n'y trouve ni moins de refpect enthoufiafte, ni moins de vénération élogieufe pour exalter la mémoire & les mérites de cette femme, de laquelle il eft dit qu'on n'implore jamais en vain le puiffant crédit.

Dès les premiers jours du ve fiècle, un héréfiarque, Neftorius, ose combattre, du haut de la chaire de Constantinople, le titre à jamais glorieux que l'Eglise a, de tout temps, donné à Marie. Aussitôt, de tous les points de la chrétienté, accourent à Ephèse les évêques, les docteurs, & Marie y est solennellement & splendidement proclamée de nouveau, à la face du monde, ce qu'elle a été, ce qu'elle sera, la Mère du Christ, fils de Dieu, consubstantiel au Père & au Saint-Esprit, &, par conséquent, véritablement *Mère de Dieu*. « Je vous salue, ô Marie, Mère de Dieu, » s'écrie saint Cyrille d'Alexandrie, en présence des évêques assemblés, « vous êtes le trésor vénérable de tout l'univers; lumière toujours vivante, couronne de la virginité, sceptre de la vraie doctrine, temple indestructible dans lequel s'est renfermé Celui qu'aucun espace ne peut contenir. Vous, par qui la Trinité sainte est glorifiée & adorée! Vous, par qui la précieuse croix du Sauveur est exaltée dans le monde entier! Vous, par qui le ciel triomphe, les anges se réjouissent, les démons tremblent & sont mis en fuite!..... »

A peine est connue la décision des oracles sacrés qui expriment ici la foi chrétienne, la ville s'illumine spontanément; des chants d'allégresse se font entendre dans toutes les rues; le nom de Marie est solennellement porté en triomphe & une éclatante réparation est faite à l'honneur de celle qu'on voulait priver de son plus beau titre.

De par l'autorité de la loi ancienne & de la loi nouvelle, de par l'aveu des conciles & des Pères de l'Eglise, Marie est donc proclamée Mère de Dieu, &, comme telle, digne de tout respect & de tout hommage.

Elle a rempli sa mission sur la terre. Les paroles prophétiques qui la concernaient ont été entièrement & pleinement accomplies. D'après ce qui eſt écrit, elle était deſtinée à ſervir de médiatrice entre le ciel & la terre, à participer à la réhabilitation du monde, à ſervir à l'homme comme de marchepied pour s'élever juſqu'à la demeure céleſte; elle a donc pu dire, ſur ſon lit de mort, comme ſon fils ſur le Golgotha, à ſon heure ſuprême : « *Tout eſt conſommé.* » Du haut du ciel où la Foi la place, régnant en ſouveraine, elle protége ſes enfants adoptifs, elle veille ſur eux, ſans que jamais ſe tariſſe l'immenſe crédit dont elle jouit auprès de ſon divin Fils, ſans que jamais ſe laſſe ſa patience, ſans que jamais s'épuiſent ſes bontés envers ceux qui l'implorent.

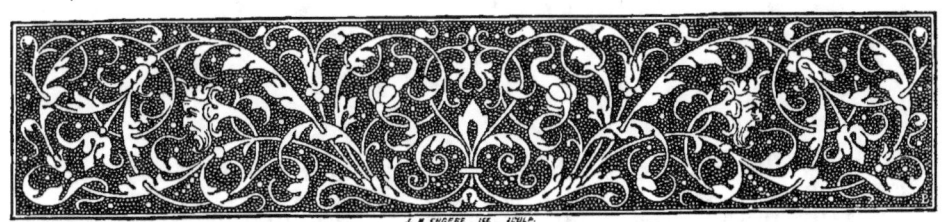

II.

Culte de la Sainte-Vierge.

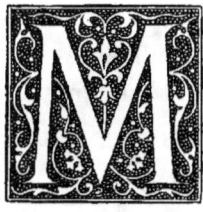ARIE eſt la Mère de Dieu. C'eſt un dogme depuis longtemps acquis à la foi chrétienne & dont le doute eſt regardé comme hétérodoxe. Mais l'enſeignement de l'Egliſe la proclame auſſi la Mère ſpirituelle de tous les fidèles à la doctrine du Chriſt, qu'elle a engendrés, ſelon la grâce, dans les déchirements de ſon cœur, au pied de la croix.

Si ce dernier titre ne peut rien pour ſa gloire réelle, pour la félicité dont elle jouit dans le ſéjour des élus, il peut beaucoup contribuer à établir ſon culte ſur la terre, à l'y répandre & à l'y maintenir. Une mère, pleine de tendreſſe pour ſes enfants, eſt toujours ſûre de trouver le chemin de leur cœur, s'épanchant en tributs d'amour & de reconnaiſſance.

Avec de tels droits aux respects, aux hommages & à l'affection des populations, il est impossible de douter que Marie n'ait été, dès les premiers temps du christianisme, l'objet d'une vénération, d'un hommage particulier. Aussi ne doit-on pas s'étonner que dès les premiers jours de son culte, l'Eglise se soit vue obligée de réprimer l'erreur dans laquelle tombaient de trop fervents honorateurs de la Vierge, qui en faisaient une quatrième personne divine.

Y a-t-il, en effet, après la Trinité, un objet plus digne de vénération & qui réunisse, plus que Marie, autant de titres aux hommages de l'homme? Elle est mère de Dieu, l'enseignement de l'Eglise la dit la mère des chrétiens fidèles, le canal par lequel arrivent sur la terre les grâces célestes; elle est proclamée la protectrice des malheureux, la consolatrice des affligés, la source de toute bonté & de tous secours.

Le vrai, le beau, le bon se trouvent en elle, & ces trois attributs, qu'elle emprunte à la divinité, devant lesquels s'incline l'imparfaite nature humaine, forment son plus bel apanage.

La vérité lui sert de ceinture. Elle est comme l'atmosphère où rayonne ce glorieux attribut du Très-Haut, dont elle a été le temple vivant. C'est d'elle qu'est sorti Celui qui seul a pu dire : « Je suis la vérité. » (Jean XIV, 6.)

Tout est bien dans Marie. L'Esprit-Saint le lui a dit : « *Il n'y a point de tache en vous.* » (Cant. IV, 7.) Aussi les Ecritures la nomment-elles *le Jardin fermé de l'Epoux.*

Tout est beau dans Marie : beauté toute céleste, beauté angélique, disons plus, beauté toute divine. « *Vous êtes toute belle* », lui dit l'Epoux des Cantiques; mais sa beauté vient de l'intérieur de fon âme & du double preftige de fes grandeurs & de fes vertus.

Si, dès le principe, des autels ne lui furent point dreffés à côté de ceux de fon Fils, ce fut donc moins par défaut de droits à un culte particulier, que par la néceffité où fe trouvèrent les Apôtres, tout occupés d'ailleurs du point capital, de la foi au Rédempteur, d'éloigner du culte extérieur tous les objets, toutes les images qui auraient pu faire croire aux païens, récemment convertis à la foi nouvelle, que les chrétiens auffi fe profternaient devant une femme que leur ignorance n'eût pas manqué d'affimiler aux déeffes de l'Olympe.

Malgré cela, on peut donner des preuves que le culte d'hyperdulie, culte de Marie, date de fon tombeau même. La première lampe qui brûla en fon honneur fut une lampe fépulcrale. La vie n'a-t-elle pas jailli de la mort? dit un auteur facré.

Les Juifs ont confervé, dans le Talmud, un fait hiftorique relatif à ce culte pieux. Une tradition du temple, confignée dans leur Toldos, livre où la Vierge eft loin d'être honorée, rapporte que les Nazaréens, qui venaient prier au tombeau de la Mère de Jéfus, fubirent une perfécution violente de la part des princes de la fynagogue & qu'il en coûta la vie à cent chrétiens, parents de Jéfus, pour avoir élevé un oratoire fur la tombe de fa Mère; & cet acte de brutalité, d'atroce barbarie ne paraîtra point douteux, fi on le rapproche du fort qui fut fait à faint Etienne, à faint Jacques & à faint Paul.

La tradition, atteftée par des monuments religieux, affure que le culte de Marie eft d'inftitution apoftolique. Saint Pierre, en fe rendant à Antioche, éleva, dit-on, un oratoire à la Vierge sainte & l'inaugura très-solennellement. Saint Jean, l'apôtre, plaça, sous le vocable de sa Mère adoptive la belle église de Lydda. La première église chrétienne élevée à Milan fut dédiée à Marie, par l'apôtre saint Barnabé. Notre-Dame del Pilar, en Espagne, & Notre-Dame du Carmel, en Syrie, disputent à ces églises la priorité & élèvent une prétention plus hardie, mais plus contestable.

Suivant la tradition encore, le portrait de Marie ne tarda pas à venir orner les temples élevés en son honneur & la belle église de Lydda en reçut un, peint par saint Luc lui-même, d'après le type original & réel de la Vierge que cet apôtre avait si souvent vue & contemplée. Edesse eut aussi, dès le premier siècle, son église dédiée à Marie & décorée de son image miraculeuse. L'Egypte se vante d'avoir eu, vers le même temps, sa Notre-Dame d'Alexandrie. Mais, en aucun lieu du monde le culte de la Vierge ne fut accueilli avec plus d'empressement qu'à Ephèse, ville où le souvenir de cette femme angélique palpitait encore, & ce fut dans sa belle cathédrale, qui lui était dédiée, que se réunit le concile œcuménique qui proclama Marie Mère de Dieu.

L'Asie Mineure n'est pas seule à s'empresser de rendre hommage à la *Fille-Femme*, à la Vierge-Mère : la Grèce, tout entière, la Macédoine, l'Arcadie, l'Elide, la Cappadoce, l'adoptent pour leur protectrice; dans toutes les villes s'élèvent des oratoires en son honneur & les enfants des déserts de l'Afrique, qui l'appellent *la Sultane du ciel*, abaissent devant elle leur turban surmonté du croissant qui lui sert de marchepied dans le ciel.

La religion du Chrift, le culte de Marie n'eurent cependant pas partout la faveur de montrer au grand jour les temples & les oratoires élevés en leur honneur; pendant longtemps les catacombes de Rome & de Naples fervirent d'afile à leurs fidèles; & l'on pourrait dire que, pour donner au culte du Chrift & à celui de fa Mère la vigueur dont ils devaient briller plus tard dans la ville éternelle & dans la catholicité entière, Dieu voulut que, femblables à la graine de chènevis dont parle l'Evangile, ils fuffent d'abord comme implantés dans ces fépulcres, creufés dans le fein de la terre; qu'ils y fuffent arrofés du fang des martyrs, pour s'élever enfuite, forts & vigoureux, & étendre leurs rameaux à l'ombre defquels viendront s'affeoir les vrais enfants de Jéfus & de Marie.

Cependant les perfécutions ceffent, Conftantin a arboré le figne de la rédemption du genre humain; le Labarum flotte fur le Capitole. Le foleil a diffipé les nuages, & l'Etoile de la mer va briller de tout fon éclat. De tous côtés des temples s'élèvent à Jéfus & en l'honneur de Marie, & le culte de la Mère, quoique au fecond plan, va de pair avec celui du Fils. Pas une églife ne s'édifie, pas un fanctuaire ne fort de terre qu'il n'y ait à côté de l'autel du Chrift un autel confacré à Marie. Que de chapelles, que d'oratoires a vus le moyen-âge, élevés à Jéfus & dédiés à Marie! Que de cathédrales, que d'églifes paroiffiales font placées fous le vocable de cette reine du ciel!

Dès le moment où la foi des catacombes devient la foi des Céfars, le culte de la Mère de Dieu prend une extenfion proportionnée à celui de fon Fils & partout où la foi du Crucifié eft admife, l'honneur rendu à Marie eft reçu & pratiqué.

Théodofe-le-Jeune, empereur de Byzance, ayant appris qu'une grande affluence de chrétiens fe rendaient, d'Afie & d'Europe, au tombeau de la Vierge, y fit élever une fuperbe bafilique byzantine que les Arabes appelaient la *Giafmaniah* (l'églife du corps). Cofroès II la renverfa plus tard à l'inftigation des Juifs; mais, repentant de cet acte de violence que lui reprochait en pleurant Sira, fon époufe chrétienne, il la remplaça, par une plus belle, dans fa capitale Miafarkin. L'impératrice Pulchérie, fille de Théodofe & femme de l'empereur Marcien, fit conftruire, à elle feule, dans l'enceinte de Conftantinople, trois églifes en l'honneur de Marie. Avant cette pieufe princeffe, l'impératrice Hélène avait érigé, dans la Paleftine, des temples & des monuments religieux partout où quelques myftères concernant Jéfus ou Marie s'étaient accomplis. La grotte de la Nativité, revêtue de marbre, éclairée par des lampes d'or, fut entourée d'une églife qui porta le nom de Sainte-Marie de Bethléem. Sainte-Marie de Nazareth, élevée fur le fite même de l'humble maifon habitée par la fainte famille, paffa longtemps pour une des plus belles églifes d'Afie. La grotte fépulcrale de la vallée de Jofaphat, où le corps de Marie était refté un moment dépofé, fut confidérablement agrandie & ornée d'un efcalier de marbre, & des lampes d'argent éclairèrent ce cénotaphe. Léon Ier fit bâtir, en 460, une fuperbe églife qu'il dédia à Notre-Dame de la Fontaine, en reconnaiffance de ce que la Vierge fainte, lui ayant apparu au bord d'une fource ifolée où il conduifait un vieillard aveugle, lui avait promis l'empire, à lui qui n'était encore qu'un fimple foldat de Thrace. Et le bandeau des Céfars n'eut pas plus tôt touché fon front qu'il s'occupa de perpétuer, par ce monument, le souvenir de la protection de Marie, dont il avait été l'objet.

L'empereur Zénon, gendre de Léon Ier, imita la piété de son beau-père à l'égard de Marie; il lui fit bâtir une église sur le mont Garisin, montagne sacrée des Samaritains. L'empereur Justin fit relever magnifiquement à Constantinople Notre-Dame de Chalcopratée, renversée par un tremblement de terre. Deux églises, bâties en l'honneur de la Vierge, l'une à Jérusalem, Sainte-Marie la Neuve, l'autre sur la montagne des Oliviers, un monastère élevé sur le mont Sinaï, & en Afrique, une basilique somptueuse, du nom de Notre-Dame de Carthage, déposent de la piété de l'empereur Justinien envers la Mère de Dieu.

Non contents de lui bâtir des temples, les Césars de Constantinople vénéraient pieusement Marie dans leurs chapelles domestiques; ils lui offraient des couronnes d'or & portaient sur eux sa statuette d'or massif. Le peuple grec suivait, avec joie, l'exemple de ses empereurs. La Vierge remplaçait partout les dieux lares & les idoles olympiennes. On la voyait à l'ombre des bois, sur l'autel purifié des Oréades & des Napées, au bord des eaux où la Naïade pensive inclinait peu auparavant son urne; les autels de Bacchus avaient été renversés & Notre-Dame des Raisins recevait, à sa place, au milieu des vignobles, les hommages des vendangeurs. Cérès, elle-même, était déjà oubliée dans son mystérieux sanctuaire d'Eleusis, renversé par les Goths, au IIIe siècle, avec les temples de Delphes, de Corinthe & d'Ephèse; enfin, le mont Athos, la montagne de Jupiter, était devenu, dès le temps de Constantin, une petite colonie d'ermites & de solitaires dont Marie avait été proclamée la reine.

Qui le croirait, fi l'hiftoire n'était là pour l'attefter, ce fut chez ce peuple grec, fi dévot envers Marie, fi attaché à fon culte, que prirent naiffance les idées les plus contraires à fa dignité perfonnelle & à la perpétuité de fon culte. C'eft dans les murs de cette même Byzance que s'éleva la voix hérétique de Neftorius, & c'eft encore de cette capitale des Hélène, des Pulchérie que partirent ces hordes d'iconoclaftes qui traînèrent les images de Marie dans la fange & les brûlèrent fur les places publiques.

Mais ce dernier effort de Satan, écrafé fous les pieds de la Vierge, ne fut pas de longue durée & le culte de la reine du ciel & de la terre ne tarda pas à fe relever plus vivace, plus fort, plus brillant encore. L'impératrice Irène, fincèrement attachée à la religion catholique, fit convoquer le fecond concile de Nicée où le culte des images fut folennellement rétabli, & la pieufe impératrice Théodora, aidée du patriarche Méthodus, confolida ce que la dévote Irène avait commencé. Si l'offenfe faite à Marie avait été grande, la réparation fut grande & complète. Dès lors, les Grecs cherchèrent par tous les moyens à faire oublier à la Mère de Dieu l'outrage qu'elle en avait reçu. Ils lui dédièrent des couronnes d'or; on ne la repréfenta plus que couverte de robes de pourpre, de bandeaux de perles & du diadème des fouverains; on mit fon effigie fur les monnaies; des médailles commémoratives furent frappées en fon honneur & fon image devint le drapeau fous lequel on combattit. « Romains, difait Narsès, au moment de livrer bataille aux Goths, à Taginas, Romains, battez-vous vaillamment, la Vierge eft pour nous, ne manquez pas de l'invoquer pendant la mêlée. »

Qu'eft-il befoin de fouiller dans les annales du Bas-Empire

& du moyen-âge pour trouver la preuve de la généralité & de l'ancienneté du culte de la reine du ciel, l'histoire de toutes les époques de l'ère moderne, quand elle touche à la religion des masses, lorsqu'elle entre dans les détails des croyances des peuples, atteste que partout où le nom de Jésus fut connu & adoré, celui de sa Mère fut aussi accueilli & vénéré, & qu'en présence de son image tombèrent partout les autels de Junon, de Vénus & de Vesta.

Les nations, les empires se sont depuis longtemps mis sous sa protection puissante, les provinces lui érigent des statues sur les points culminants, afin que de là, gardienne vigilante, elle veille non-seulement sur les habitants, mais encore sur les récoltes & sur tout ce qui leur est cher, ne pensant pas pouvoir le mieux garder qu'en le confiant à celle dont on peut dire : « qu'il est inouï qu'aucun de ceux qui ont eu recours à son intercession ait été abandonné. »

Une décision suprême du Souverain-Pontife a récemment proclamé que Marie avait toujours été sans tache, & cette déclaration solennelle, qui était le vœu de toute la chrétienté, n'a fait que confirmer l'opinion depuis longtemps émise par toutes les nations catholiques.

N'allons pas plus loin dans les détails touchant l'honneur rendu à la Mère de Dieu; l'art, racontant son histoire à toutes les époques & dans toutes les circonstances de sa vie, dira mieux, avec son pinceau, que nous ne pourrions le faire avec la plume, quelle a été, chez toutes les nations civilisées, la dévotion à la Sainte-Vierge.

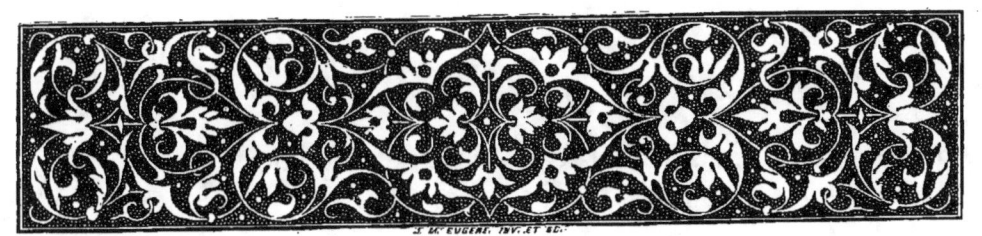

III.

Influence du culte de Marie fur les beaux-arts.

LA religion vient de Dieu. Au Verbe incarné était réfervé de la développer & de la commenter, en la mettant à la portée de toutes les intelligences. Une loi qui ne commande que de *croire*, d'*aimer* & d'*efpérer* devait être comprife de tous & le cœur de l'homme, qui trouve en elle toutes les fatisfactions qui complètent, qui réalifent fes rêves de bonheur, ne pouvait manquer de s'y attacher.

Mais l'homme eft ainfi fait que tout ce qui ne frappe pas fes fens en général, tout ce qui ne tombe pas fous fes yeux en particulier, s'échappe vite de fon efprit. Le paganifme l'avait compris, lorfqu'il multipliait les images des dieux de l'Olympe, lorfqu'il leur élevait des temples, lorfqu'il leur confacrait des autels fur lefquels ruiffelait le fang des victimes offertes en holocaufte.

La religion du Chrift n'eut garde de négliger, pour fa propagation, un moyen qui avait fi puiffamment fervi à étendre & à perpétuer le culte des idoles. Elle appela l'art à fon fervice & les bons offices que lui rendit ce nouvel apôtre font inappréciables.

La parole pouvait bien expofer aux intelligences les divers points de croyance; l'éloquente prédication orale pouvait perfuader les efprits; mais, à l'art était réfervé de prêcher la religion aux yeux des maffes ignorantes & groffières, d'en rendre les myftères prefque palpables, de maintenir dans le cœur, par l'intuition conftante des perfonnages, les faits qui fe rattachent à la foi, le fouvenir des vertus qu'il faut pratiquer, des privations & des fouffrances qu'il faut fupporter, pour marcher fur les traces du Dieu crucifié! A l'art feul appartenait de reproduire ces actes héroïques de vertu, opérés fi fouvent par les premiers fidèles & dont le fouvenir ne doit point s'effacer, fous peine de voir s'anéantir ce puiffant ftimulant, toujours prêt à infpirer, à opérer les mêmes prodiges.

Chez tous les peuples imbus de croyances religieufes, on voit la peinture & la ftatuaire devenir un langage de convention, compris même de ceux qui n'ont point d'ouïe, & deftiné à tranfmettre aux fiècles futurs les idées qu'elles fervent à reproduire &, plus d'une fois, l'éloquence muette des tableaux a opéré des converfions auxquelles eût peut-être en vain travaillé l'éloquence de la parole, développant les dogmes dans la chaire évangélique.

L'inftruction du peuple & l'édification des fidèles ont toujours été le but principal que s'eft propofé le chriftianifme, en admettant dans fes temples l'ornementation des peintures fur toile, à frefque ou fur verre. C'eft ce que témoignent les textes nombreux de toutes les époques, notamment celui que Sixte III fit écrire au bas d'une mofaïque de Sainte-Marie-Majeure, à Rome, en 433 : *Xiftus epifcopus plebi Dei*, & celui qu'on lifait à Saint-Nizier, de Troyes, au bas d'une verrière, peinte au XVIe fiècle, où était écrit : *Sanctæ plebi Dei*, ce qui prouve qu'au commencement & à la fin du moyen-âge vivait la même penfée : l'inftruction & l'édification du peuple, & c'eft pour ce motif que Jean Damafcène, au VIIIe fiècle, protégeait les images. « Les images parlent, s'écrie l'éloquent apologifte; elles ne font ni muettes, ni privées de vie comme les idoles des païens. » En effet, toute peinture que nous voyons dans une églife nous raconte, comme fi elle parlait, la bonté du Chrift pour l'homme, les vertus de fa fainte Mère, les actions & les combats héroïques des faints. En 1025, un fynode d'Arras déclarait, comme plufieurs évêques l'avaient déjà fait, que les illettrés contemplaient dans les linéaments de la peinture ce qu'ils n'avaient pu apprendre dans un livre. Auffi n'y avait-il pas une églife, pas une chapelle, pas un oratoire qui ne poffédât un ou plufieurs tableaux.

On alla même plus loin; pour atteindre ce but, on appela l'art dramatique à prêter fon concours à la fculpture & à la peinture. On jouait dans les cathédrales, dans les fimples églifes les myftères de l'Annonciation, de la Nativité, les miracles; & le gefte & la parole traduifaient ce que la ligne & la couleur avaient exprimé. De nos jours encore, les crèches fi connues, fi fréquentées de nos jeunes enfants & de personnes adultes d'une piété simple & sincère, ne sont qu'une réminiscence de ces drames pieux qui s'exécutaient autrefois dans les temples ou sur des tréteaux au milieu des places publiques.

L'art figuré des cathédrales, qui faisait l'office d'une leçon pour instruire, d'un sermon pour moraliser, d'un exemple pour édifier, représente, par des personnages, aussi bien que les drames religieux, toute la science & tous les dogmes chrétiens. « Aidé par ces objets matériels, par ces statues, ces images & ces jeux scéniques, l'esprit débile pouvait, dit Suger, monter jusqu'à la vérité, & l'âme plongée dans les ténèbres se relevait dans la lumière que l'art faisait éclater à ses yeux. »

Sous ce point de vue, la religion doit beaucoup à l'art; mais combien plus l'art est redevable à la religion!.... A l'esprit religieux seul appartient de féconder les intelligences, d'étendre l'imagination, de donner des volontés fortes, l'audace des grandes entreprises, la patience qui mûrit les plans, le génie qui les exécute. L'impiété, au contraire, n'en fait pas si long; « c'est, disent les Arabes, une méchante plante épineuse, dont les racines sont hors de terre, qui n'a ni feuilles ni fleurs, rien de fatigué ne peut dormir à son ombre, rien de bon ne croît à son entour. »

L'art grec, s'attachant à reproduire la perfection physique de ses dieux, en repoussant tout ce qui pouvait altérer la majesté de leurs traits, s'est élevé au sublime, & Zeuxis, Apelles, Timante, Phidias, Parrhasius, Apollodore, Phamphile, Protogène, Euphranor, tous artistes grecs du plus beau temps de l'art, dans cette terre classique, n'ont acquis de la célébrité que quand leurs pinceaux ou leurs ciseaux se sont exercés à la représentation de quelques-unes des divinités de l'Olympe ou des attributs de la puissance céleste. Apelles n'a paru grand que quand il a fait la foudre, le tonnerre, l'éclair & sa Vénus Anadyomène; Phidias, que quand il a créé sa Minerve & son Jupiter, & l'Apollon du Belvédère a suffi pour immortaliser son auteur.

C'est en s'inspirant de la grandeur des dieux que l'architecture antique éleva les temples de Delphes, d'Ephèse, de Jérusalem & de la Mecque; c'est aussi par la même pensée que se sont dressées nos cathédrales immenses dont les tours & les flèches semblent devoir servir à de nouveaux géants pour escalader le ciel.

C'est à la mythologie que l'art ancien a dû sa splendeur & sa gloire; c'est aussi au christianisme que l'art moderne doit sa célébrité & ses chefs-d'œuvre. Le type grec est dans le paganisme, il est souverainement imitatif; le type chrétien est un Dieu, une Vierge, un Martyr, puis l'Humanité tout entière avec ses douleurs, ses joies, ses vices & ses perfections.

L'art grec est beau, mais froid; l'art chrétien est plein de feu & de sentiment : son premier type n'est-il pas le plus grand martyr qu'il ait été donné au monde de contempler; n'est-ce pas un Dieu mourant par charité; n'est-ce pas une Mère faisant le sacrifice de son Fils pour le salut des hommes?

Mais c'est surtout à la Vierge que l'art chrétien est redevable de l'éclat dont il a brillé. Le culte de cette reine des anges, frais comme une fleur & remarquablement riche en inspirations nobles & généreuses, est une source inépuisable de conceptions élevées pour la musique, la peinture, la poésie & la statuaire. Reine des douleurs & des gloires, placée à une hauteur à laquelle l'imagination ne peut atteindre, entourée d'une félicité qu'aucune expreffion ne peut traduire, Marie eft un type célefte qui réfume la penfée chrétienne & qui force l'artifte à évoquer toutes les beautés du monde idéal. On a remarqué que parmi toutes les œuvres d'art que la religion a infpirées, & elles font innombrables, celles où la Vierge eft peinte, foit comme acceffoire, foit comme faifant l'objet principal du tableau, font les plus nombreufes. C'eft, qu'en effet, il y a dans les myftères, dans les actes accomplis par Jefus feul, quelque chofe de fi haut, de fi grand, de fi divin & de fi difficile à rendre, que l'art ne les a jamais abordés qu'en tremblant. Tantôt, c'eft un miracle où l'action puiffante de la divinité agit feule, dans l'obfcurité, échappant ainfi à la reproduction & laiffant l'artifte dans la néceffité ou de tirer un voile impénétrable fur l'acte qu'il a voulu peindre, ou de fe borner à la repréfentation de Jéfus, de la bouche duquel s'échappe la parole du miracle, ou à celle de l'individu fur lequel retombe l'infufion de la grâce miraculeufe. Tantot, c'eft la flagellation de l'Homme-Dieu, attaché à une colonne, ou fon crucifiement, fcènes terribles devant lefquelles recule toujours le pinceau le plus expérimenté par la difficulté de rendre, comme il conviendrait, les fouffrances d'un Dieu, la lutte de la nature divine aux prifes avec les fouffrances de l'humanité réduite à elle-même. Quel modèle, en effet, quel type pofera-t-on devant le chevalet d'un artifte, chargé de dire les déchirements, les douleurs de Jéfus au Jardin des Oliviers ou fur le gibet planté fur le fommet du Golgotha!

Mais combien eft à l'aife l'artifte qui, devant une femme refplendiffante de beauté naturelle, de grâce, de fraîcheur & de gloire, eft chargé de dire fa bonté, fa modeftie, fa candeur, toutes qualités morales qui viennent comme dans un miroir se refléter sur son visage angélique! Quand il s'agit d'une sainte famille, d'une de ces actions privées de la Vierge ménagère, combien plus l'artiste est à son aise!

La Grèce avait créé tout un peuple de dieux, peuple beau, régulier, mais dur comme l'airain, froid comme le marbre. On rencontrait de la méthode, de la grâce, de l'élégance, dans ces créations païennes; mais l'humilité au faîte de la grandeur, l'humilité de Marie, mère d'un Dieu; mais la charité d'une mère faisant le sacrifice immense de son Fils unique pour le rachat du monde, la charité de Marie; mais la pudeur, la plus belle des craintes après celle de Dieu, la pudeur de Marie; mais la foi ardente de cette femme qui croit qu'en elle s'accomplira le plus grand des miracles, celui d'enfanter sans cesser d'être pure, où donc étaient-elles? Quelqu'un des fronts de marbre ou d'airain des divinités sensuélistes de la Grèce reflétait-il ces vertus sublimes? Non. Ces dieux, rassasiés d'ambroisie, ivres de nectar & passant indolemment leurs jours fabuleux au milieu des festins, des querelles, de la licence, portaient le stigmate désolant de leur origine infernale, l'inflexibilité.

Aussi, dès que paraît l'image aimable de la Vierge sainte, de la Rose mystérieuse de l'Evangile, avec quelle rapidité disparaissent tous ces types, s'écroulent toutes les idoles, tombant devant elle comme les faux dieux de la Phénicie devant l'arche du Dieu d'Israël! La Mère du divin amour, l'emblème adorable de la pureté, la femme posée à genoux sur la première marche du trône de Jésus-Christ, pour lui offrir, bienveillante médiatrice, les larmes & les vœux des humains, a fait prendre à l'art chrétien une attitude ſi digne, ſi noble, ſi haute, une allure ſi ſublime, qu'il y eut, dès lors, un abîme à franchir entre lui & l'antiquité.

Mais arrivons à la plus belle page des annales de l'art chrétien, à l'influence de Marie ſur les arts du moyen-âge & de la renaiſſance. Les peintres de l'antiquité avaient reproduit, avec bonheur, la beauté phyſique; ils avaient pour cela d'admirables modèles; mais ce furent les peintres chrétiens, les artiſtes dévoués au culte de Marie, qui ſurent joindre à l'harmonie des traits le reflet des qualités morales, de la beauté de l'âme. La figure de Marie fut le triomphe de l'eſprit ſur l'argile du corps. Pour repréſenter cette femme céleſte, il ne fallait pas chercher ici-bas un type; quelque parfait qu'on eût pu le rencontrer, il eût été loin de préſenter cette douceur, cette candeur, cette pureté, cette amabilité, cette affabilité & cette majeſté qui caractériſent la reine des anges. Il fallut pénétrer le myſtère de l'exiſtence de ces êtres glorifiés qui ne vivent point de notre vie, qui ne ſe nourriſſent que de ſainteté, d'amour & de contemplations divines; il fallut que l'artiſte, échauffé par le *fuoco animatore* de la religion, s'élevât, ſur les ailes de la Foi, juſqu'au trône de grandeur où la Vierge eſt aſſiſe au milieu des ſaints & des anges & qu'il invoquât pieuſement ſon modèle, avant de ſaiſir ſes pinceaux. Il ne ſuffit pas d'être peintre pour repréſenter Marie, il faut être bon chrétien & plus d'un jeune artiſte allemand l'a ſenti devant les madones de Raphaël ou du Corrége. Pénétrés de cette idée, pluſieurs peintres eſpagnols & italiens ſe préparaient à leurs œuvres pies par le jeûne, la prière & les ſacrements: qui ne connaît la vie du bienheureux artiſte Fra Fieſole?

C'est une charmante & bien juste idée qu'a eue un grand peintre hollandais, Overbeck, de représenter la Sainte-Vierge inspirant & animant les arts du moyen-âge & de la renaissance. Cette œuvre, que l'abbé Orsini décrit, sans indiquer le lieu où elle se trouve, se divise en deux parties, le ciel & la terre. Dans la première, trône Marie, entourée des saints & des plus grands personnages de l'Ancien & du Nouveau Testament; dans la seconde, se voient, groupées autour d'une fontaine dont le jet s'élance vers le ciel, emblème du génie, les sommités artistiques dans toutes les branches des beaux-arts.

La statuaire n'est pas moins redevable à Marie que la peinture. La Grèce antique avait donné à ses statues toutes les postures, toutes les attitudes imaginables; elle les avait dressées, couchées, assises; mais elle n'avait pas trouvé cette pose suppliante de la Mère de Dieu, aux pieds de son fils. Elle n'avait pas deviné cette expression de douleur profonde sur les traits d'une mère, recevant sur ses genoux le corps inanimé de son fils adoré. L'attitude d'une femme, portant dans ses bras son enfant bien-aimé, vint révéler à l'art la religion de la maternité & elle ouvrit à la sculpture la carrière inexplorée des choses morales. Que de chefs-d'œuvre a enfantés la sculpture sous l'influence de la reine des anges! Avec quelle patience ont été fouillés les retables de l'église de Brou, les stalles des cathédrales d'Auch, d'Evreux & de tant d'autres sanctuaires dédiés à Marie! Que de flèches, découpées à jour avec une délicatesse, un travail, un soin infinis, surmontant les temples consacrés à Marie, s'en vont, s'élançant dans les nues, porter, jusqu'aux pieds de son trône de gloire, les vœux de l'artiste, le soupir du modeste ouvrier qui renonçait à tout autre travail plus lucratif encore, pour ne s'occuper qu'à contribuer à l'exaltation de la Mère de fon Dieu.

La numifmatique n'eft pas reftée en arrière de fes fœurs la peinture & la ftatuaire, elle a voulu auffi payer fon tribut à la Vierge fainte & reproduire fon image. L'impératrice Théophanie, époufe de Romain-le-Jeune, eft la première qui, au xe fiècle, fit mettre l'effigie de Marie fur fes monnaies. Elle eft placée fur le revers; fa tête, entourée du nimbe, porte le voile & fes deux mains font élevées à la hauteur de la poitrine, autour fe lit l'infcription : *Mère de Dieu*. Le fecond mari de cette princeffe, Jean Zimifcès, qui monta fur le trône en 969, fit auffi frapper une médaille fur laquelle eft, d'un côté, la figure du Chrift, de l'autre, la Vierge affife fur un trône, tenant l'enfant Jéfus fur fes genoux & à fes pieds font les trois Mages lui offrant des préfents. L'empereur Romain IV, dit Diogène, qui monta fur le trône en 1068, fit auffi mettre l'effigie de la Vierge fur le champ de fes monnaies. Elle y eft repréfentée ayant fur fa poitrine la tête de l'enfant Jéfus, ainfi que l'avait prefcrit le concile d'Ephèfe; la Vierge y eft coftumée & coiffée à la manière des impératrices; elle conferve fon nimbe, mais elle n'a plus de voile; l'infcription porte: *que la Mère de Dieu foit propice* à l'empereur Romain-Diogène.

Après ce prince, plufieurs empereurs d'Orient mirent encore l'effigie de la Vierge fur leurs monnaies, mais les Grecs ne furent pas les feuls qui donnèrent à Marie cette marque de refpect, une foule d'Etats modernes lui ont rendu le même honneur. Dans les Etats pontificaux ont voit, fur l'écu romain neuf d'argent, la Vierge portée fur des nuages, tenant d'une main des clefs &, de l'autre, une arche ; autour fe lit cette infcription : *Supra firman petram* (fur la pierre folide).

La ville de Gênes préfente auffi fur fes génovines d'or la Vierge, portée fur des nuages, tenant l'enfant Jéfus fur un de fes bras ; l'infcription eft ainfi conçue : *Et rege eos* (guide-les).

L'Autriche a des ducats d'or fur lefquels on voit la Vierge, portée fur des nuages, ayant fur fon bras l'enfant Jéfus qui tient à la main le globe du monde ; l'infcription porte : *Maria, Mater Dei*. Le même Etat a auffi des maximiliens & des carolins d'or fur le revers defquels eft la Vierge portant l'enfant Jéfus, avec le même attribut de fa puiffance. L'infcription eft : *Salus in te fperantibus* (le falut eft à ceux qui efpèrent en vous).

La Bavière frappe auffi des maximiliens & des carolins d'or qui préfentent le même attribut & la même infcription que ceux d'Autriche.

Le Portugal met fur fes creufades d'or le nom de Marie, furmonté d'une couronne & entouré de deux branches de laurier, de l'autre côté eft une croix, avec cette infcription : *In hoc figno vinces*.

N'effayons pas de dire, dans tout ce qui eft du domaine des beaux-arts, tous les chefs-d'œuvre infpirés par l'ardeur du culte de Marie, ou produits par fon influence. Depuis plus de dix-fept fiècles, elle trône fur le monde par la confiance aux grâces nombreufes qu'elle fait defcendre du ciel, comme une bien-faifante rofée ; depuis plus de quatorze fiècles, fon culte, géné-ralement adopté par tous les chrétiens, n'a ceffé d'exciter les artiftes, foit à la reproduction de fes traits auguftes, foit à celle des myftères auxquels elle a pris part, & il n'eft pas douteux qu'un des beaux fpectacles, pour le chriftianifme, ferait celui de la réunion, fi elle était poffible, de toutes les œuvres d'art qui ont trait à fa perfonne.

IV.

Premières images de Marie.

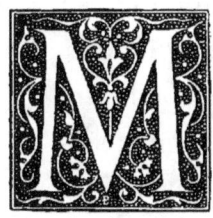ALGRE la fureur des iconoclaftes & celle non moins funefte des révolutionnaires anti-chrétiens de plufieurs époques, eft encore grand le nombre des peintures anciennes & des œuvres d'art confacrant la mémoire de la Mère de Dieu & racontant quelques-uns des myftérieux épifodes de fa vie. Le culte de cette reine des anges a pris, depuis longtemps, de fi profondes racines dans le chriftianifme, que non feulement les églifes, les chapelles, les collégiales, les oratoires particuliers font ornés de fon effigie, mais encore les mufées, les collections publiques & les collections privées, les habitations particulières en font décorés.

Bafnage a écrit que ce ne fut guère qu'après le concile d'Ephèfe, en 431, que parurent les premières images de la Vierge. Pour que cette affertion pût être de quelque exactitude, il faudrait effacer de la tradition & des écrits des Pères de l'Eglife ce qu'ils rapportent touchant les premières images de Marie; il faudrait détruire, dans les ouvrages des archéologues, les dates qu'ils affignent à tel ou tel tableau qu'ils font remonter aux premiers fiècles de notre ère, & prouver que ces dates font plutôt le fruit d'une admiration fanatique que l'expreffion de la vérité. Perfonne n'ignore que le Décalogue, interdifant aux Hébreux la reproduction d'aucun être vivant, ne laiffait à l'art hébraïque que le domaine des fleurs & des plantes. Prohibition qui, toute circonftancielle, reçut, de Moïfe même & de la part de Dieu, une première tranfgreffion. L'Ecriture fait, en effet, mention de deux chérubins que Moïfe, par ordre de Dieu, fit placer fur l'arche d'alliance & de plufieurs autres figures que Salomon fit repréfenter fur le voile du fanctuaire & fur les parois du temple. La tradition, foutenue par la piété, attribue à faint Luc, apôtre & évangélifte, & cela depuis un grand nombre de fiècles, plufieurs portraits de Marie que cet Ifraélite aurait peints, le premier d'après l'original vivant & fous fes yeux, les autres par fouvenir ou par imitation, comme elle attribue à Nicodème, fans cependant une grande autorité, le portrait de Notre-Seigneur que poffédait un chrétien de Béryte, & à faint Luc, une partie d'un tableau, très-antique, repréfentant auffi Notre-Seigneur, lequel aurait été fini par un ange; ce dernier tableau eft pieufement confervé à Rome, ainfi que le voile blanc fur lequel s'imprima la figure du Sauveur, quand Véronique la lui effuya fur le chemin du Calvaire.

Un véritable archéologue doit fe tenir en garde contre les

erreurs que peuvent commettre, fur l'antiquité de certains tableaux & autres objets d'art, les perfonnes qui, ne pouvant en juger elles-mêmes, s'en rapportent à tel ou tel figne pour en établir l'authenticité; mais lorfque la tradition, & une tradition conftante, a confacré l'antiquité ou l'auteur d'une œuvre, il ne fuffit pas d'un déni pour les détruire ou les révoquer en doute; il faut la preuve du contraire.

Sans admettre le dire de la tradition, que le défir pieux de poffédér fur la terre les traits vénérables de la Mère de Dieu peut fuffifamment autorifer; fans nous pofer non plus en contradicteur d'une croyance qui flatte infiniment les poffeffeurs de ces tableaux, difons que rien ne s'oppofe à ce que faint Luc, qui, avant qu'il fe livrât à l'apoftolat, exerça longtemps la médecine & acquit même dans cet art une jufte célébrité, au dire de faint Paul (1) & de faint Jérôme, eût affez de talent en peinture pour rendre convenablement les traits de la Vierge & pour faire paffer dans fon œuvre une partie de cette fuavité, de ce charme qui caractérifaient Marie & qui, fixant l'attention, commandent le refpect, font naître l'admiration. Mais nous voudrions que faint Auguftin, grand docteur de l'Eglife, bien connu par fa fcience & par fa piété envers la Mère de Dieu, ne vînt porter à cette tradition un férieux démenti, en affirmant, dans fon *Traité fur la Trinité*, t. III, ch. VIII, qu'on ne connaiffait point les traits de la figure de Marie.

Après l'affirmation d'une fi grande autorité, que deviennent le preftige & la célébrité de toutes les œuvres de peinture at-

---

(1) Epître aux Colofféens, IV, 14.

tribuées à saint Luc & notamment de celle qui est si pieusement conservée par les religieuses dominicaines de Bologne? Toutes ces œuvres sont-elles authentiques ou apocryphes? Laissons à d'autres le soin de résoudre la question.

Voici ce que rapporte, au sujet du tableau de Bologne, le R. P. Labat qui l'a vu & dont nous empruntons le récit à l'*Art Chrétien* de l'abbé Pascal.

« On donna au directeur du monastère la clef du tabernacle où est renfermé le tableau; on tira les rideaux qui le couvrent & nous vîmes ce portrait admirable, d'aussi près & aussi longtemps qu'il nous plut. Il est peint sur bois, de vingt pouces ou environ de hauteur, sur douze à quinze de largeur. Il n'y a que la tête & le cou. On tient qu'il a été peint par saint Luc & c'est une tradition si constante qu'il faut être téméraire pour ne pas y ajouter foi; mais, sans s'arrêter à l'artiste & sans tenir compte de l'observation peu sérieuse que le tableau paraît trop récent pour qu'on lui donne, avec raison, près de dix-huit siècles, j'avoue que je fus frappé à la vue de cette vénérable image. Elle imprime du respect en même temps qu'elle attire le cœur. On a peine à soutenir je ne sais quoi d'extraordinaire, de céleste, j'oserai même dire de divin qui est répandu sur cette peinture. Plus je m'efforçais de la regarder, plus je me sentais saisi de respect, de crainte & d'amour. Je voulais toujours la regarder & j'étais obligé de baisser les yeux, comme si ses regards eussent été animés & que je n'eusse pu en soutenir l'éclat. On voit, par ce portrait, que la Vierge était d'une taille plus que moyenne; elle avait les cheveux & les sourcils noirs, les yeux grands, bien fendus, pleins de feu, la bouche petite & vermeille, les joues affez remplies & modeftement colorées, le menton bien formé ; la forme de tout le vifage eft longue & paraît celle d'une perfonne de cinquante ans, mais qui n'eft point du tout caffée & qui n'a rien perdu de fa beauté. Ce que je n'ai point vu dans une foule de tableaux d'excellents peintres & qu'on remarque dans celui-ci, c'eft une majefté infinie, unie à une douceur charmante, un air vif & animé, accompagné d'une modeftie parfaite, les plus beaux traits, la plus belle économie, la fymétrie la plus correcte, le plus beau coloris, avec un air d'une humilité profonde & d'un recueillement le plus intérieur & le plus accompli.

« Que ceux qui ont vu ce tableau en parlent comme ils voudront, je fuis perfuadé qu'il eft inimitable & qu'il y a quelque chofe de furnaturel dans cette peinture. »

Mais il y a bien d'autres images de Marie également attribuées à faint Luc. Dans plufieurs de ces peintures de la Vierge-Mère, elle eft repréfentée tenant l'enfant Jéfus fur le bras gauche, portant lui-même le livre des Evangiles.

Une remarque qui paraît puérile au premier coup-d'œil & qui mériterait cependant d'être éclaircie, c'eft la pofition de l'enfant Jéfus fur l'un ou l'autre bras de fa Mère. Nous penfons que ce n'eft pas indifféremment que l'artifte apôtre l'a ainfi repréfentée. Marie était, par fa pofition, affujettie à toutes les occupations d'une femme ménagère. Si elle eût porté fon divin nourriffon fur fon bras droit, il lui eût été impoffible de vaquer à aucun travail d'intérieur. Il n'eft pas rare, au contraire, de voir des femmes mères faire une partie de leur befogne, ayant leur nourriffon fur le bras gauche. Saint Luc a dû tenir compte de cette circonftance; aussi est-il le premier qui l'ait signalée, si on n'admet pas la légende espagnole relative à la statue de la Vierge de Notre-Dame del Pilar, aux termes de laquelle saint Jacques, apôtre de l'Espagne, aurait reçu du ciel cette même statue, au milieu d'une vision, huit ans après la mort de Jésus-Christ & dans la cinquante-cinquième année de la vie de la Vierge. Cette statue tient aussi l'enfant Jésus sur le bras gauche, & de la main droite, Marie retient les plis de son manteau. Une particularité unique à cette statue, c'est que l'enfant Jésus tient aussi sur son bras gauche le Saint-Esprit en forme de colombe.

Plus les statues & les peintures de la Vierge remontent dans l'antiquité, plus cette observation se confirme; nous en avons encore pour preuve la statue druidique que l'on vénère à Chartres; celle de bronze, non moins ancienne, que l'on voyait autrefois dans l'église des Capucins de Meaux, trouvée dans les fouilles du château de la Muette, ouvrage romain; toutes les statues miraculeuses de la Belgique & la majeure partie de celles vénérées en France, dont l'origine remonte aux premiers jours du christianisme; un grand nombre de celles que l'on admire à Rome & que l'on fait appartenir aux premiers siècles de notre ère.

Bien des artistes, notamment Albert Durer & la plupart des peintres & des statuaires allemands & flamands ont imité saint Luc, sans cependant faire de cette manière de présenter la Vierge-Mère une règle générale. Du reste, l'antiquité n'a pas toujours peint la Sainte-Vierge avec l'enfant Jésus sur un de ses bras. Les peintures à fresque des catacombes la présentent sous diverses positions. Au cimetière de Saint-Prétextat, elle est peinte, sans enfant Jésus, à côté du Père-Eternel jugeant les humains ; au baptiſtère de Saint-Valérien, elle eſt repréſentée avec l'enfant Jéſus de face devant elle, aſſis ſur ſes genoux ; dans la chapelle de la Vierge, on la voit comme en prières, les bras étendus & Jéſus devant elle ; au cimetière de Saint-Ciriaque, elle eſt peinte avec l'enfant Jéſus ſur ſon bras droit.

Les peintres modernes ont, à cet égard, ſuivi leurs idées, ſelon la diſpoſition ou l'ordonnance de leurs œuvres & l'on remarque preſque autant de Vierges-Mères avec l'enfant Jéſus ſur le bras gauche qu'on en voit l'ayant ſur le bras droit.

Parmi les images de la Vierge que poſsèdent les égliſes de la ville-éternelle, pluſieurs remontent à des dates très-anciennes ; malheureuſement elles ne fourniſſent ſur le point qui nous occupe que de faibles renſeignements.

La madone de l'égliſe ſouterraine des Saints Sylveſtre & Martin, dite *à Monti*, remonte au règne de Conſtantin-le-Grand, au commencement du IVe ſiècle. La Vierge, dont la tête eſt couverte d'un voile, bénit à la manière papale, avec le pouce, l'index & le *medium*.

La madone des Grâces, auprès de l'hôpital dit *Conſolazione*, eſt attribuée à ſaint Luc. On croit que cette image, peinte ſur bois de cyprès, fut donnée à l'impératrice Hélène par le patriarche de Conſtantinople & que cette pieuſe princeſſe la plaça dans l'égliſe de Jéruſalem érigée en l'honneur de la Sainte-Croix. De là, elle aurait été reportée à Conſtantinople, d'où l'empereur Conſtantin III, venu à Rome en 658, l'aurait tirée pour en faire préſent au pape ſaint Vitallien. Cette madone, revêtue d'un riche manteau, poſe la main droite ſur la poitrine, la main gauche eſt au deſſous. Sur l'eſtomac eſt une croix grecque qui fe reproduit fur chaque épaule. La phyfionomie eft d'une admirable placidité.

La madone de l'églife Saint-Auguftin remonte, dit-on, à une haute antiquité. Elle tient fur le bras gauche l'enfant Jéfus qui bénit à la manière papale ; de l'autre main, elle porte un livre. La tête de l'enfant eft ceinte d'un nimbe crucifère.

La madone dite *della Strada*, dans l'églife de Géfée, eft d'origine grecque. Son attitude eft à peu près celle de la précédente. La tête de Marie porte une riche couronne ducale. On eftime qu'elle remonte au ve fiècle.

La madone de Sainte-Marie *in via Lata* eft attribuée à faint Luc. On croit qu'elle fut peinte dans une maifon habitée par faint Paul, gardée par un foldat. La Vierge eft couverte d'un riche manteau orné de perles ; fur fa poitrine eft un médaillon. Elle élève le bras droit à la hauteur de la figure, l'autre eft pofé fur la poitrine au deffous du médaillon. Son manteau eft parfemé de croix.

La madone dite du Portique, à Saint-Apollinaire, eft une de celles que l'on fait remonter à une haute antiquité. Marie, affife fur un trône, tient l'enfant Jéfus debout fur fon genou droit. A droite eft faint Pierre, à gauche eft faint Paul.

La madone de Sainte-Marie *in Cofmedin* eft un ouvrage grec. La Vierge, couverte d'un voile qui, du côté gauche, eft orné d'une étoile, tient l'enfant Jéfus ; au bas eft écrit ce mot grec : *theotocos*, Mère de Dieu. Elle fut placée par le pape faint Denys dans l'églife du féminaire grec.

La madone de Sainte-Marie-la-Neuve, *in Campo Vaccino*, eft encore une peinture attribuée à faint Luc. Marie, couverte d'un voile, tient de la main droite l'enfant Jéfus, ceint d'un nimbe crucifère; il bénit à la manière papale, & de la gauche il tient un volume ou rouleau.

La madone des Saints Dominique & Sixte eft auffi attribuée à faint Luc. Elle ne porte pas l'enfant Jéfus. Sa main droite eft levée à la hauteur de la figure, tandis que la gauche repofe fur fa poitrine. L'épaule gauche eft ornée d'une étoile & la frange de fon manteau, du même côté, porte une croix grecque. On la croit venue de Jérufalem.

La madone dite des Grottes, dans la même églife, eft une frefque très-remarquable, par André Vanni de Sienne, peintre du XIVe fiècle. Marie tient l'enfant Jéfus fur fes deux bras. La tête de l'enfant eft ornée d'un nimbe crucifère. La robe du Sauveur eft parfemée d'étoiles & le côté gauche du voile de Marie porte une étoile plus grande. Cette image eft pleine de dignité.

La madone dite de Conftantinople, dans l'églife de la nation ficilienne, remonte, dit-on, au Ve fiècle. Marie, couverte d'un large manteau, a les bras ouverts & étendus. Devant elle eft l'enfant Jéfus fe tenant debout; il porte le globe de la main gauche; de la droite, il bénit avec trois doigts; il eft couronné d'un nimbe crucifère. Cette image eft d'une remarquable nobleffe.

La madone *della Annunziata* eft une Annonciation qui orne l'églife des religieufes Oblates & qui ne remonte qu'au XVe fiècle. Marie eft affife, ayant à fes côtés un livre. L'archange Gabriel, rayonnant d'éclat, lui apparaît. Entre les deux figures eft le Saint-Efprit qui inonde Marie de l'abondance de fes grâces.

La madone dite *di Carmine*, dans l'églife de Saint-Chryfogone, est une très-ancienne mosaïque. La Vierge est assise dans une sorte de niche, en forme de trône, tenant l'enfant Jésus de la main gauche. A droite est saint Paul, à gauche est saint Pierre.

La madone des Catacombes, tirée du cimetière de Saint-Hermès, est une petite fresque transportée à l'église du Collége romain. La Vierge, couverte d'un long voile, ne laisse apparaître que le buste. Elle a une physionomie grave & profondément recueillie.

La madone de Sainte-Marie-Majeure est réputée un ouvrage très-authentique de saint Luc. Marie, debout, tient dans ses deux bras croisés l'enfant Jésus qui paraît âgé de quatre ans & qui bénit de la main droite; de la gauche il tient un livre. La Vierge est couverte d'un long voile, sur le haut duquel est une croix grecque qui brille sur son front.

La madone *del Transito* & *del Riposo*, à Saint-Jean de Latran, est une fresque qui représente Marie mise au tombeau par les apôtres. La Vierge est vêtue comme on la peint ordinairement. On attribue à cette peinture une haute antiquité.

Le tableau de la madone *della Clemenza*, dans la basilique de Sainte-Marie *in Transtevere*, présente Marie assise sur un siége élevé, tenant le divin enfant entre ses genoux. Elle a une couronne sur la tête & porte à la main droite une haute croix à deux traverses. Un ange est de chaque côté de la Vierge, aux pieds de laquelle est prosterné le pape saint Calixte, avec une tiare sans couronne. On ne peut préciser la date de cette image, qui est très-ancienne & qui fut placée dans la première église qui ait été bâtie, à Rome, en l'honneur de la Mère de Dieu. Cette église passe pour avoir été la première paroisse établie à Rome.

La madone *del Popolo* est considérée comme provenant de l'impératrice Pulchérie qui, l'ayant reçue de Jérusalem, la plaça dans la fameuse église bâtie, à Constantinople, après le concile d'Ephèse, où le titre de Mère de Dieu fut confirmé à Marie contre l'hérétique Nestorius. La Vierge tient de la main gauche l'enfant Jésus, couronné d'un nimbe crucifère & bénissant à la manière papale. Sa main droite est posée sur la poitrine.

La madone d'Ara-Cœli bénit de la main droite, tandis que la gauche repose sur la ceinture; sa poitrine est ornée d'une croix. C'est la fameuse image qui fut portée en procession sous le pape saint Grégoire-le-Grand, pour demander à Dieu la cessation d'une peste.

La madone *delle Grazie,* ou des Grâces, est d'origine grecque. La Vierge présente le sein gauche à son Fils qui le soutient de la main. Au dessus de la Vierge est une inscription en caractères grecs qui signifie Mère de Dieu. Sur la tête de l'enfant en est une autre qui signifie Christ vainqueur.

La madone dite *in Portico di Campitelli* est gravée sur une pierre fine de couleur d'azur. L'image est d'or & représente Marie tenant son fils dans ses bras. Du cou de l'enfant pend une petite croix d'améthyste. Il lève la main droite pour bénir, & de la gauche il tient un livre. Le pourtour est orné de deux rameaux qui entourent cette précieuse image. De chaque côté de la partie supérieure de l'encadrement est une tête. Ce sont les effigies de saint Pierre & de saint Paul. L'encadrement lui-même est formé de diverses roses. L'harmonie des couleurs, qui résulte des diverses pierres incrustées dans celle du fond, est si belle qu'on a cru cet ouvrage forti de la main des anges. Sa très-haute antiquité ne faurait être douteufe.

La madone de Saint-Alexis, au mont Aventin, remonte au ve fiècle. Marie, couverte d'un riche manteau, bénit de la main droite totalement ouverte, tandis que la gauche repofe au deffous de fa poitrine. On croit que cette image a été vénérée à Edeffe & qu'elle fut portée à Rome par Sergius, évêque de Damas, que les Sarrafins avaient expulfé de son fiége.

Dans l'impoffibilité où nous fommes de parcourir toute l'Europe catholique pour découvrir les plus anciennes images de Marie, remarquables au point de vue de l'art & à celui de la religion, par le culte qu'elle y a reçu & qu'elle y reçoit encore, nous nous bornons à celles que nous fournit M. le curé de Saint-Sulpice dans fon bel ouvrage de *Notre-Dame de France*, auquel nous renvoyons nos lecteurs défireux de voir de beaux modèles de Vierge, de tous les âges, & de s'édifier par les récits des bienfaits que l'humanité a reçus de Celle dont il eft dit qu'on ne l'invoque jamais en vain.

L'une des plus anciennes eft celle de la cathédrale de Chartres, que la tradition fait remonter au temps des druides, qui l'honoraient comme la Vierge qui devait enfanter ; fait furnaturel, bien capable d'exciter & de motiver un culte particulier à celle qui en était l'objet & qu'ils honoraient par un autel dreffé dans un grotte avec cette infcription : *Virgini Pariturœ*, au deffus duquel & dans une niche, les premiers chrétiens, fans doute, érigèrent une ftatue de Marie-Mère, qu'un hiftorien de la ville de Chartres décrit ainfi :

« La Vierge eft dans une chaife, tenant fon Fils affis fur

ses genoux, qui de la main droite donne la bénédiction, & de la gauche porte le globe du monde. Il a la tête nue & les cheveux fort courts (sans doute à la manière des Gaulois du temps); la robe qui lui couvre le corps est toute close & replissée par la ceinture; son visage, ses mains & ses pieds, qui sont découverts, sont de couleur d'ébène grise luisante. La Vierge est revêtue, par dessus sa robe, d'un manteau à l'antique, en forme de dalmatique, qui, se retroussant sur les bras, semble s'arrondir par le devant sur les genoux, jusqu'où il descend Le voile, qui lui couvre la tête, porte sur les épaules, d'où il se rejette sur le dos. Son visage, extrêmement bien fait & bien proportionné, est ovale, de couleur noire luisante. Sa couronne, simple, est garnie par le haut de fleurons en forme de feuilles d'ache. La chaise est à quatre piliers, dont les deux derniers ont vingt-trois pouces de hauteur sur un pied de largeur, compris le siége; elle est creuse par derrière comme si c'était une écorce d'arbre, de trois pouces d'épaisseur, travaillée en sculpture. La statue a vingt-huit pouces neuf lignes de hauteur. »

Notre-Dame de Ferrières, près Montargis, dite Bethléem, qui remonte aux premiers jours du christianisme dans la contrée, église souvent visitée par sainte Clotilde & par le fameux Sicambre, son époux, encore païen. Sa statue, de couleur noire, tient l'enfant Jésus sur le bras droit; de la main gauche elle soutient une des jambes de son fils; elle est sans couronne & a les cheveux flottants.

Notre-Dame de Saint-Maur-les-Fossés, dans la péninsule formée par la Marne & la Seine, dont la statue est dite par la tradition avoir été faite par des mains célestes & qui offre tout le caractère du style des premiers âges de la sculpture; c'est une *Mater dolorosa* debout au pied de la croix.

Notre-Dame de Rampillon, paroisse du canton de Nangis, statue du XIIIe siècle, laquelle tient aussi l'enfant Jésus sur le bras gauche, parfaitement bien drapée & couronnée.

Si, de la France, où nous ne pouvons suivre l'auteur que nous consultons dans ses détails relatifs au culte de la Vierge, nous passons à la Belgique, nous trouvons également de quoi satisfaire l'art & la piété dans les statues que cette contrée possède à l'honneur de la Mère de Dieu.

Notre-Dame sur la Branche, à Anvers, est peut-être la plus ancienne, puisqu'elle remonte au temps des Normands, en 891.

Notre-Dame de Consolation, à Vilvorde, a cela de particulier qu'elle fut donnée aux religieuses de ce monastère par la princesse Sophie, fille aînée de sainte Elisabeth, reine de Hongrie, qui la tenait elle-même de sainte Hedwige.

Notre-Dame de Miséricorde, à Marchienne-au-Pont, ne date que du commencement du XVIIe siècle, mais cette magnifique statue, comme on la voit aujourd'hui, offre un véritable modèle d'attitude noble, gracieuse & grandiose qui convient parfaitement au personnage. L'enfant Jésus est sur son bras gauche, presque nu, sans couronne; de sa main droite la Vierge saisit le pied droit de son fils; une couronne murale lui couvre la tête, ses cheveux sont flottants; son manteau, qui la drape admirablement bien, est parsemé d'étoiles.

Notre-Dame de Walcourt, dont l'origine est attribuée à saint Materne, contemporain de la Sainte-Vierge, disciple de saint Pierre & apôtre de Namur, est, dit-on, aussi parfaite par sa ressemblance à l'original que les Vierges de saint Luc, attendu que le saint apôtre l'avait faite de ses mains & qu'il avait souvent vu la Mère du Sauveur. Cette image s'écarte cependant du type traditionnel, en ce que ses cheveux sont courts, ainsi que ceux de l'enfant Jésus, qui semble être de l'âge de quatre à cinq ans & qui, revêtu d'une tunique dont les manches sont retroussées jusqu'au coude, repose sur le genou droit de sa mère.

Nous lasserions l'attention de nos lecteurs si nous relations ici tous les faits que la chronique belge s'est plu à consigner sur le crédit des statues miraculeuses dont se couvre le sol de ce petit royaume si dévot à Marie. Ces détails, favorables à la piété, n'ont pour l'art aucun intérêt. On vante les têtes de quelques-unes de ces statues, auxquelles on prête une expression noble & grandiose pleine de sentiment ; vraisemblablement l'attitude, les contours, les mouvements du reste du corps de ces effigies répondent mal à l'idée qu'en donne la figure, puisque les Belges ont soin de les déguiser sous des vêtements somptueux dont presque toutes leurs Vierges sont couvertes.

Les premières images de Marie qui décorèrent les églises des Syriens & des peuples chrétiens d'Orient étaient peintes sur bois avec des couleurs que rendait solides & brillantes un mélange de cire liquéfiée. Telles furent les fameuses images d'Edesse, en Mésopotamie ; du Sinaï, dans le voisinage de Damas ; de Didinie, en Cappadoce ; de Sosopoli, en Pisidie ; de Philerme, dans l'île de Chypre, & enfin d'Antioche. Devant ces images brûlaient des lampes perpétuellement allumées, & c'était là que les grands évêques, les grands docteurs & les grands saints des premiers siècles de l'Eglife venaient demander fecours, appui & lumières. Saint Alexis vivait aux pieds de Notre-Dame d'Edeffe. Devant Notre-Dame de Didinie, faint Bafile implorait la protection divine contre les fureurs de Julien l'Apoftat, & faint Grégoire racontait aux Pères du fecond concile d'Ephèfe les faveurs précieufes qu'il plaifait à Dieu d'accorder à l'Afie Mineure par l'entremife de Notre-Dame de Sofopoli.

Notre-Dame de Philerme, qui attirait dans l'île de Chypre un grand concours de pèlerins, fut emportée par les chevaliers de Rhodes, lorfqu'ils durent abandonner l'archipel aux Turcs, & elle eft encore aujourd'hui fur l'inexpugnable rocher où furent brifées tant de chaînes d'efclaves chrétiens & abritée par les lions de l'hérétique Angleterre.

Les images de Marie fe multiplièrent en frefques, à fond d'or, fur le pourtour des bafiliques de Conftantinople, & les mofaïftes grecs luttèrent d'efforts & de talents avec les peintres pour la reproduire, d'une manière plus durable & non moins belle, dans ces tableaux fi favamment & fi patiemment nuancés que Ghirlandajo appelait des peintures pour l'éternité.

Pendant plufieurs fiècles, la Grèce eut le monopole des frefques, des vitraux de couleur, des peintures & des mofaïques. La première image de Marie qu'on ait révérée en Italie, fi l'on en croit la tradition des Napolitains, était un portrait en mofaïque de la Sainte-Vierge, exécuté par des artiftes grecs, fur les parois de l'églife de Santa-Reftituta, temple de Neptune converti en cathédrale chrétienne par faint Afpreno, qui paffe pour avoir été le premier évêque de Naples. L'Italie n'eut longtemps en propre que des fresques barbares où les saints faisaient frissonner & où la Vierge avait le teint d'une Ethiopienne & qu'on attribue aux premiers peintres napolitains.

Un point iconologique à éclaircir & qui n'aurait pas pour l'art un faible intérêt, serait celui de l'origine de ces statues de Vierge au noir visage que l'on voit à Lorette, au Puy, à Lyon, à Chartres & ailleurs & de leur raison d'être. Des archéologues y ont vu une réminiscence de la déesse Diane, adorée à Ephèse; cette opinion ne nous paraît point admissible, car il n'est point présumable que l'Eglise eût consenti à placer sur ses autels une statue qui eût fait allusion à une déesse païenne, quoique la mythologie ait fait honneur à sa Diane chasseresse de la plus belle vertu de Marie, la pureté.

Parce que quelques-unes des peintures ou des statues des Grecs sont devenues noires par la longueur du temps ou par des causes qui ont altéré la fraîcheur du coloris des chairs, ou parce que le bois dont les sculpteurs se sont servis pour la représenter était de couleur noire, il a été dit par certains dévots que la Vierge était mulâtre, & en faveur de cette assertion, ils ont cité ce texte tiré du cantique de la Sulamite: *Nigra sum, sed formosa* (je suis brune, mais je suis belle); d'autres disent qu'elle ne devint mulâtre que pendant son séjour en Egypte. Malgré que l'on supposât que ces représentations noires en rehaussaient la sainteté, elles n'ont jamais été imitées dans l'art.

Nous partageons peu l'opinion émise par M. Feuillet de Conches dans son savant ouvrage: *Causeries d'un curieux*, qui observe que toutes les Vierges noires, quand elles sont peintes, sont attribuées à faint Luc. Nous doutons fort que l'artifte apôtre, vivant encore, fi peintre il était, revendiquât la propriété de portraits de Marie fous un teint qui n'était pas le fien; œuvres, du refte, que ce favant auteur avoue être apocryphes & imitées de la déeffe Ifis, tenant le dieu Horus dans fes bras, fiction que n'eût point admife le pieux apôtre voulant tranfmettre à la poftérité les traits de la mère de fon Dieu, du Dieu qu'il prêchait & qu'il avait tant à cœur de faire connaître à fes difciples.

Nous aimons mieux, comme plus rationnelle, l'idée de l'abbé Pafcal, qui ne voit dans ce teint noir qu'un fouvenir du féjour de la Vierge en Egypte, fi voifine de l'Ethiopie, où les chrétiens de cette contrée ont dû la repréfenter fous leur couleur naturelle, comme étant, pour eux, la plus belle, la plus noble.

La première repréfentation d'une Vierge noire, en Europe, eft due à des artiftes grecs, fur des modèles byzantins apportés par les pèlerins revenus de la Terre-Sainte, à l'époque des croifades. Cependant les Vierges de couleur noire paraiffent être plus anciennement établies parmi nous, fi on en juge par la defcription que font des diverfes ftatues de la Vierge, M. le curé de Saint-Sulpice, dans l'ouvrage précité, & l'auteur des *Vierges miraculeufes de Belgique*, dont la majeure partie eft au teint noir.

Parmi les madones que vénèrent la France, l'Efpagne, l'Italie, la Grèce, la Pologne & la Ruffie, le nombre des Vierges noires eft égal à celui des Vierges au teint blanc & elles y font tenues pour auffi vénérables les unes que les autres.

« En réfumé, dit M. Feuillet de Conches, auquel nous empruntons cette note, pour barbares que fuſſent les types ſacrés primitifs des catacombes & de l'art byzantin, trop altérés & avilis ſous des pinceaux inhabiles; pour légendaires que fuſſent les portraits qui en ont procédé, tous préſentent un inconteſtable intérêt en ce qu'ils ont été rehauſſés du reſpect des premiers fidèles & conſacrés de leur foi & de leur ſang. Donc, ſans les admettre d'une façon abſolue, il y a prudence à leur laiſſer un caractère de probabilité, parce qu'entre le certain & le faux il y a des nuances dont il eſt d'un eſprit ſage de tenir compte. Le pape Benoit XIV n'admet pas qu'on ſoit tranchant & explicite contre les traditions. S'il accorde qu'on ne leur reconnaiſſe point *de plano* une autorité déciſive, il les croit cependant aſſez anciennes & appuyées ſur d'aſſez graves témoignages pour être reſpectées (1). Il eſt évident, en effet, que ſi les effigies ſacrées ne ſont pas des témoignages conſtatés, elles ont, du moins, ce mérite qu'elles appartiennent à une ſymbolique plus voiſine des temps hiſtoriques, qu'elles peignent les caractères de race, qu'elles ſont toujours utiles ſous le rapport ethnographique & diſent à l'archéologue, avec leur éloquence propre, comment l'Egliſe des temps apoſtoliques & des temps qui ſuivirent cette époque ſe repréſentait la figure du Sauveur, de la Vierge & des grands perſonnages de l'Evangile. »

(1) Benoit XIV, l. IV, p. ij, cap. x & xxxi, *de feſtis & canoniſatione ſanctorum*.

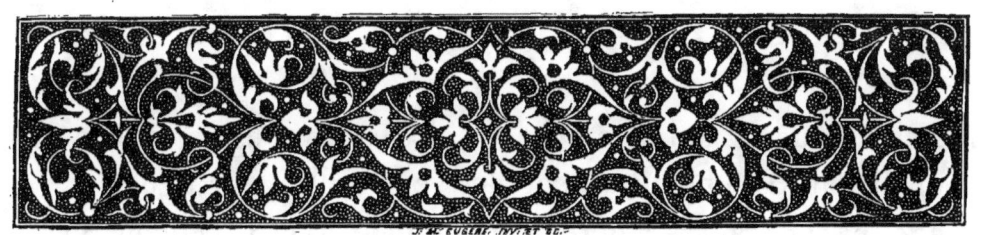

V.

Portrait de la Vierge.

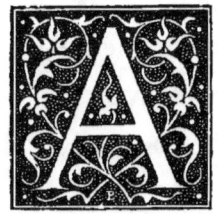 la defcription de la figure de la Sainte-Vierge que nous fournit fon image confervée à Bologne, & que nous avons donnée, joignons ici fon portrait d'après Didron & d'après Nicéphore Callixte.

La Vierge, dit le *Guide de la Peinture*, était dans un âge moyen. On croit généralement qu'elle avait une taille de trois coudées; fon teint était couleur de blé; fes cheveux étaient bruns; de beaux yeux, de grands fourcils, un nez moyen complétaient ce charmant vifage. Ses doigts étaient longs; fa tenue, toujours propre. Humble, belle, fans défaut, elle avait une prédilection pour les vêtements avec leurs couleurs naturelles, ce que témoigne fon homophore confervé dans le temple qui lui eft dédié.

Marie, dit l'hiftorien Nicéphore, d'après Epiphane, avait les sourcils arqués & noirs, le nez long, les lèvres rouges. Ses cheveux étaient d'un blond ardent ; ses yeux brillants ; sa figure, ni ronde, ni aiguë, mais légèrement allongée, avait la couleur du froment. Sans gaîté, comme sans trouble, elle parlait peu, mais librement à tout le monde. Point de faste dans ses vêtements, point de fard dans sa toilette, point de mollesse en elle.

N'est-il pas regrettable pour l'art que ces deux portraits diffèrent si essentiellement & qu'il faille, malgré le dire d'auteurs presque contemporains, s'en tenir à l'opinion de saint Augustin ?

Une remarque que fait l'iconographie chrétienne & que nous ne pouvons ne pas recueillir, trouve ici naturellement sa place. Elle a trait à la différence qu'on observe dans l'âge donné à Jésus & à sa Mère par les artistes de toutes les époques. La figure du Christ, jeune d'abord, vieillit de siècle en siècle, à mesure que le christianisme s'avance lui-même en âge. La figure de la Vierge, au contraire, vieille dans les catacombes, se rajeunit de siècle en siècle. De quarante à cinquante ans qu'elle semblait avoir à cette époque, elle paraît ne pas en avoir plus de quinze à vingt, à la fin de l'époque gothique ; à mesure que le Fils vieillit, on voit la Mère se rajeunir. Au XIIIe siècle, Jésus & Marie portent le même âge, trente à trente-cinq ans à peu près. La Mère & le Fils, qui s'étaient rencontrés alors, se quittent ensuite pour s'éloigner de plus en plus.

Cette différence s'explique du reste aisément, dit Vasari dans sa *Vie des Peintres*. Les premiers artistes ne tenant pas compte du genre de vie mené par la Vierge, l'assimilaient au commun des femmes, chez lesquelles les fonctions de la maternité altèrent promptement la fraîcheur du teint, les grâces & le charme de la jeuneſſe, tandis qu'il en eſt tout autrement d'une femme chaſte & pure. Frappé de cette idée, Michel-Ange a donc pu donner à la figure de la Vierge, dans le groupe qu'on admire à Saint-Pierre de Rome, un air de jeuneſſe contraſtant avec la figure défaite de ſon Fils mort & qui, dans ſa vie, avait eſſuyé toutes les viciſſitudes de l'humanité.

LA VIERGE SOUS LES GRECS ET LES BYZANTINS.

La tentation d'emprunter des types aux chefs-d'œuvre du paganiſme était un écueil qui ne pouvait que devenir dangereux pour l'art chrétien, ſi l'horreur traditionnelle de ces derniers pour les idoles ne les avait mis en garde contre ces imitations profanes pour reproduire des traits ſacrés. Sur ce point, ce fut l'école byzantine qui pécha la première & l'on ſait ce qu'une légende locale rapporte d'un peintre qui avait oſé imiter une tête de Jupiter, pour reproduire avec plus de majeſté celle du Chriſt; la main qui avait ſervi d'inſtrument à une telle profanation ſe deſſécha ſubitement & il fallut les prières de l'archevêque Gennadius pour que l'artiſte en recouvrât l'uſage. Que de Vierges parurent alors ſous les traits de Vénus, de Diane & de nymphes. Ce défaut capital pour l'art chrétien ſe ferait immanquablement répandu parmi les artiſtes occidentaux, ſi ſaint Ambroiſe, un des plus grands docteurs du temps, n'eût affirmé que dans la Mère de Dieu, la beauté du corps n'était que le reflet de la beauté de ſon âme; c'était réſoudre, par une autorité ſérieuſe, le grand problème que l'art chrétien devait ſe poſer, en peignant des madones, folution dont les variétés conftituent à elles feules la partie la plus intéreffante & la plus poétique de l'hiftoire de la Vierge.

Dans les plus anciennes peintures grecques, Marie eft le plus fouvent repréfentée feule, debout, une main fur la poitrine, les yeux levés vers le ciel, fous le type d'une jeune femme, belle fuivant les idées de l'antique. On lui donne ou non l'enfant Jéfus, que l'on place habituellement fur fon bras gauche.

Au ve fiècle, on commence à la peindre affife fur un trône, avec tous les attributs de la royauté & toute la fplendeur des reines. Mais tous ces acceffoires, inventés par la piété orientale, laiffaient toujours au type de la Vierge la raideur des formes, l'abfence d'expreffion & de mouvement.

Toutes les fois qu'on rencontre une madone au teint noirâtre, au coftume oriental, aux doigts pointus & démefurément allongés, avec un enfant avorté fur les bras, le tout peint dans un ftyle qui approche beaucoup de celui des Chinois, on ne peut prefque jamais fe tromper en affirmant que c'eft une œuvre d'artiftes grecs ou exécutée fous leur influence.

Il eft cependant facile de diftinguer, parmi les Vierges de ces premiers temps, celles qui ont été peintes en Orient ou en Grèce & celles qui appartiennent à des artiftes occidentaux de l'école romano-chrétienne. Tout ce qui appartient à ces derniers eft marqué par le coftume romain, & la Vierge y eft conftamment repréfentée vêtue en matrone romaine. On peut en voir un exemple très-ancien, le plus ancien peut-être, dans une chapelle de l'églife de Sainte-Praxide, à Rome. L'art byzantin s'attachait à l'affubler de vêtements lourds & magnifiques, au choix desquels un mélange de goût oriental & de barbarie n'était pas étranger. Les artiftes grecs éblouiffaient les yeux par des fonds d'or, defquels fe détachait la figure du type; ils couvraient de dorures le trône de Dieu & celui de la Vierge &, dès le xe fiècle, cette profufion d'ornements en or fe remarque dans leurs manufcrits & leurs miniatures, tandis qu'il faut aller jufqu'au xiie fiècle pour en trouver dans les manufcrits latins.

Les artiftes romano-chrétiens faifaient prefque toujours leurs fonds blancs & fi l'or y eft employé quelquefois, c'eft feulement pour marquer des points lumineux, dans les nuages ou les vêtements; nous en avons pour preuve une mofaïque de l'églife de Sainte-Anne & Saint-Damien, fur le Forum.

Si à ces fignes très-remarquables on joint la fingulière prédilection des Grecs du Bas-Empire pour les figures longues & décharnées, le caractère vulgaire de leurs têtes, le plus fouvent vides d'expreffion, on aura réfumé les traits les plus caractériftiques de l'art byzantin jufqu'au xiie fiècle.

Quant à la manière de traiter le fujet de la Vierge, les Grecs n'en avaient aucune de déterminée. Quelques peintures de cette école la préfentent debout, les bras en croix fur la poitrine, furtout lorfque fon Fils eft le principal perfonnage du tableau, à moins qu'une circonftance particulière ne néceffite une autre attitude. Quelquefois on la voit ayant l'enfant Jéfus devant elle, les bras étendus à la manière des orantes des catacombes; fon voile defcend à grands plis fur fes épaules & lui fert de manteau. C'eft ainfi que la préfente le fceau du couvent du mont Athos. Cette difpofition ne peut être tenue comme la plus ancienne, car les madones que l'on voit à Rome & dans plufieurs églifes d'Orient,

& auxquelles on prête une origine des premiers temps du chriſtianiſme, s'en écartent ſenſiblement.

Nous l'avons déjà remarqué : on a avancé que juſqu'au concile d'Ephèſe, la Vierge n'avait jamais été peinte ou ſculptée avec l'enfant Jéſus dans ſes bras, ſigne non douteux de ſa divine maternité. Pour que cette aſſertion pût être ſérieuſe & tenue pour vraie, il faudrait : 1° prouver que les effigies de la Vierge attribuées à ſaint Luc, & que reconnaît l'auteur de l'*Iconographie chrétienne*, ſont apocryphes & leur trouver un peintre poſtérieur au commencement du ve ſiècle; 2° prouver encore que la freſque de la catacombe Domitella, repréſentant la Vierge avec l'enfant Jéſus aſſis ſur ſes genoux, n'eſt pas du iie ou du iiie ſiècle, ainſi que le penſent M. Roſſi & les archéologues romains. Nous avouons que les peintures qui couvrent les parois des catacombes ne peuvent faire foi en matière de type, d'attitude & de traitement, par rapport à l'art grec. Ces peintures ne ſont que le fruit du zèle d'artiſtes chrétiens de l'époque, leſquels, à défaut de type réel & de renſeignements précis, ſe livraient, dans la repréſentation qu'ils faiſaient de la Vierge, à tout le vague d'un idéal peu éclairé. Ce vague a même exiſté à travers les divers âges de l'art juſqu'à Raphaël, & l'on peut dire que pendant l'eſpace de quatorze ſiècles, chaque peintre, chaque ſtatuaire de toute école eut à lui un type, un mode, une attitude, un coſtume à donner à la Vierge, ſuivant la circonſtance, le but ou le fait qui devait être peint & ſuivant la nationalité de l'artiſte.

Au type & au coſtume oriental dans l'école byzantine, ſous l'extérieur de matrone romaine dans l'école romano-chrétienne de la même époque, la Vierge eſt devenue alternativement

Vénitienne, Florentine, Napolitaine, Espagnole, Française, Allemande & Flamande.

LA VIERGE SOUS CIMABUE ET SON ECOLE.

Cimabuë est élève des Grecs; il n'a pu, à son début dans la carrière de l'art, abjurer leurs leçons, repousser leurs principes, avec lesquels il s'était depuis longtemps familiarisé. Aussi la première Vierge de ce maître, conservée aux Offices de Florence, ne diffère-t-elle presque pas des Vierges purement byzantines de la même époque; mais celle de Santa-Maria Novella qui fut, dit Vasari, portée processionnellement à sa destination, au son de la musique, accuse des progrès évidents. La grâce de la figure, remarquable pour son époque, l'élégance des formes & des draperies, la finesse de l'expression, la modestie, la vie enfin que respire cette image annoncent que l'art va décidément dépouiller ses anciennes routines pour s'élancer dans des idées plus libres, par conséquent plus nobles, & cette Vierge de Cimabuë, que l'on admirait à cette époque, faisait déjà pressentir celles de Raphaël, qui ne devaient paraître que deux siècles après.

Il est facile de s'apercevoir que Cimabuë n'avait guère l'idée du gracieux, car ses madones manquent de beauté & ses anges affectent toujours la même forme. Il semble cependant qu'il excella dans les têtes d'hommes à caractère & surtout dans les têtes de vieillards. On l'a surnommé le Michel-Ange de son époque, sans doute à cause de l'énergie qui se remarque dans fes œuvres & on peut dire que fon pinceau, plus vieux de deux cent cinquante ans que celui du Buonarotti, ferait devenu plus célèbre fans doute que celui de l'auteur du *Jugement dernier*, s'il eût travaillé avec les éléments & les modèles qui fe font produits dans l'efpace de temps qui a féparé Cimabuë du peintre des frefques de la chapelle Pauline.

On doit cependant tenir compte à ce vieux maître de l'école romano-byzantine d'avoir le premier effayé de grouper un certain nombre de figures qu'il deffinait prefque toujours dans des proportions coloffales. Les deux madones que l'on vifite à Florence, l'une chez les Dominicains, l'autre à l'églife de la Trinité, ne donnent pas de fon talent une auffi haute idée que l'hiftoire contemporaine le fait preffentir, mais les frefques de l'églife fupérieure d'Affife relèvent grandement fon mérite. Les figures de Jéfus & de Marie portent, il eft vrai, tout le caractère du genre grec, mais celles d'évangéliftes prêchant à des moines francifcains, préfentent une originalité de type & un art de difpofer toutes les parties pour produire de l'effet qui, jufqu'à lui, n'avaient été atteints par perfonne, & par lui la peinture ofa, pour la première fois, ce qui, jufque-là, n'avait été entrepris que par la mofaïque.

Giotto opère la tranfition définitive du genre grec au genre latin. Plus de raideur dans le deffin, plus de froid dans les carnations, plus d'inertie dans les membres, tout prend vie & mouvement fous fon pinceau. La preuve du grand cas qu'on fait des œuvres du pâtre de Vefpignano, que Cimabuë trouve deffinant fes brebis fur le fable, eft dans le legs que fait Pétrarque d'une des Vierges de ce maître au feigneur de Padoue : « Comme je n'ai rien autre chofe qui foit digne de toi, je te lègue mon tableau de la Sainte-Vierge, œuvre du célèbre peintre Giotto, dont les ignorants ne comprennent pas la beauté, mais devant laquelle les maîtres de l'art reftent muets d'étonnement. »

Jufqu'à Giotto, le Raphaël de fon époque, l'art avait vécu, on ne peut le nier, fous la dépendance abfolue du chriftianifme. Celui-ci ne lui avait permis de vivre qu'à la condition de le fervir. Toute liberté était bannie ; tout pinceau qui ne reftait pas fervilement fidèle aux traditions religieufes, longtemps vagues & difputées, étaient condamné à l'inaction. Le XIIIe fiècle brife ces entraves & en rendant à l'efprit humain la plénitude de fa liberté, il donne à l'art le moyen de produire les chefs-d'œuvre en tout genre qui devancent & préparent la grande époque du Sanzio. Il eft à regretter que l'art, abufant de fa liberté, ne foit pas toujours refté dans la limite des convenances que lui traçaient la dévotion & le refpect qu'on portait alors, comme aujourd'hui, à la Mère de Dieu.

Du temps de Savonarole, la corruption des mœurs porta les artiftes à donner fouvent à la Vierge, deftinée à être placée fur les autels, les traits de femmes trop connues par leur licence, avec des nudités ou des coftumes qui la faifaient reffembler à une courtifane. C'eft le reproche qu'adreffait ce prédicateur aux artiftes avec l'accent de la plus vive indignation, leur rappelant fans ceffe que la Vierge s'en allait vêtue modeftement, mais fimplement, comme une pauvre fille & que la beauté célefte de fon vifage n'était que la réflexion de la fainteté de fon âme ; ce qui faifait dire à faint Bernard que jamais aucun homme ne l'avait regardée avec des yeux de concupifcence. Ce facrilége scandaleux qu'on peut principalement reprocher à Andrea del Sarto & à plusieurs autres, fut souvent imité par un grand nombre d'autres artistes des écoles de Florence & de Venise, qui ne croyaient pouvoir donner à la Vierge un type plus gracieux, plus noble que celui des femmes qu'ils affectionnaient le plus, & bien des fois les chrétiens, dans ces temps de licence, se prosternèrent devant des images de femmes mondaines, croyant vénérer les traits respectables de la Mère de Dieu.

Hâtons-nous de dire que tous les artistes ne suivirent pas le torrent du mauvais exemple, que ce ne fut que l'exception & qu'un grand nombre d'entre eux, sincèrement pieux, firent à Marie, par leurs œuvres, une amende honorable de l'outrage qu'elle recevait de quelques-uns de leurs collègues. On admire & on admirera toujours les œuvres pies de Fra Angelico, de Fiesole, de Pilippe Lippi, de Mantegna, du Pérugin, de Léonard de Vinci, de Ghirlandajo, d'Albert Durer, de Van-Eyck, de Jean de Bruges & d'un grand nombre d'autres maîtres dont les sentiments religieux se traduisaient, par des chefs-d'œuvre, sur les toiles qu'ils couvraient de leurs peintures en l'honneur de la Vierge.

L'art marche à grands pas, selon l'impulsion qu'il reçoit ou des maîtres de la terre, ou des vicaires du Christ à Rome & des grands du monde dans toutes les parties de l'Europe. La renaissance a mis un terme à l'antique routine, aux étreintes d'un fanatisme ignorant & tyrannique & a ouvert la porte au génie émancipé.

A travers toutes les péripéties de ses succès, de son triomphe, qu'il serait trop long d'énumérer, arrive enfin le xve siècle, époque de l'apparition de Raphaël, ce maître des maîtres, le peintre par excellence de la reine du ciel & de la terre.

Avant lui, de grands talents se sont manifestés dans toutes les branches de l'art; bien des maîtres ont étalé des Vierges admirables par la grâce de leur pose, ravissantes par l'affabilité de leur figure, merveilleuses par l'expression de leurs traits, adorables par le charme de leur attitude, mais aucun n'avait deviné l'air de tête noble & simple, la physionomie belle & sérieuse, l'attitude céleste de la Mère de Dieu; aucun ne l'avait faite divine comme Raphaël; lui seul sut lui donner cet extérieur à la fois digne & modeste, à la fois fier & bienveillant, cette pose majestueuse & attrayante qui commandent le respect & la confiance.

Quelle que soit cependant l'admiration que provoquent les Vierges de Raphaël, nous serions injuste, si nous ne payions au Corrége le juste tribut d'éloges que lui méritent ses œuvres, ses madones surtout, qui occupent une place si distinguée à côté de celles du Sanzio & qu'on ne peut ne pas admirer à l'égal des plus belles productions de la peinture. Lorsque les Vierges du peintre d'Urbin se trouvent à côté de celles d'Antonio Allégri, on ne saurait auxquelles donner la préférence, si le prestige qui s'attache au nom du premier ne faisait pencher la balance en sa faveur.

Ce n'est cependant pas dès son début dans la carrière de l'art que Raphaël atteignit à ce degré de perfection qui a fait l'immortalité de son nom. Il était né peintre, mais il n'était pas né maître dans l'art, & longtemps ses œuvres, quoique marquées du sceau du génie & du talent naissant, se ressentirent des principes qu'il avait reçus du Pérugin, illustre déjà par le mérite de ses œuvres, plus illuftre encore par les fuccès de fon élève, qui le laiffa loin derrière lui.

LA VIERGE SOUS RAPHAEL ET LES MODERNES.

Raphaël ouvre une nouvelle ère aux beaux-arts. Nouveau Giotto, il en trouve la décadence dans toutes les parties. A force de déploiement de génie, les artiftes étaient tombés dans un défaut magnifique, mais qui n'en conftituait pas moins un péril immenfe pour l'art, péril d'autant plus dangereux qu'il était inaperçu. A cette époque tout était exagéré, rien ne reftait dans les limites du vrai, même du vraifemblable. Le défir de faire du nouveau avec de vieilles idées, des compofitions nouvelles avec de vieux matériaux, trop fouvent employés, avait jeté les artiftes dans un vague, dans un dédale de combinaifons qui pouvaient paffer pour de l'art, mais qui n'en étaient, à vrai dire, que la négation. Cherchant l'effet des contraftes, vifant à plaire à l'œil plutôt qu'à l'efprit, facrifiant la vérité hiftorique à la fiction, les maîtres ne favaient plus qu'inventer, auffi tombaient-ils fouvent dans des écarts que rien ne pouvait excufer, fi ce n'eft la néceffité de faire du nouveau. Raphaël paraît, fon génie poétique & créateur lui fait concevoir des plans immenfes que fon pinceau eft feul capable d'exécuter; tout ce qu'il deffine, tout ce qu'il peint, prend fous fa main une forme nouvelle, une grâce jufqu'à lui inconnue, un attrait féduifant qui ne peut s'expliquer que par la fupériorité de l'exécution & de la conception.

Les Vierges de fes devanciers étaient ou trop mondaines par

leur pose, leur costume, leur physique, ou trop recueillies par la nécessité de se conformer à la tradition qui avait posé les règles de ce sujet. Raphaël n'est esclave d'aucun préjugé, il prend le milieu entre ces deux extrêmes, & tout en copiant l'antique, aux lois duquel il reste constamment fidèle, il sait donner à ses Vierges cet air qui plaît & qui captive, cette expression inimitable qui les rend à la fois aimables & vénérables.

Comment apprécier & louer convenablement la *madona del Granduca*, le dernier de ses ouvrages faits sous l'influence de son maître, avant d'être complètement lui-même; la Belle Jardinière, la Vierge au Chardonneret, la Vierge au Voile? Ces Vierges ne sont point des mères qui semblent divines à force de tendresse & de beauté, comme l'observe très-bien Charles Clément; ce sont de jeunes filles pures & chastes, celles que l'on rêve à l'âge où Raphaël les créait & qui ont pour seule auréole l'innocence & la virginité. Ce sont les sœurs aînées plutôt que les mères de ces enfants forts & gracieux qu'il leur donne pour fils.

Créateur d'un nouveau style, d'un nouvel art jusqu'alors inconnu, il imprime aux artistes de son époque une impulsion, une rivalité qui est infiniment profitable, qui force les uns à abandonner leur système, les autres à le modifier, tous à marcher dans le vrai ou dans le vraisemblable; son époque est une nouvelle renaissance.

Michel-Ange, son rival, est forcé d'avouer que jusqu'à l'apparition de l'Urbinate, on avait fait de l'art, mais de l'art sans vie, sans mouvement, toujours prêt à s'éteindre, étouffé par l'exagération, ou tombant de faiblesse par le manque d'énergie; c'est du reste ce qui se remarque dans la plupart des œuvres d'une infinité d'artistes des siècles précédents.

C'est au xvie siècle, après l'apparition du grand peintre, que les écoles d'Espagne, de Flandre, d'Allemagne & de France entrent en lice avec celles d'Italie; car ce que les premières avaient produit jusqu'alors ne mérite pas de prendre rang parmi les œuvres d'art. Mais aussitôt que les Bernard de Bruxelles, les Ottovenius, les Rubens, les Van-Dyck, de l'école flamande; les Albert Durer, les Holbein, les Mengs, de l'école allemande; les Vouet, les Poussin, les Stella, les Mignard, les Lemoine, les Vernet, de l'école française; les Louis de Vargas, les Coello, les Joanès, les Navarette, les Ribera, les Velasquez, de l'école espagnole, eurent visité l'Italie & admiré les produits des grands maîtres de la première renaissance & ceux du Sanzio qui venait d'en former comme une seconde, tout change dans ces écoles, tout se transforme. Enflammés du *foco animatore*, ils sentent la distance qui les sépare des véritables maîtres de l'art & bientôt l'ardeur qui les anime passe dans les élèves qui viennent se grouper autour d'eux, pour enfanter des merveilles égales aux merveilles de l'Italie.

Murillo n'avait jamais vu l'Italie, ne connaissait aucunement les grands modèles qu'elle renferme & qui ont pris naissance depuis Cimabuë jusqu'à Salvator Rosa. Aussi à quelle distance ne serait-il pas resté de la célébrité qu'il s'est acquise, par ses Vierges surtout, s'il n'eût eu le bonheur de voir, après les œuvres de Pedro de Moya, élève de Van-Dyck, celles de Velasquez, revenant d'Italie, celles de Rubens & d'un grand nombre d'autres maîtres, tous formés à l'école ou sous le modèle de Raphaël?

Les Vierges de Murillo ne font pas raphaélefques, tant s'en faut ; une mère, jeune, belle, douce & tendre, au teint légèrement rembruni lui fervait de type, auquel il favait donner cet air de candeur & de modeftie qui caractérifait la Vierge au fuprême degré, & l'on peut dire que, pour n'avoir pas vu les grands modèles que renferment le Vatican, les galeries de Florence, de Venife & de Parme, le peintre efpagnol s'eft élevé, dans ce thème général de l'art, à une jufte célébrité ; mais que ferait-il devenu fi, comme Coello, il eût travaillé dans l'atelier du maître des peintres !

Raphaël n'eft plus ; depuis trois cent quarante ans fes cendres repofent en paix dans la ville éternelle, qu'il a le plus remplie du bruit de fa renommée ; fes œuvres nous reftent ; elles pafferont à la poftérité la plus reculée, & d'âge en âge les artiftes de toutes les nations pourront, en les voyant, s'infpirer de fa manière, s'échauffer au feu facré de fon génie, s'efforcer de l'imiter & donner naiffance à des œuvres dignes d'appartenir aux beaux-arts.

Signes de béatitude & de glorification donnés à Marie.

Attendu que nous travaillons pour l'art, nous n'aurons garde d'oublier ce qui fe rattache effentiellement à la repréfentation de la Vierge.

Nous avons, auffi exactement que poffible, indiqué les renfeignements que nous avons pu recueillir fur la manière dont la Vierge a été & peut être repréfentée ; il nous refte à dire un mot des signes de sainteté & de glorification dont elle est ornée, depuis le commencement de sa représentation jusqu'au xviie siècle.

Comme les trois personnes divines, la Vierge, que le moyen-âge a rapprochée autant que possible de son Fils & du Créateur, est ornée ou d'un nimbe, ou d'une auréole, ou d'une gloire.

DU NIMBE.

L'usage du nimbe, connu des païens, ne paraît pas, dit l'*Iconographie chrétienne*, avoir été employé par les chrétiens pendant les quatre premiers siècles de notre ère. Ce signe est rare sur les sarcophages, sur les autels de cette époque & dans les peintures des catacombes, où Marie, Jésus, Dieu le Père même en sont privés.

Dans le ve ou vi^e siècle, l'Eglise admet le nimbe comme signe de sainteté ou d'hiérarchie; elle le donne d'abord à Dieu le Père, à Dieu le Fils, à Dieu le Saint-Esprit, & tout porte à croire que la Vierge qui, depuis le concile d'Ephèse, avait été solennellement proclamée Mère de Dieu, n'en fut point dépourvue.

Dès ce moment, le nimbe, admis en principe, existe non-seulement comme signe de sainteté, mais comme marque hiérarchique du degré de sainteté & se maintient jusqu'à la renaissance avec des variantes qu'il est hors de propos d'indiquer. Cependant il ne paraît guère au vi^e siècle. Aux viie, viiie & ixe siècles s'opère la transition entre l'absence complète & la présence constante du nimbe. Un même monument de ces temps porte des personnages nimbés & des personnages sans nimbe, quoique reconnus pour saints.

Jufqu'au XIIe fiècle, le nimbe eut la forme d'un difque fin, affez délicat & comme tranfparent. Dans les fiècles fuivants, le nimbe s'épaiffit, fe rétrécit & dépaffe moins la tête; ce n'eft plus qu'un difque groffier, une efpèce de plat, une forte d'oreiller circulaire attaché à la tête du faint perfonnage. Au XVe fiècle & dans les premières années du XVIe, le nimbe fe matérialife encore & cet ornement groffier, qui écrafait les têtes, eut le fort de tout ce qui eft exagéré, il tomba, & à la fin du XVIe fiècle, ni Dieu, ni la Vierge, ni les anges n'en furent ornés. La fin du moyen-âge fut donc en cela conforme à fon commencement.

Quoi qu'il en foit de la forme du nimbe & des temps où il a été fupprimé ou maintenu, difons que celui de la Vierge a toujours été fimple, fans croifillon, ce dernier figne étant réfervé aux perfonnes divines. Cependant, dans le miffel de l'abbaye de Saint-Magloire de Paris, au XVe fiècle, on voit à la Nativité de Marie, la petite Vierge, portant un nimbe d'or, divifé par trois croifillons noirs; mais, fi ce n'eft point une erreur du miniaturifte, ce ne peut être que la preuve du culte qu'on rendait à Marie à cette époque où on en faifait prefque une quatrième perfonne divine & cet exemple ne faurait autorifer le nimbe croifé donné à la Vierge.

Mais fi le nimbe de Marie ne peut être croifé, rien n'empêche qu'il ne foit magnifiquement orné. Le retable de Saint-Germer, près de Beauvais, dans la chapelle de la Vierge, du XIIIe fiècle, préfente Marie portant un nimbe fplendidement décoré de perles & d'une arcature; Jéfus-Chrift feul a le nimbe un peu plus riche encore.

L'exemple le plus ancien peut-être que la Grèce nous fourniffe du nimbe de la Vierge, eft celui qu'elle porte fur le fceau du mont Athos. Il eft fimple, mais celui de Jéfus, placé devant elle, eft crucifère.

Depuis le xvi⁵ fiècle & de nos jours encore, la préfence du nimbe fur la tête d'un perfonnage attefte fa fainteté, comme l'abfence indique la négation ou du moins le doute de fa béatitude. Cette remarque n'eft dans aucun cas applicable à la Vierge, dont la fainteté n'a jamais été douteufe, & fi parfois fa tête fe trouve dépourvue de ce figne caractériftique, c'eft un oubli de l'artifte ou une impoffibilité de le produire.

DE L'AURÉOLE.

L'auréole eft le nimbe de tout le corps, comme le nimbe eft l'auréole de la tête. Le genre en eft exceffivement varié : tantôt elle affecte la forme ovoïde, tantôt la forme circulaire, tantôt elle fe calque fur les mouvements du corps, qu'elle enchâffe; quelquefois elle eft compofée de deux ellipfes dont une grande, qui entoure le bufte, interfectée par une petite qui entoure les pieds, comme celle que l'on voit autour de Marie dans une miniature du x⁵ fiècle, manufcrit *Liber precum* de la Bibliothèque impériale.

D'autres fois, ce font des rayons droits & des rayons flamboyants qui entourent les perfonnages, comme dans une miniature du xvi⁵ fiècle, dans la bibliothèque de Sainte-Geneviève, où la Vierge, couronnée & tenant l'enfant Jéfus, eft entourée d'une auréole de ce genre & dans laquelle la Mère & le Fils femblent fortir du lys myftique de la tribu de Juda.

L'auréole a fubi, dans le temps, les mêmes phafes de transformation, de fuppreffion & d'admiffion que le nimbe; il ne pouvait en être autrement puifque l'auréole n'eft qu'un nimbe agrandi.

La Vierge n'eft communément entourée d'une auréole que dans quatre circonftances : 1° quand elle tient fon divin enfant; 2° à fon affomption; 3° lorfqu'elle eft repréfentée au jugement dernier, implorant la clémence de Jéfus; 4° quand on lui donne les attributs que lui prête l'Apocalypfe : « Je vis une femme vêtue du foleil, ayant la lune fous fes pieds & fur la tête une couronne de douze étoiles. » On voit cependant quelquefois la Vierge au jugement dernier fans auréole.

DE LA GLOIRE.

La gloire, telle que nous la comprenons, n'eft pas un attribut, obligé pour l'art, qu'on doive donner toujours aux trois perfonnes divines, à la Vierge & aux faints. Elle réfulte néceffairement pour la Sainte-Trinité du degré de fainteté, de puiffance & de gloire qui eft fon partage & qu'il lui plaît quelquefois de manifefter par des éclats brillants de feu & de lumière dont chacune des trois perfonnes s'entoure lorfqu'elle veut rendre fa préfence vifible ou fenfible.

Pour la Vierge, la gloire prend naiffance dans le degré éminent de fes vertus qui la placent la première à la droite de fon Fils & que celui-ci ne peut ne pas glorifier.

Lorfque les apôtres, chargés du cercueil de la Vierge, s'avançaient vers fon tombeau, la palme, qui était portée devant eux, jetait un grand éclat & un nuage brillant apparut dans l'air & vint se placer au devant de la Vierge morte, formant sur son front une couronne transparente comme l'auréole qui accompagne la lune à son lever.

On doit donc conclure de là que, pour l'art, la gloire n'est autre chose que ce champ de feu & de lumière, au milieu duquel se dessinent la tête & le corps de la divinité ou du personnage représenté, & duquel s'élancent quelquefois, dans toutes les directions, des rayons lumineux.

Quant à la couleur du nimbe, de l'auréole & de la gloire, elle ne saurait être autre que la lumière elle-même, rendue sensible par l'adjonction de quelque nuance qui lui donne l'éclat du soleil. Mais le soleil se décomposant à travers le prisme, accuse sept couleurs différentes qui, en se combinant, multiplient les nuances à l'infini. Aussi les auréoles & les nimbes sont tantôt bleus, tantôt violets, tantôt blancs, tantôt jaunes, tantôt rouges. Mais, de tout temps, le jaune, couleur de l'or, a été regardé comme la couleur la plus précieuse, la plus noble & par conséquent la plus souvent employée.

Un des plus beux exemples de Vierge glorieuse est celui du *Campo Santo* de Pise, par Orcagna, au xive siècle. La Vierge, assise sur l'arc-en-ciel, entourée d'une auréole ovoïde, magnifiquement ornée, lance de sa tête des rayons lumineux qui se projettent loin du centre de l'auréole. Marie, couverte d'un riche manteau qui l'enveloppe en entier, est dans une attitude de suprême félicité. La splendeur de son vêtement & de l'auréole qui l'entoure n'a d'égale que celle de son Fils dans le même lieu.

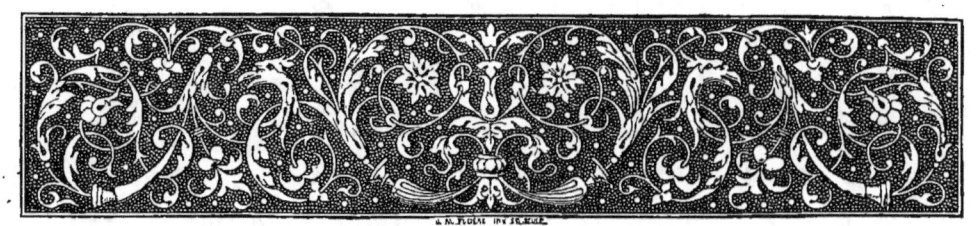

VI.

Les Arts devant la Vierge.

UELLE eſt cette femme, aſſiſe au plus haut des cieux, ſur un trône reſplendiſſant de gloire; la lune lui ſert d'eſcabeau, les rayons du ſoleil l'environnent & les étoiles forment ſa couronne royale; ſon maitien décent, ſa phyſionomie douce, ſon ſourire gracieux, ſon air noble, ſa haute majeſté annoncent une divinité; ſa cour ſe compoſe d'anges & d'archanges; à ſa ſuite marche la troupe bienheureuſe des martyrs & des ſaints de tous les âges; le ciel & la terre lui rendent hommage; le Très-Haut la regarde avec complaiſance; tout ce qu'elle demande, tout ce qu'elle déſire lui eſt auſſitôt accordé? Auſſi que de malheureux s'attachent à ſa ſuite, que de miſères la ſollicitent! De ſa main protectrice, elle ſoutient les empires; de ſon pied tout-puiſſant, elle foule

la tête du prince des abîmes ; à fa prière puiffante fe calme la tempête, le naufragé trouve le port, l'égaré fe remet fur fa voie ; le ciel s'ouvre pour ceux qui l'implorent!!! Quelle eft cette reine? C'eft Marie, c'eft la fille de Joachim, c'eft cette modefte & humble ouvrière que Dieu a élevée au deffus de toutes fes créatures, à qui il a donné tout pouvoir dans le ciel & fur la terre, qu'il s'eft plu à combler de fes dons, de fes faveurs les plus grandes ; c'eft la *Mère de Dieu.* « Je vous falue, Marie, pleine de grâces, le Seigneur eft avec vous, vous êtes bénie entre toutes les femmes. »

Tel eft le grand & fublime modèle que l'art s'eft fouvent propofé ; tel eft le type que tant de pinceaux, de cifeaux, de burins habiles ont cherché à reproduire. La tâche était difficile & laborieufe ; beaucoup l'ont entreprife, quels font ceux qui y ont réuffi ? On vante, avec raifon, mais au point de vue de l'art feulement, les effigies de la Vierge tombées du pinceau des grands maîtres, de ceux furtout qui, puifant dans les fentiments religieux l'idéal de leurs compofitions, ont fu donner à leur œuvre quelque chofe d'affez célefte, d'affez divin pour approcher peut-être, pour être comparé du moins à l'idée qu'on peut fe faire de la figure de cette reine du ciel.

C'eft en effet par la piété que fe font élevés jufqu'à l'admiration de la poftérité, en ce genre d'œuvres, les Luis de Vargas, les Joanès, les Fra Angelico de Fiefole, lui, furtout, qui ne peignait qu'à genoux l'adorable figure du Chrift & la vénérable image de la Vierge.

Si Marie eût été une femme ordinaire, quelque fainte qu'eût été fa vie, fa biographie fe bornerait à fa naiffance, à fon mariage

& à sa mort. L'intervalle qui sépare ces trois phases de la vie commune serait rempli par quelques actes particuliers; mais l'éminence à laquelle est placée la Vierge, les nombreux priviléges surnaturels dont elle a été favorisée, la tiennent à une si grande distance des autres femmes que tout, dans la vie de cette reine du ciel, mérite une mention particulière, est digne d'être raconté, reproduit de toutes les manières.

Aussi l'art, qui cherche les sujets à grands effets, s'est-il emparé de la biographie de cette femme angélique, s'attachant à en reproduire tous les épisodes, tous les détails; il a même voulu dire d'elle ce qu'on ne dit pas, ce qu'on ne peut comprendre, ce qu'aucun emblème ne peut exprimer, son Immaculée Conception & l'Incarnation de son Fils dans son sein virginal.

Prenant ensuite, l'une après l'autre, toutes les circonstances de sa vie : sa nativité, son éducation, son mariage, l'annonciation de l'ange, sa visite à sa cousine Elisabeth, la nativité de son divin Fils, ses soins maternels, sa fuite en Egypte, sa présence aux noces de Cana, au sacrifice du Calvaire, sa mort, son assomption, l'art a tout dit, a tout raconté avec détail, avec un soin & un enthousiasme que la dévotion à cette femme admirable, à la Mère de Dieu, pouvait seule inspirer & il n'y a presque pas d'artiste qui n'ait voulu payer son tribut à Marie en lui consacrant quelques pages.

Y eut-il jamais un sujet plus poétique, plus propre à produire un grand effet, plus commode à traiter & qui se prête mieux à tous les talents? Les grands maîtres de l'art, les Rubens, les Corrége, les Murillo, les Rembrandt, les Michel-Ange, les Raphaël, ont abordé les scènes grandioses de la vie de la Vierge, dans lefquelles leur génie était plus à l'aife; d'autres, plus modeftes, fe font contentés de fa figure, de fon bufte, d'une madone & ils en ont rempli les églifes, les monaftères, les chapelles. Le burin du lithographe s'eft exercé à reproduire, par milliers d'exemplaires, les œuvres des uns & des autres; la piété des maffes lui venant en aide, le commerce s'en eft emparé & jamais image n'a trouvé un plus facile écoulement.

La ftatuaire n'eft pas reftée en arrière de fa fœur la peinture pour un fi noble objet. Le bois, la pierre, le marbre, la fonte, l'argent, l'or, le bronze même, ont été employés à rendre la perfonne vénérable de la Vierge, dans toutes les proportions, dans toutes les attitudes. Elle l'a placée fur les autels, dans les carrefours, fur les tours, fur les rochers, fur les montagnes; partout où refpire un être humain, éclairé du flambeau de la religion, fe montre une croix &, à côté de la croix, l'image de Marie, près de laquelle une main pieufe fe plaît à répandre des fleurs, à allumer des lampes.

C'eft qu'après fon Fils & la Trinité fainte, Marie règne en fouveraine fur la terre, aux cieux & dans les enfers. Il n'eft donc pas étonnant que l'art fe foit évertué de toutes les forces de fon génie à rendre une image fi chère, fi vénérée.

Voyez-le, cet artifte, devant ce grand modèle; fon crayon trace des traits, aucun n'approche de la perfection, de la régularité de ceux de cette figure angélique; fon pinceau pofe des couleurs, mais qu'elles font pâles à côté de celles que préfentent les carnations de ce vifage célefte! L'idéal eft à la torture; quand il a fait une figure la plus brillante de couleur, la plus correcte par le trait, la plus noble par l'expreffion, la plus aimable par le regard, il fent, il avoue qu'il eft à cent lieues de fon type ; il efface, il retouche, il recommence, il efface de nouveau, il recommence encore. Son pinceau, inhabile à rendre les fentiments, les vertus, les qualités éminentes du modèle, lefquelles modifient, changent l'expreffion, la transforment, lui donnant cet air noble & gracieux qui caractérife les figures céleftes ; fon pinceau, dis-je, lui échappe des mains, il demeure impuiffant. Il a fait une image de femme, une figure de Vierge ; mais eft-ce l'image de Marie, eft-ce la figure de la reine du ciel ? Il n'ofe le prétendre ; il dit : c'en eft une ombre.

Arrivez, Rubens, Murillo, Rembrandt, Michel-Ange, Raphaël ; venez tous, célèbres artiftes qui avez rempli le monde de la renommée de vos œuvres ; dites-nous fi vos Vierges, que l'on admire & que l'on paie à leur poids d'or, approchent tant foit peu du modèle idéal que vous avez voulu rendre ? Un ange, peut-être, infpiré d'en haut, aurait pu y parvenir ; vous, vous en êtes reftés loin.

Mais, jufqu'à ce qu'il plaife à Dieu d'envoyer du ciel les traits myftiques de cette femme que tout le monde vénère, contentons-nous de ce que l'art nous en a fait, & quoique fes œuvres foient affurément bien au deffous de la réalité, tenons-lui compte de fes efforts & fuivons-le dans fa rude befogne, dans l'œuvre qu'il s'eft impofée, celle de nous dire à fa manière l'hiftoire de Marie.

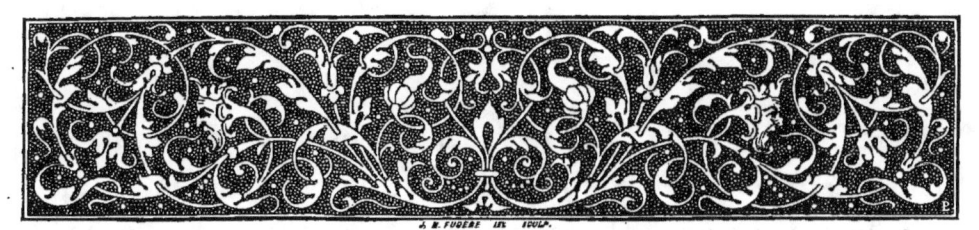

VII.

Immaculée Conception de Marie.

LE temps marqué par les décrets éternels pour l'apparition du Meſſie dans le monde, était près d'arriver. Les ſoixante & dix ſemaines d'années prédites par le prophète Daniel, comme l'époque préciſe de la venue du Déſiré des nations, touchaient à leur fin &, depuis longtemps, les docteurs de la loi, les ſavants commentateurs des écritures, le monde entier était dans l'attente du Sauveur promis.

Les écrits des prophètes avaient déterminé la race, la lignée du Sauveur; ils avaient préciſé le lieu de ſa naiſſance; mais cette race de David, dans la tribu de Juda, de laquelle il devait naître, était encore nombreufe & fe compofait de plufieurs familles; à laquelle appartiendra l'honneur, la faveur infigne de donner le jour au Meffie depuis fi longtemps promis & fi ardemment défiré de tous? A Dieu feul appartient ce fecret & il faura bien difcerner celle qui en eft le plus digne.

Dans la ville de Nazareth, vivait un homme, nommé Joachim, defcendant en ligne directe de la race de David, dont la vie fainte était d'un grand prix aux yeux de Dieu. Sa femme Anne, c'eft-à-dire gracieufe, menait auffi une vie très-régulière & rien ne manquait au bonheur de ce couple, fi bien uni, que d'avoir un enfant pour héritier de leurs vertus. Dieu exauça leurs prières; Anne fut délivrée de fa ftérilité & Marie fut le fruit de cette faveur célefte.

Depuis longtemps une pieufe croyance de la catholicité avait proclamé la conception de Marie immaculée, c'eft-à-dire fans tache originelle & une décifion folennelle du Souverain Pontife a naguère fanctionné l'opinion générale que Marie n'avait pu avoir été, en aucun inftant de fa vie, l'efclave du péché.

Nous n'avons pas à entrer dans le développement des preuves fur lefquelles repofe ce dogme, nous n'avons qu'à le conftater comme un point de croyance déformais acquis à la foi catholique & qu'il n'eft plus poffible de révoquer en doute. Il n'y a donc plus de témérité à croire que Dieu dit à Marie, comme Affuérus à Efther : « Cette loi, qui regarde tout le monde, n'a point été faite pour vous. »

L'art, s'étant chargé d'écrire l'hiftoire de la reine du ciel & de la terre, n'avait pas attendu, pour proclamer cette vérité, que l'assemblée des cardinaux, les doctes conciles & les théologiens y eussent donné leur consentement & depuis longtemps les fidèles, prosternés devant des toiles représentant Marie immaculée, rendaient hommage à sa pureté perpétuelle.

Cependant la difficulté que présente la reproduction d'une croyance religieuse de cette nature a considérablement restreint le nombre des artistes qui ont osé l'entreprendre, & le recueil des œuvres des peintres de toutes les écoles d'Europe n'en cite que quelques-uns : de ce nombre sont Roelas, Murillo, Augustin Castillo, Joseph Ribera, Palomino de Velasco, artistes espagnols; George Strauch, de l'école allemande; Bellangé, Lafosse, Coypel, Lebrun, de l'école française, & quelques-uns de l'école italienne.

Avant d'entrer dans ce sujet, disons un mot de quelques peintures qui s'y rapportent, qui en sont comme l'avant-propos & que nous ne pouvons passer sous silence à cause de l'idée qu'elles expriment.

Les légendes rapportent que Joachim, quoique peu riche, avait divisé son bien en trois parts. L'une était destinée aux offrandes au temple, l'autre aux secours des pauvres & des étrangers, la troisième à sa propre existence.

Un jour de fête, Joachim se hâta d'apporter son offrande au Seigneur, &, afin de mieux satisfaire sa piété, il voulut l'offrir double. Mais, au moment où il allait entrer dans le temple, le grand-prêtre Issachar s'y opposa, en lui disant : « Ce n'est point juste que tu apportes ton offrande, n'ayant engendré aucun enfant dans Israël », & Joachim, rempli de douleur, se retira du temple & rentra dans sa demeure. Tel est le thème que quelques artiftes fe font propofé. Le fujet eft Joachim repouffé du temple.

Dans quelques compofitions de ce genre, on voit Joachim debout fur les marches, devant l'autel, tenant fon agneau ; le grand-prêtre, le bras étendu, femble refufer fon offrande. Dans d'autres, & ce font les plus anciennes, le fujet eft traité ridiculement & fans dignité. Joachim y eft repréfenté tombant le long des marches du temple pour éviter un foufflet qu'Iffachar s'apprêtait à lui donner. Mais l'œuvre fur ce fujet, qui n'a pas encore vu fon égale, quoique d'une date reculée, eft celle d'Angelo Gaddi. Joachim, ayant entendu l'apoftrophe du grand-prêtre, fe détourne avec fon agneau dans fes bras, légèrement repouffé par Iffachar ; à droite font trois perfonnages qui apportent auffi leurs offrandes : l'un d'eux eft profterné à genoux, ce qui ne l'empêche pas de regarder Joachim d'un air ironique ; à gauche font trois autres Hébreux qui femblent s'entretenir de la fcène.

Dans une œuvre plus récente de Curadi, où l'artifte s'eft plu à montrer la magnificence du temple par des colonnes & des arcades richement fculptées, Joachim eft repouffé par un deffervant ; dans le fond eft le grand-prêtre qui reçoit les offrandes d'Ifraélites plus heureux ; de chaque côté font des groupes de gens qui regardent & expriment le mépris qu'ils font de leur frère qui, n'ayant point d'enfant, croit avoir le droit de s'approcher de l'autel.

Albert Durer a marqué de fon talent fon œuvre fur cette même idée. Dans fa compofition, le grand-prêtre, debout derrière une table, rejette l'offrande de l'agneau & un deffervant repouffe les colombes ; Joachim fait un gefte de défefpoir &

plusieurs personnes, qui apportent aussi leurs offrandes, le regardent les unes avec dédain, les autres avec sympathie.

Laissons maintenant parler la légende.

Joachim, au désespoir de l'humiliation qu'il a reçue, quitte sa demeure & se retire dans les champs avec ses bergers & ses troupeaux, s'y construit une cabane & y jeûne pendant quarante jours, résolu à ne se nourrir que de la prière jusqu'à ce que le Seigneur abaissât sur lui ses regards de complaisance. Dieu, touché de tant de ferveur, se laisse enfin fléchir. Un ange est député à Joachim pour lui dire que le Très-Haut a exaucé ses prières, tandis qu'un second messager céleste allait sécher les larmes de sa femme Anne qui se désolait de sa stérilité, & lui annonçait sa maternité prochaine.

L'art, qui aime les sujets à grand effet, n'a pas oublié celui de l'Annonciation à Joachim & à sainte Anne.

Dans quelques peintures sur ce thème, Joachim est représenté réunissant ses troupeaux sur la montagne, & là, entouré de ses bergers, il reçoit le message céleste. Cette disposition n'a que le défaut de trop ressembler à l'Annonciation aux bergers dont parle saint Luc; aussi demande-t-elle de l'attention pour n'être pas confondue avec cette dernière. Dans une fresque par Gaddi, Joachim est assis sur un rocher au bas duquel paissent ses troupeaux, il se retourne pour écouter la voix de l'ange. Dans les séries de Luini, une rivière coule dans le centre du tableau; d'un côté est Joachim, écoutant le messager céleste; de l'autre, Anne qui se promène dans son jardin.

Dans la composition par Albert Durer, on voit, sur le devant du tableau, Joachim à genoux regardant un ange qui tient dans sa main un rouleau de parchemin cacheté que l'on peut supposer contenir le message de l'Eternel; un des compagnons de Joachim regarde aussi avec admiration; dans le lointain sont les bergers & les troupeaux.

L'art occidental a si peu différencié l'Annonciation à sainte Anne, qu'il place toujours dans une chambre, de l'Annonciation à Marie, que la méprise est facile, si on ne fait attention aux accessoires; l'art oriental, au contraire, place la première dans un jardin, sous un laurier, circonstance qui n'attire pas toujours l'attention de l'observateur.

Joachim, poursuit la légende, rempli d'étonnement & d'allégresse par la mission de l'ange, se hâte de rentrer dans sa demeure auprès de son épouse qui, avertie elle-même, s'avance à sa rencontre pleine de joie. L'entrevue a lieu à la porte de la ville.

L'art des premiers temps de l'école italienne a fait de cette rencontre des deux époux à la porte Dorée un des sujets les plus fréquemment reproduits, toujours avec naïveté & avec une beauté infinie de sentiment. L'action par elle-même est d'une grande simplicité. L'époux & l'épouse s'embrassent joyeusement; dans le fond du tableau est un portail élégamment orné; quelquefois des groupes de spectateurs & de domestiques sont joints au sujet & en font l'accessoire accidentel. Dans la représentation par Albert Durer, rien ne peut être plus sévère, plus simple & plus conjugal. Un gras & gros homme qui regarde avec bonhomie, rappelle une copie de la nature aussi vraie que les personnages de Ghirlandajo; mais quel contraste entre les citoyens florentins & les bourgeois allemands !

La promesse d'un fruit de leur chaste amour est désormais

acquise à Joachim & à son épouse; Dieu tiendra sa promesse. Occupons-nous de notre important sujet, de l'Immaculée Conception de cette enfant si ardemment désirée, &, de Dieu si privilégiée.

« Une peinture, dit Pascal, qui veut reproduire intimement le sujet de l'Immaculée Conception est impossible; il n'est pas nécessaire d'en dire le motif. » L'art est donc forcé de recourir à une allégorie qui ne soit point une énigme.

Molé observe, avec raison, qu'il ne s'agit nullement, pour l'art, de peindre la Conception, mais bien l'Immaculation & c'est dans le choix de l'allégorie que réside la difficulté. Pour y parvenir, il est des peintres qui ont figuré la Vierge dans une auréole de splendeur céleste; une légion d'anges, armés de boucliers, l'entoure; plusieurs démons lancent des flèches contre Marie, mais leurs dards vont s'émousser contre les boucliers des satellites ailés. « Cette idée, ajoute Pascal, n'est pas médiocrement ingénieuse, mais la poésie peut mieux s'en accommoder que sa sœur la peinture. Ce combat d'anges & de démons détourne l'attention du sujet principal. » Mais n'anticipons pas sur les details de l'ordonnance, sur la composition du sujet, nous aurons occasion d'y revenir.

Il serait sinon utile, du moins instructif de posséder la date de la première représentation de l'Immaculée Conception; nul auteur que nous connaissions ne la donne; mais le premier écrivain qui fait allusion à ce sujet est l'Espagnol Pacheco, qui vivait du temps où le pape Paul V sanctionna, par une bulle, la croyance à l'Immaculée Conception.

Les premiers artistes tirèrent l'ordonnance de ce sujet de l'idée fournie par l'Apocalypfe. La Vierge y était repréfentée comme une jeune fille de douze à quatorze ans, d'un regard doux & grave, avec des cheveux blonds & fous les traits de la beauté la plus parfaite que puiffe exprimer la peinture ; fes mains étaient ou jointes ou croifées fur fa poitrine. Le foleil était exprimé par des rayons d'une vive lumière répandue autour d'elle, la lune était fous fes pieds & douze étoiles formaient fa couronne ; fa robe était d'un blanc fans tache ; fon écharpe, bleue ; autour d'elle planaient des chérubins tenant des rofes, des palmes & des lys ; la tête du dragon vaincu fe montrait fous fes pieds. Indépendamment du texte apocalyptique, cette compofition avait pour caufe la légende de l'apparition de Marie à Béatrix de Sylva, noble religieufe de l'ordre des Francifcains, qui fut, dit-on, favorifée d'une vifion célefte de la Madone.

Hâtons-nous de dire que tous ces acceffoires ne font pas rigoureufement requis, car Murillo, le peintre par excellence de l'Immaculée Conception, & beaucoup d'autres maîtres s'en font fouvent écartés fans que, pour cela, leurs œuvres foient regardées comme moins orthodoxes. Une peinture de l'école florentine, qu'on ne peut prendre que pour une Immaculée-Conception, & une autre du xve fiècle, par Doffo-Doffi, dans la galerie de Berlin, s'éloignent beaucoup de la compofition primitive. Au centre de la première de ces œuvres eft le péché d'orgueil, perfonnifié par Eve & le ferpent ; à droite font faint Ambroife, faint Hilaire, faint Anfelme, faint Bernard ; à gauche, faint Cyrille, Origène, faint Auguftin & faint Cyprien, & au deffous font rapportés quelques paffages des écrits de ces Pères relatifs à l'immaculation de Marie. L'ordonnance de celle de

Berlin, intitulée *Conférence sur l'Immaculée Conception*, s'écarte beaucoup de la première. Au bas du tableau sont les quatre Pères latins, feuilletant leurs gros livres & méditant profondément sur le mystère : derrière eux est le Franciscain Bernard de Sienne; au dessus, dans une gloire de lumière, est la Vierge, vêtue non de blanc, mais d'une tunique richement brodée de différentes couleurs, à genoux aux pieds du Tout-Puissant qui étend la main comme pour bénir.

Quand la bulle de Paul V fut publiée, en 1617, Le Guide était attaché à la cour pontificale en qualité de peintre & de favori de Sa Sainteté. Il ne manqua pas de saisir l'occasion qui s'offrait d'elle-même pour exercer son talent, & parmi toutes les œuvres qu'il a faites sur ce thème, on peut dire que les quatre qu'il a laissées à Rome font partie de ses plus belles productions. Tandis que le pape méditait encore sa bulle, Le Guide entreprit la fresque de la coupole de la chapelle du Quirinal où il représenta le Tout-Puissant, méditant le mystère de l'Immaculée Conception; près de lui est la Vierge dans la même auréole de gloire, vêtue de sa tunique blanche, dans une attitude d'adoration; l'analogie était frappante & des plus flatteuses; aussi obtint-elle l'approbation du chef de l'Eglise. Le grand tableau fait pour Paul V représente les docteurs de l'Eglise consultant leurs grands livres, pour témoigner de l'Immaculée Conception. Dans le haut est la Vierge assise sur des rayons de gloire, vêtue de blanc, les mains croisées sur la poitrine & les yeux tournés vers la source des lumières célestes. Le troisième tableau, sur ce sujet, que fit Le Guide est celui qu'il peignit pour l'Infant d'Espagne. La Vierge y est couronnée de douze étoiles; elle est sur un croissant soutenu par trois chérubins & semble planer entre le ciel & la terre; de chaque côté est un séraphin, les mains croisées & dans l'attitude d'adoration.

La plus belle Conception qu'ait produite l'école espagnole avant celle de Murillo est par Roelas, peintre du xvie siècle, laquelle orne l'Académie de Séville.

Une des plus remarquables est celle de la galerie Esterhazy, à Vienne, attribuée à Lazaro Tavarone. La Vierge y est dans la première jeunesse, de neuf à dix ans, elle a les cheveux noirs & les traits espagnols, avec une expression enfantine de simplicité & de dévotion charmantes; elle est debout au milieu des nuages, les mains jointes & vêtue de draperies blanches & bleues.

La belle Conception par Velasquez, quoique petite, est un exemple de dérogation à la règle ordinaire pour les vêtements de la Vierge. L'artiste, on ne sait pourquoi, l'a revêtue d'une tunique violet-pâle & d'un manteau bleu-foncé; ses mains sont jointes; ses longs cheveux tombent en nappe sur ses épaules; sa tête est entourée de rayons du soleil; les douze étoiles de l'Apocalypse forment sa couronne, & une pleine lune lui sert de piédestal. Au bas du tableau se montrent plusieurs emblèmes relatifs à la vie de la Vierge.

Lafosse, de l'école française, a placé à côté de Marie un ange, armé d'un glaive flamboyant & précipitant dans l'abîme le dragon infernal. « Cette idée, dit Pascal, est digne d'éloges, mais elle ressemble trop au combat de saint Michel contre Lucifer. Il serait peut-être préférable, ajoute-t-il, de peindre un dragon abattu aux pieds de Marie qui le foulerait dédaigneusement; ce ferait la traduction des paroles de la Genèfe : *ipfa conteret caput tuum* (une femme t'écrafera la tête). »

Paquot approuve une Immaculée-Conception de Coypel, de l'école françaife, du xviiie fiècle, & que le burin a fouvent reproduite. Une Vierge occupe le centre du tableau. A fes pieds eft un énorme dragon qui cherche vainement à la mordre, à la dévorer. Du haut du ciel, le Père Eternel, porté fur un éclatant nuage, étend fa main protectrice fur la tête de Marie qui, les bras croifés fur la poitrine & les yeux baiffés, femble recueillir l'infufion de la grâce célefte.

Murillo a illuftré fon école par fa Conception dont il a fait un chef-d'œuvre que l'on admire à jufte titre ; l'école françaife a été moins favorifée par Lebrun, qui a eu la malheureufe idée de repréfenter la Vierge couverte d'une feule gaze légère qui laiffe apercevoir les belles formes de fon corps virginal ; ce qui fait qu'au lieu d'une Vierge immaculée qu'il voulait peindre, il n'a fait qu'une Vierge très-indécente.

On cite, de Rubens, & l'Immaculée-Conception qu'il fit pour les religieufes de Fofaldana, près Valladolid, dont la beauté eft auffi merveilleufe que la dimenfion du tableau eft étonnante & qui coûta, dit-on, foixante-dix mille écus, & celle qu'il peignit pour fon ami Dom Diego Mexia.

On vante auffi, de Ribera, la fameufe Conception qu'il fit, pour le comte de Monterey, dans le couvent des Auguftins de Salamanque.

Nous regrettons de ne pouvoir donner ici aucun détail fur l'Immaculée-Conception de Livio Méus, faite pour fon ami le tailleur Camille Mainardi, & acquife par le prince Ferdinand de Tofcane.

Nous l'avons déjà remarqué, le sujet est ardu & les allégories justes sont difficiles à trouver. Aussi, de nos jours, toutes les œuvres sur ce thème se bornent-elles à représenter Marie vêtue de blanc, debout sur une demi-sphère terrestre, ayant sous ses pieds le serpent infernal qui cherche à la piquer au talon. Cette disposition toute simple, dont se contentent la peinture & la sculpture, exprime peu le mystère de l'immaculation ; nous préférerions celle indiquée par le cardinal Frédéric Borromée, rapportée par l'abbé Pascal : « Nous pensons, dit ce cardinal, qu'on peut peindre une jeune fille, couverte de son voile, assise dans un lieu resplendissant de clarté, environnée d'anges qui volent autour d'elle. Nous ferions la figure de la Vierge & celles des anges légèrement dessinées dans une ombre qui s'illuminerait par une clarté descendue du ciel & nous peindrions, au milieu de cette clarté, les trois personnes divines, sous des traits peu marqués & presque aériens. »

Voici, du reste, la disposition que donne le *Guide de la Peinture* pour ce sujet :

« Maisons & jardins avec différents arbres. Au milieu sainte Anne en prières ; un ange au dessus d'elle la bénit. Hors du jardin, une montagne sur laquelle est Joachim, aussi en prières ; un ange le bénit pareillement. »

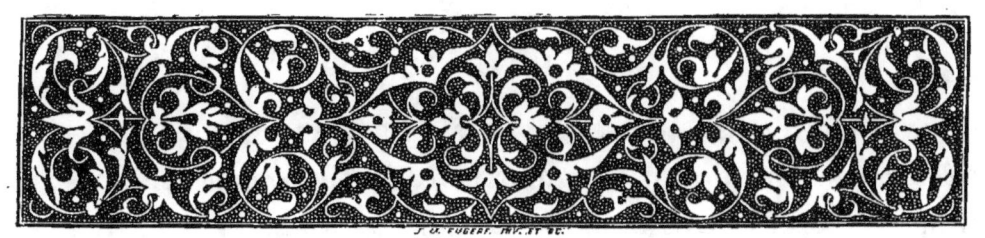

VIII.

Naiſſance de la Vierge. — Son éducation.

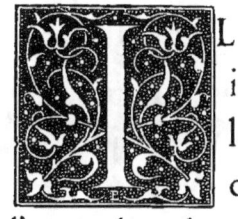L eſt facile de comprendre la joie ineffable qui inonda le cœur d'Anne & de Joachim, lorſque leur fut dévoilée, d'une manière certaine, la faveur dont le ciel les avait comblés, en les délivrant de l'opprobre dont les couvrait, aux yeux du monde, une ſtérilité de vingt ans. Ils étaient dans l'attente de cet enfant promis.

Ce fut vers le commencement du mois de tirſi (8 ſeptembre) l'an 734 de Rome, vingt ans environ avant notre ère, que naquit cette Vierge prédeſtinée, cette ſeconde mère du genre humain & qui devait réparer la faute de la première. Sa naiſſance fut ſans éclat; ſes parents, quoique iſſus de race noble & même royale, menaient une vie obſcure & le berceau de la reine des cieux, à la naiſſance de laquelle aſſiſtèrent des anges, & dont ſe réjouit toute la cour céleſte, ne fut ni rehauſſé d'or, ni couvert de courtes-pointes d'Egypte richement brodées, ni parfumé de nard, de myrrhe & d'aloès comme celui des princes hébreux. Des branches d'ofier le compofèrent & des bandes d'un lin groffier comprimèrent les petits bras qui, vingt ans plus tard, devaient fi doucement bercer le Sauveur du monde.

Neuf jours après, felon la coutume hébraïque, Joachim donna à fa fille le nom de Mariam, Marie, lequel fe traduit en fyriaque par dame, maîtreffe, fouveraine, & qui, en hébreu, fignifie étoile de la mer. « Quel autre nom, dit faint Bernard, aurait pu mieux convenir à la Mère de Dieu & qui exprimât mieux fa haute dignité ? Marie n'eft-elle pas cette belle & brillante étoile qui luit fur la mer vafte & orageufe du monde ! Ce nom divin, apporté par un ange, cache un charme puiffant & d'une fi merveilleufe douceur que feulement en le prononçant, le cœur s'attendrit. » « Le nom de Marie, dit faint Antoine de Padoue, eft plus doux aux lèvres qu'un rayon de miel, plus flatteur à l'oreille qu'un chant fuave, plus délicieux au cœur que la joie la plus pure. »

Quatre-vingts jours après la naiffance d'une fille, la femme juive fe purifiait folennellement au temple où elle portait fa nouvelle née. Elle offrait alors au Seigneur un agneau ou deux tourterelles. Cette dernière offrande étant celle des pauvres, fut celle de l'époufe de Joachim. Mais la reconnaiffance de la pieufe mère alla plus loin encore que le facrifice obligé. Digne émule d'Anne, femme d'Elcana, elle offrit au Seigneur fa propre fille, ce fruit de fa tardive fécondité, prenant l'engagement de la ramener au temple & de l'y confacrer au fervice du Seigneur dès que fa jeune raifon faurait difcerner le bien du mal.

La cérémonie terminée, les deux époux, pleins de joie & de reconnaiſſance, reprirent le chemin de leur province & rentrèrent dans leur modeſte demeure, toujours ouverte aux pauvres & à l'étranger.

Ce fut là que cette enfant de prédilection fit, pendant ſes premières années, les délices de ſa famille & s'éleva comme un de ces lis dont Jéſus vante la beauté & « qui ont, dit poétiquement ſaint Bernard, l'odeur de l'eſpérance. » Anne nourrit elle-même ſa fille & lui prodigua les premiers ſoins, ſoins ſi tendres, ſi délicats, ſi néceſſaires à l'enfant au maillot & que ne donne pas toujours une nourrice étrangère. Ses peines & ſes veilles furent amplement récompenſées. A peine Marie comptait-elle trois ans que ſa jeune raiſon précoce ſe manifeſta par la ſageſſe de ſes diſcours, par une ſoumiſſion & par un reſpect pour ſes parents bien au deſſus de ſon âge. Auſſi Joachim comprit bientôt que le temps approchait de ſe ſéparer de ſa fille, pour accomplir le vœu que ſon épouſe avait fait de ſon conſentement.

Seize artiſtes, dont douze de l'école italienne & quatre de l'école eſpagnole, ont repréſenté la naiſſance de Marie, ſujet délicat, dans lequel pluſieurs ont oublié qu'il s'agiſſait de la naiſſance de la future Mère de Dieu. Quelques-uns même ont traité ce ſujet, ſi poétique & ſi abondant en grands effets, avec ce ſans-façon qui dénote qu'ils n'en comprenaient pas toute la portée.

Les uns ont repréſenté une chambre garnie d'un lit ſur lequel eſt couchée une femme entourée de matrones qui s'empreſſent de la ſervir & de préparer un bain à l'enfant nouveau-né.

« Tout cela eſt très-ordinaire, dit Paſcal, & rien n'annonce qu'il foit queftion de la naiffance de Marie. Il n'eft pas même démontré que les Juifs euffent l'habitude de faire prendre des bains aux nouveau-nés. »

Murillo n'a pas cru que la naiffance de la Vierge fût un fujet inabordable. Dans fon œuvre, fi eftimable fous le rapport de l'exécution artiftique, fainte Anne eft fur un lit de parade, plufieurs femmes lui prodiguent leurs foins ; mais, plus habile que fes collègues, l'artifte efpagnol n'a pas oublié la circonftance qui a dû marquer la naiffance de Marie & il fait intervenir des anges qui contemplent, avec un refpectueux raviffement, l'enfant que foutient une femme au deffus d'un bain. Cette œuvre, tout admirable qu'elle eft, n'eft cependant pas à l'abri de reproches, car les meubles, les coftumes, tout y eft efpagnol, rien n'indique la Judée.

Voyons comment les peintres italiens & Albert Durer, de l'école allemande, ont traité ce fujet. La première manière eft du genre grec &, quoique très-variée dans les détails & dans l'expreffion des fentiments, elle ne s'eft jamais trop écartée de l'idée primitive. Sainte Anne repofe toujours fur un lit plus ou moins richement paré, des fervantes l'entourent, & une variante, introduite par quelques artiftes, confifte à faire intervenir des voifines ou des amies qui fe hâtent de complimenter la mère. La première œuvre, avec cette variante, eft d'un maître inconnu de l'école greco-italienne dont Dagincourt fait remonter la peinture au XIIIe fiècle, ce qui ne peut être, car on y remarque le ftyle de Gaddi.

Une frefque de ce dernier artifte, repréfentant la naiffance de Marie, offre affez de fimplicité & de dignité. Sainte Anne est assise sur son lit; une servante lui verse de l'eau sur les mains; au premier plan, deux femmes s'occupent de la nouvelle née qui a une auréole autour de la tête; trois autres servantes sont au pied du lit.

Par rang de date vient ensuite la composition de Ghirlandajo qui déploie toute la somptuosité des grands du monde pour orner la chambre & la couche de la malade, contrairement à l'idée évangélique & traditionnelle qui fait Joachim plutôt pauvre que riche. D'après lui, la scène se passe dans une chambre richement décorée; sainte Anne repose sur un lit somptueux; un peu en avant, une femme verse de l'eau dans un vase & deux autres femmes assises tiennent l'enfant. Une noble dame, à l'élégant costume florentin du xve siècle, entre suivie de quatre autres dont les figures sont des portraits. Ces cinq derniers personnages semblent ne prendre aucune part à l'action.

Dans sa composition sur le même sujet, Albert Durer reproduit l'ancienne vie germanique. Dans une vieille chambre allemande, on voit sainte Anne couchée sur un lit antique; deux femmes lui apportent à manger & à boire, tandis que la sage-femme, harassée de fatigue, penche sa tête du côté du lit & semble dormir; une troupe de femmes occupe le premier plan du tableau, une seule semble donner des soins à l'enfant; les autres se complimentent, boivent, mangent & se reposent; tout annonce une scène de commérage allemand, & difficilement on devinerait le sujet du tableau si sa véritable signification n'était indiquée par un ange planant au dessus du groupe & tenant un encensoir.

Dans la fresque par Andrea del Sarto, à l'église de la Nunziata de Florence, on trouve à peu près les mêmes incidents que dans l'œuvre d'Albert Durer. Sainte Anne repose sur son lit; des servantes l'entourent; les nourrices s'occupent de l'enfant; des visiteuses viennent complimenter la mère; mais toutes, jusqu'aux servantes qui apportent des rafraîchissements, sont nobles & vêtues d'après le goût distingué d'Andrea; des anges laissent tomber des fleurs d'en haut; on aperçoit Joachim qui prend du repos. Tout le mérite de cette œuvre consiste dans l'harmonie, l'éclat du coloris & la douceur de l'exécution. Comme Ghirlandajo, Andrea y a introduit des portraits, & sous les vêtements de la belle dame florentine, on ne peut manquer de reconnaître les traits de sa femme Lucrezia.

L'Albane, frappé de l'idée que la Vierge promise par le ciel & destinée à donner naissance au Messie ne devait pas naître dans un lieu reculé de la maison de Joachim, place la scène dans un grand & riche vestibule, ainsi que l'ont fait beaucoup d'autres artistes. Le lit de sainte Anne est au haut de l'escalier; l'enfant & les femmes qui l'environnent sont dans le plan inférieur; un chœur d'anges remplit le fond du tableau. Les anges & la femme à genoux qui caresse l'enfant se font admirer par l'élégance de la pose & plus encore par la finesse de l'expression; la jeune fille qui descend l'escalier est un chef-d'œuvre de noblesse, de grâce & même de sentiment.

Cette œuvre, qu'on voyait autrefois au Louvre, n'était cependant pas sans défaut. L'auteur les corrigea & nous regrettons de ne pouvoir donner les changements qu'il y fit & qui sont, dit-on, indiqués dans un dessin gravé par Pietro Santo Bartoli que nous ne connaissons pas.

Les légendes s'étendent longuement fur les détails des foins dont fainte Anne entoura le berceau de fa fille chérie & fur ceux qu'elle donna à fon éducation. Elle fit comme un lieu facré de la chambre de cette enfant, ne fouffrant pas que rien de licencieux ni de mondain en approchât. Elle lui donna pour compagnes de jeunes filles pures & douces; mais il n'eft point dit que fainte Anne ait inftruit fa fille, ni qu'elle lui ait enfeigné aucun des travaux qui faifaient l'occupation ordinaire des femmes hébraïques : la couture, la broderie, le filage du lin & de la laine.

Cependant quelques artiftes des principales écoles ont fait de cette inftruction donnée par fainte Anne à fa fille le fujet de plufieurs tableaux remarquables que nous ne pouvons paffer fous filence, puifqu'ils font fuite à l'hiftoire de la Vierge, lefquels ne font pas non plus à l'abri de toute critique, quoique tombés du pinceau de grands maîtres.

Les artiftes qui ont traité ce fujet font : Orley, Bernard de Bruxelles, Adrien Key, Philippe Champagne, Wan Dourvan & Rubens de l'école flamande; Murillo de l'école efpagnole, Jouvenet de l'école françaife & Brefcianino de l'école italienne, dont les œuvres font difféminées dans divers mufées.

Toutes ces peintures fe recommandent à l'admiration, au point de vue de l'art, par le fini, par la grâce & l'expreffion du fentiment qui les claffent, à jufte titre, au premier rang des productions de ces maîtres. Pourquoi faut-il qu'à la vue de tous ces tableaux, une réflexion, qui n'échappe à perfonne, vienne en diminuer le mérite. Se fondant fur des témoignages très-peu authentiques & faifant ainfi un miracle de la naiffance de Marie, ils donnent presque tous à sainte Anne & à Joachim une physionomie caduque, & à la jeune Vierge, une apparence de puberté qui sont en opposition avec l'histoire légendaire.

Quoique sainte Anne fût restée vingt ans stérile, rien ne prouve qu'elle ne fût encore en âge d'enfanter lorsqu'elle conçut sa fille chérie. La Vierge y est toujours représentée d'un âge de dix à douze ans, & la légende dit formellement que quand Marie eut trois ans, elle fut remise entre les mains du grand-prêtre, pour être élevée dans le temple avec les autres vierges destinées au service de l'autel; sainte Anne ne put donc lui donner des soins jusqu'à l'âge que semblent indiquer les peintures auxquelles nous faisons allusion.

Rubens, le maître de l'école flamande, n'a pas évité ce défaut. Son œuvre, remarquablement belle sous le rapport de l'art, donne à la mère de la jeune Vierge un air si vieux qu'on la prendrait pour son aïeule; Joachim, qui est derrière son épouse, est aussi sous les traits d'un vieillard; les anges qui voltigent autour du groupe sont un accessoire essentiel pour la connaissance du fait représenté.

Dans l'œuvre de Murillo, aussi très-belle au point de vue de l'art, le peintre fait planer au dessus du groupe un grand nombre d'anges tenant des guirlandes de roses; tout cela est très-poétique & propre à produire un grand effet.

« En somme, si nous avions, dit Pascal, quelque chose à blâmer dans la composition de certains artistes, ce ne serait ni le fauteuil sur lequel s'assied sainte Anne, à la manière européenne, ni la quenouille que quelques-uns ont placée dans les mains d'une enfant de trois ans, mais les lunettes grandes & grossières que l'on a mises sous les yeux de la femme de Joachim & qui constituent un véritable anachronisme, à moins qu'on ne fasse remonter à cette époque l'invention de Roger Bacon.

La disposition ou la manière de traiter le sujet de la naissance de la Vierge, d'après le *Guide de la peinture*, est celle-ci : Maisons ; sainte Anne couchée sur un lit entre des couvertures & appuyée sur un oreiller ; deux servantes la soutiennent par derrière, une autre agite l'air devant elle avec un éventail. D'autres femmes sortent d'une porte & tiennent des aliments : au premier plan, d'autres femmes, lavent l'enfant dans un bain, ou bien une seule le balance dans son berceau.

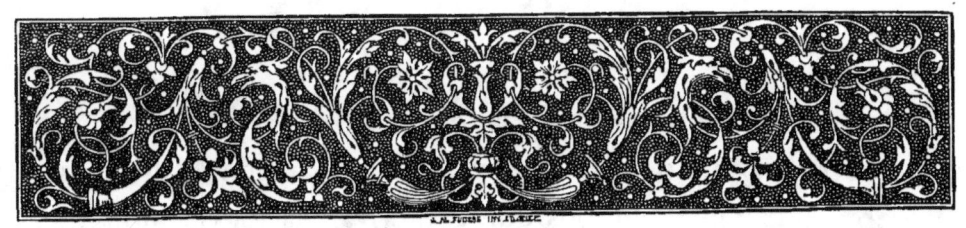

IX.

Préfentation au Temple.

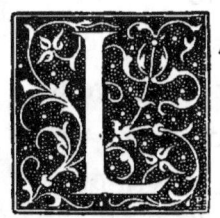A préfentation de Marie au temple & fa remife entre les mains des prêtres par fes parents eft un fujet d'une grande importance, non-feulement comme incident principal dans la vie de la Vierge, mais parce que cette confécration de Marie au fervice du temple a été prife dans un fens particulier & principalement deftinée aux couvents de religieufes. Auffi en trouve-t-on un grand nombre parmi les œuvres des artiftes anciens & des modernes.

Mais avant que l'art nous raconte ce fait, laiffons parler la légende.

Pour accomplir la promesse faite au Seigneur, Anne & Joachim, accompagnés de Marie, se rendent à Jérusalem & Joachim se prépare, par les ablutions que prescrivait la loi de Moïse, à offrir son sacrifice de l'agneau &, avec lui, le sacrifice plus grand encore de l'abandon de sa fille entre les mains de Dieu. Les prêtres & les lévites, assemblés dans le parvis, reçoivent des mains de Joachim la victime de propitiation, & Anne, portant sa fille dans ses bras, s'approche du grand-prêtre & lui dit : « Je viens vous offrir le présent que Dieu m'a fait. » Le prêtre accepta, au nom du Dieu qui féconde le sein des mères, le précieux dépôt que la reconnaissance lui confiait, bénit les époux & dès ce moment Marie fut admise au nombre des *alma*, c'est-à-dire des Vierges qu'on élevait dans le temple, destinées à chanter les louanges du Seigneur & à préparer les ornements de l'autel & des prêtres. Voilà le fait raconté par les Ecritures; voyons comment l'art le traduit.

La composition principale ne varie guère. C'est toujours un temple, une Vierge, un ou plusieurs prêtres ou lévites & deux vieillards. Marie est quelquefois vêtue de bleu, le plus souvent d'une tunique blanche, avec de grands cheveux blonds qui retombent en boucles sur ses épaules; on la voit monter les degrés qui conduisent à l'autel. Elle devrait être sous le physique d'une enfant de trois ans; mais, peu scrupuleux sur les textes de l'Ecriture, presque tous les artistes l'ont représentée à l'âge de treize à quinze ans, avec un voile & tenant un cierge. Cependant ce sujet a quelquefois été traité plus simplement, car le bas-relief par Andrea Orcagna ne porte que trois personnages : Marie est au centre, sainte Anne & Joachim sont à ses côtés.

Dans la compofition d'Albert Durer, on voit à gauche l'entrée du temple, & Marie, les cheveux flottants, en monte les marches. Des parents & des amis font au bas des degrés; devant eux montent des marchands de colombes.

Ce fujet, traité par Carpaccia, eft exceffivement gracieux; l'aimable figure enfantine de Marie, avec fes longues treffes, la grâce avec laquelle elle fe tient à genoux fur les marches de l'autel, la difpofition des perfonnages qui l'entourent, tout concourt à faire de cette œuvre un tableau admirable. Au premier plan eft un domeftique tenant une licorne, ancien emblème de la chafteté.

Mais l'œuvre en ce genre la plus remarquable eft celle du Titien, que l'on voit à l'Académie de Venife & qui était deftinée à l'églife des Frères de la Charité. Ce tableau eft déjà fi connu par la gravure, que nous nous difpenfons d'en donner tous les détails. Marie n'y eft pas à genoux, mais elle foutient fa tunique & monte les degrés avec une grâce enfantine charmante. Ce qui ajoute un grand intérêt à cette œuvre d'art, c'eft que tous les perfonnages qui y accompagnent le fujet principal font des portraits. Titien s'y eft peint lui-même, & au lieu du fymbole poétique de la licorne, on voit une vieille femme qui vend des œufs & des volailles, comme dans les gravures de l'œuvre d'Albert Durer, que Titien devait connaître.

Quel dommage que les Vénitiens laiffent fans foins, même fans cadre, la belle Préfentation de Marie au temple, par le Tintoret, véritable chef-d'œuvre, & qu'on voit appendue à un des murs de Santa Maria dell'Orto!

Le *Guide de la peinture* indique comme fuit l'ordonnance de cette œuvre:

Le temple. Les degrés d'un efcalier conduifant à la grande porte. Le prophète Zacharie, debout à la porte, & revêtu de fes habits pontificaux. Il étend fes bras. La Sainte-Vierge, âgée de trois ans, monte les degrés devant lui; elle a une main étendue, & de l'autre, elle tient un cierge. Derrière elle, Joachim & Anne fe regardent & fe la montrent; auprès d'eux, une foule de Vierges portant des cierges. Au deffus du temple, une coupole magnifique.

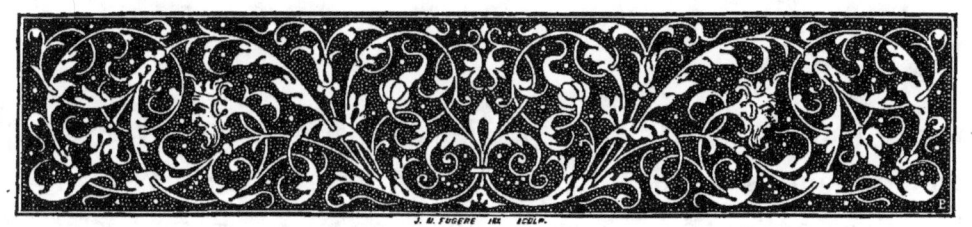

X.

Occupations de Marie dans le Temple.

LES légendes & l'hiſtoire biblique ſe taiſent ſur le genre d'occupations journalières de Marie dans le temple. L'art ſemble avoir voulu ſuppléer à ce ſilence, & pluſieurs belles peintures que l'on trouve dans diverſes collections interprètent ce que la piété n'a pas dit. Une de ces peintures repréſente la Vierge devant un métier de broderie; derrière elle ſont deux jeunes filles : une d'elles lit, l'autre poſe une de ſes mains ſur l'épaule de la Vierge & ſemble lui parler. Dans une petite, mais jolie peinture, par Guido, la Vierge eſt repréſentée aſſiſe, brodant une robe jaune; elle eſt entourée de quatre anges dont un tire un rideau.

La piété attribue à Marie, non ſans raiſon, l'avantage d'être ſouvent viſitée par des anges, leſquels pourvoyaient même à ſon exiſtence, car ils lui apportaient fréquemment les choſes néceſſaires à ſa nourriture. Dans ce ſujet, tel qu'on le voit ciſelé fur les ftalles de la cathédrale d'Amiens, Marie tient un livre, & plufieurs autres volumes font placés fur un rayon derrière elle. On y voit auffi une horloge, du genre en ufage au xve fiècle, pour indiquer la régularité que la Vierge mettait à partager fon temps entre les diverfes occupations qui lui étaient attribuées.

Le *Guide de la peinture* ne donne point l'ordonnance d'un tableau qui repréfenterait Marie dans le temple. Il fe borne à citer le texte latin de la Légende dorée qui indique le genre d'occupations de la Vierge & l'avantage dont elle était favorifée d'être fouvent vifitée par les anges qui, comme nous l'avons dit, lui apportaient fréquemment des aliments.

Si l'art était appelé à retracer ce fait fur la toile, nous penfons qu'il pourrait le traiter ainfi : une falle avec des arcades magnifiques & tous les détails qui peuvent entrer dans une architecture riche & élégante; au milieu, la Vierge affife devant un métier de broderie, couvert d'une étoffe, jaune ou blanche, en partie achevée; plufieurs vierges autour d'elle; au deffus de la Vierge, l'archange Gabriel préfentant un pain à Marie qui le reçoit avec un air de bonté, tendant la main droite; de fa gauche, tenant toujours un des inftruments de travail, & les yeux fixés fur l'ange.

Cette ordonnance aurait l'avantage d'être conforme à la légende qui dit que Marie s'était fait une règle pour l'emploi des heures de fa journée, d'après laquelle depuis le matin jufqu'à la troifième heure, elle était en prières; depuis la troifième heure jufqu'à la neuvième, elle brodait ou tricotait, & depuis la neuvième jufqu'à la fin du jour, elle ne ceffait de prier jufqu'à ce qu'un meffager célefte lui apportât fa nourriture.

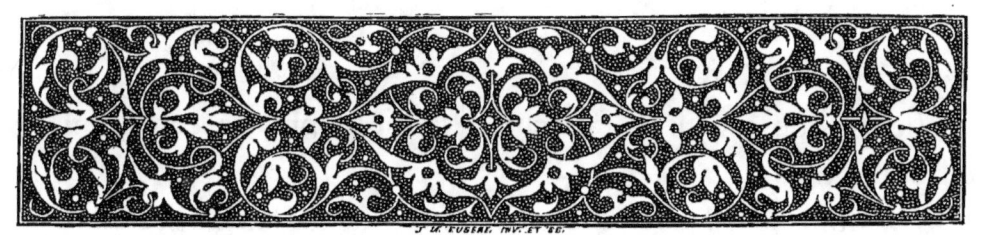

XI.

Mariage de la Vierge.

VANT de parler de cette circonſtance majeure de la vie de la Vierge, il ne ferait pas fans intérêt de dire un mot de la douleur que cette femme angélique dut reſſentir lorſque Dieu, pour la détacher entièrement des choſes de la terre & la rendre plus apte, plus propre encore à exécuter ſes volontés, la fit orpheline, en rappelant à lui d'abord Joachim, ſon père, & peu de temps après, Anne, ſa mère, dont elle eut à fermer les yeux.

Mais l'art a paſſé ſous ſilence tous ces détails ; aucune toile ne conſacre ces épiſodes ſi pleins d'intérêt & de poéſie & qu'il lui eût été ſi facile de rendre.

Ce ſont, il eſt vrai, pour lui des circonſtances en dehors de ſon ſujet principal ; Marie n'y aurait paru que comme acceſſoire, ne jouant qu'un rôle naturel, celui de verſer des larmes ſur les reſtes inanimés des auteurs de ſes jours & l'art n'aime à dire de la Vierge que ce qui se rattache à sa biographie, à ce qui lui est personnel.

Il va donc nous parler de son mariage; mais avant de lire dans ses pages l'histoire de ce grand acte de la vie de la Vierge, lisons-la dans le *Protévangile* de saint Jacques qui nous l'a conservée.

La fille d'Anne & de Joachim est désormais orpheline; elle n'a plus, sur la terre, aucune personne, qui, lui tenant par les liens du sang, puisse veiller sur ses destinées & sur ses besoins. Elle se tourne alors tout entière vers celui qui est le soutien de la veuve & de l'orphelin. De plus en plus fortifiée dans l'amour de Dieu par la pratique des œuvres de piété, elle n'attend rien que de Dieu & ne vit que pour Dieu, auquel elle s'est liée sans retour par un vœu solennel de virginité.

Cependant le grand-prêtre & les protecteurs de la Vierge songent à lui donner un appui, un soutien légitime dans un époux. Marie, consultée sur ce projet, répond humblement qu'elle désire continuer à mener dans le temple une vie innocente, cachée & libre de tous liens, excepté des liens du Seigneur auquel elle s'était vouée. Cette réponse étonne le conseil de famille, elle renverse ses projets de bonheur pour sa pupille & annonce l'apparition dans Israël d'une vertu jusqu'alors inconnue, celle de la virginité. Mais il croit de son devoir de passer outre; il décide que Marie donnera sa main à un époux de son choix.

Quel sera l'heureux mortel qui aura l'honneur d'avoir pour épouse, devant les hommes, celle qui est de toute éternité prédestinée à être l'épouse du Saint-Esprit, la mère du fils de Jéhovah, la reine des anges, la gloire du ciel & le bonheur de la terre : plufieurs prétendants fe mettent fur les rangs. Les uns font valoir leur fortune, leurs titres de nobleffe, les autres leur valeur & l'éclat d'un nom vénéré & refpecté en Ifraël. Mais ce n'eft ni la fortune, ni un grand nom qu'il faut à une vierge fi humble & fi modefte. Dieu, à qui rien n'eft caché & qui voit le fond de tous les cœurs, deftinait à fa fille un époux qui répondît par fa naiffance à la nobleffe de la race de Marie, mais dont la pureté des mœurs & la candeur de fes intentions s'alliaffent avec le vœu facré que la Vierge avait fait de perpétuelle virginité.

Le choix était difficile ; dans la crainte de fe tromper, on fonge à confulter le Seigneur & on convient, dit le *Protévangile* de faint Jacques, que chacun des afpirants placera le foir, dans le temple, une baguette d'amandier, marquée de fon nom & que celui-là ferait l'époux de la fille de Joachim dont la baguette aurait fleuri. C'eft à ce figne, bienheureux Jofeph, que l'on connut la faveur dont le ciel voulait récompenfer votre vertu, en vous rendant dépofitaire du tréfor le plus précieux que renfermât alors la Judée.

A la vue de la volonté de Dieu fi expreffément manifeftée, Marie n'oppofe plus aucune réfiftance. Elle s'humilie devant les ordres de l'Eternel, faifant de fon obéiffance une offrande cent fois plus grande aux yeux de Dieu que ne le furent les hécatombes avec le fang defquelles Salomon cimenta les fondations du temple.

Les fiançailles de Marie fe célébrèrent avec cette fimplicité antique qui avait préfidé aux noces de Rachel & de Rébecca. Jofeph, en préfence des tuteurs de fa future, offrit à cette dernière une pièce d'argent, en lui difant : « Si tu confens à être mon épouſe, accepte ce gage.» Marie accepta, & dès ce moment les nœuds ſacrés de l'hymen l'unirent d'une manière indiſſoluble à celui que le Seigneur lui avait choiſi ; mais le ciel avait été ſeul témoin de la condition ſecrète qui avait décidé du conſentement de la Vierge. « *Tu ſeras comme ma mère* », avait dit le patriarche à Marie qui tremblait pour ſa virginité, « *& je te reſpecterai comme l'autel de Jéhovah.*»

L'art a omis la plupart des circonſtances des fiançailles de la Vierge ; il ne s'eſt occupé que de celles qui, ſe rattachant à la célébration de la cérémonie religieuſe, pouvaient s'accorder avec les uſages & les rites de la loi nouvelle.

Les artiſtes des premières écoles italiennes n'oublièrent pas que le mariage, chez les Hébreux, était un ſimple contrat civil & non une cérémonie religieuſe, & dans leurs repréſentations de cette circonſtance de la vie de la Vierge, la cérémonie a toujours lieu en plein air, dans un jardin, dans un payſage ou bien devant le temple. Marie, une belle & jeune fille de quinze ans, accompagnée de pluſieurs de ſes jeunes compagnes, eſt à droite ; Joſeph, derrière lequel ſont ſes concurrents déſappointés, eſt à gauche ; le prêtre réunit les mains des époux & Joſeph eſt au moment de placer l'anneau nuptial au doigt de ſa fiancée.

L'Evangile gardant le ſilence ſur l'âge de Joſeph & l'Ecriture ne diſant pas un mot des traits de ſon viſage, la plus grande liberté a été laiſſée aux artiſtes ſur ces deux points. Auſſi les peintres primitifs, ſans avoir égard aux convenances & cédant ſans doute à des motifs qui n'ont rien que d'humain, s'accordèrent-ils à donner à Joſeph un air décrépit par l'âge & lui placèrent dans les mains un bâton pour ſoutenir ſa marche chancelante Les peintres modernes ont corrigé ce défaut & ont donné à Joseph l'air d'un homme d'un âge avancé, mais encore capable de fournir à son épouse ce que la loi exigeait de lui : la nourriture & les vêtements, la protection & l'assistance dans tous les besoins.

Dans les plus belles peintures des écoles italiennes & espagnoles de la Sainte-Famille, Joseph est toujours représenté sous l'aspect d'un homme de quarante à cinquante ans ; ses traits expriment la bonté, la douceur &, sur son front, se reflète la pureté de son âme ; ses cheveux sont bruns, sa barbe est courte & frisée, mais le bâton est rarement omis.

Ce n'est qu'au XVIe siècle que Joseph arrive à la dignité de saint. L'art ne devance jamais l'opinion populaire & la représentation des personnages religieux s'augmente ou se modifie selon le degré de respect & de vénération que leur portent les populations. Au XVIIe siècle, l'honneur rendu à Joseph comme saint est excessivement populaire, surtout en Espagne où sainte Thérèse le choisit pour son patron & plaça l'ordre des Carmélites réformées sous sa protection. De là datent ces nombreuses peintures qui représentent saint Joseph comme père nourricier de Jésus, le portant sur son bras gauche, tandis que de la main droite il tient un lis, symbole de la sainteté & de la pureté de ses mœurs.

L'Arena de Padoue possède de Giotto trois scènes du mariage de la Vierge : saint Joseph & les autres prétendants présentent chacun une baguette au grand-prêtre & se tiennent à genoux devant l'autel sur lequel elles sont déposées, attendant le miracle promis. La cérémonie a lieu dans l'intérieur du temple. Marie, avec une figure très-gracieuſe mais beaucoup trop vieillie pour une jeune fille de quinze ans, eſt debout, ſuivie de ſes compagnes. Saint Joſeph tient ſa baguette fleurie, ſur laquelle repoſe une colombe; un de ſes concurrents déſappointés eſt ſur le point de le frapper; un ſecond briſe ſa baguette ſur ſon genoux.

Taddeo Gaddi, Ghirlandajo, Pérugin, Angelico, tous ont ſuivi cette compoſition traditionnelle du ſujet, avec peu de variantes; ſeulement quelques-uns ſuppriment l'autel & placent la cérémonie en plein air ou ſous un portique

Dans la repréſentation de cette cérémonie que fit le Pérugin pour l'autel du Saint-Sacrement de l'égliſe de Pérouſe, & que l'on voit aujourd'hui au muſée de Caen, l'action a lieu ſous un portique du temple. Joſeph met la bague au doigt de Marie. Cette compoſition eſt magnifique & a été plus ou moins imitée par les artiſtes de l'école de ce maître. Jeune encore, Raphaël les ſurpaſſa tous dans ce ſujet. Tout le monde connaît le fameux Spoſalizio de la Brera, à Milan, ſi ſouvent reproduit par la gravure, fait par ce grand artiſte à l'âge de vingt-un ans, pour l'égliſe de San Franciſco dans la Citta-di-Caſtello. Il a imité ſon maître dans l'ordonnance du ſujet, mais à quelle diſtance ne l'a-t-il pas laiſſé par la grâce céleſte qu'il a répandue ſur les figures, talent qui le diſtinguait déjà de tous ſes devanciers. Joſeph & Marie ſont ſur le parvis, devant le temple, magnifiquement repréſenté. Le grand-prêtre joint leurs mains, & Joſeph, qui paraît n'avoir que trente ans, met la bague au doigt de Marie, en même temps qu'il tient ſa baguette fleurie; mais la colombe eſt omiſe. Derrière Marie eſt un groupe de jeunes vierges du temple &

derrière Joseph font les autres prétendants, parmi lesquels en est un qui brise sa baguette sur son genou. Le grand-prêtre qui préside à la cérémonie est peint avec un air de placidité & de bonhomie incomparable. Tout est idéalisé dans cette scène, & ressemble à un poëme lyrique.

Lo Spofalizio, par Girolamo, peint pour l'église de Saint-Joseph, est traité dans un style tout à fait mystique. Marie & Joseph font debout devant l'autel ; d'un côté est un prophète, de l'autre on reconnaît une sibylle.

Quoiqu'il soit positivement certain que les parents de Marie étaient morts avant son mariage, quelques artistes allemands les ont néanmoins introduits dans leurs œuvres, parce que, d'après leurs idées de propriété domestique, ils devaient être présents.

La légende dit qu'après la cérémonie & le festin d'usage, les époux prirent le chemin de Nazareth, accompagnés de leurs parents & de leurs amis. Dans la fresque du musée de Brera, à Milan, Marie & Joseph marchent ensemble. Joseph, plein de tendresse & de respect, regarde son épouse dont il tient la main ; Marie baisse modestement les yeux.

Le Guide de la peinture ne pensant pas sans doute pouvoir

Le Temple. Au dedans, le prophète Zacharie béniffant. Derrière lui, d'autres prêtres fe montrant la Sainte-Vierge les uns aux autres. Devant eux, Jofeph prenant Marie par la main. Derrière eux, d'autres perfonnages.

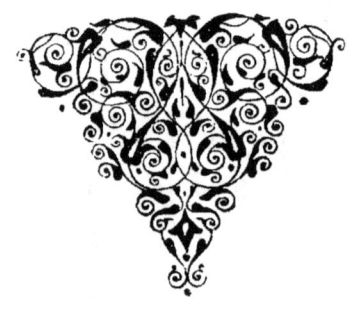

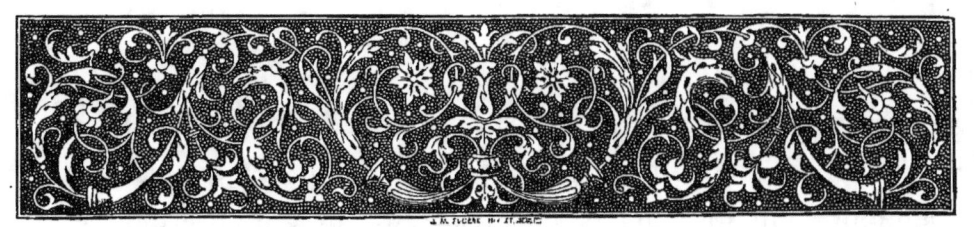

XII.

Annonciation à Marie.

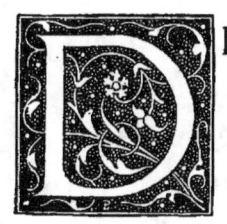E toutes les phafes de la vie de la Vierge dont l'art s'eft occupé, il n'en eft point qui ait été plus profondément fentie & plus admirablement rendue par les anciens peintres, ni plus vilement repréfentée par les peintres modernes que l'Annonciation. C'eft cependant une des fcènes de la biographie de Marie le plus fouvent traitée. Confidérée au point de vue de l'art, elle eft admirablement belle & nous fournit les deux plus gracieufes formes que la main de l'homme ait été appelée à reproduire : l'efprit ailé, forti du paradis, & la Femme non moins pure, que Dieu avait appelée à perfonnifier la douceur, la fageffe & la chafteté féminines. Mais avant que l'art nous dife, à fa manière, le grand acte de l'Incarnation du Verbe, laiffons parler l'hiftoire.

Le moment marqué par l'Eternel pour l'accompliſſement de ſes promeſſes étant arrivé, l'ange Gabriel, un des quatre qui ſe tiennent conſtamment en ſa préſence, épiant le moindre ſigne de ſa volonté, reçut la miſſion myſtérieuſe de deſcendre ſur notre terre & de porter à Marie &, par elle, à tous les hommes la grande & magnifique nouvelle de leur prochaine délivrance.

Après être deſcendu de ciel en ciel, le meſſager céleſte chargé de cette ſublime ambaſſade arrive à la ville de Nazareth, terme de ſon voyage. Il reconnaît ſans peine l'humble demeure de cette Vierge prédeſtinée, que le Très-Haut regarde avec tant de complaiſance & qui, ſemblable à la violette, cherchait à ſe cacher de plus en plus dans les lieux reculés de ſa demeure, afin de pouvoir être mieux en communication avec ſon Dieu. C'était l'heure où le ſoleil, déclinant vers le haut promontoire du Carmel, allait bientôt ſe plonger dans la mer de Syrie. Il entre dans le modeſte oratoire de Marie, qui faiſait alors ſa prière du ſoir, la face tournée du côté de Jéruſalem. « Je vous ſalue, ô Marie, pleine de grâces, » lui dit l'envoyé céleſte, en inclinant ſa tête radieuſe, « le Seigneur eſt avec vous ; vous êtes bénie entre toutes les femmes. »

Marie éprouva une frayeur involontaire à cette apparition merveilleuſe ; mais l'ange la raſſura bientôt : « Ne craignez point, Marie, vous avez trouvé grâce devant Dieu. Vous concevrez dans votre ſein & vous enfanterez un fils à qui vous donnerez le nom de Jéſus. Il ſera grand & ſera appelé le fils du Très-Haut. Dieu lui donnera le trône de David, ſon père ; il régnera éternellement ſur la maiſon de Jacob, & ſon règne n'aura point de fin. »

A ces mots, qui euſſent plongé toute autre femme que Marie dans un océan de jubilation, la chaſte & prudente fille de Joachim ne ſongea qu'à la blancheur, à la pureté de ſa couronne virginale, & ce ne fut que ſur l'aſſurance poſitive que, tout en devenant mère de Jéſus, elle reſterait toujours Vierge, qu'elle conſentit à ce grand myſtère. La pudeur d'une jeune fille eſt choſe ſi ſainte aux yeux des anges, que Gabriel, pour raſſurer celle de Marie, n'héſita pas à lui dévoiler une partie des choſes merveilleuſes qui allaient s'accomplir en elle. « La vertu du Très-Haut vous environnera de ſon ombre, dit-il, & le fruit qui naîtra de vous ſera appelé le fils de Dieu, & ſera l'œuvre du Saint-Eſprit. »

Mais à des paroles ſi extraordinaires il faut un témoignage, & les envoyés de Jéhovah, prouvent toujours leur miſſion céleſte. « Eliſabeth, votre couſine, pourſuivit l'ange, a conçu elle-même un fils dans ſa vieilleſſe, & voici le ſixième mois de la groſſeſſe de celle qu'on diſait ſtérile, parce qu'il n'y a rien d'impoſſible à Dieu. »

« Voici la ſervante du Seigneur, dit Marie, » en s'humiliant de plus en plus, « qu'il me ſoit fait ſelon votre parole. » A ces mots, l'ange reprit ſon eſſor vers les régions céleſtes, & à l'inſtant le Verbe ſe fit chair, pour habiter parmi nous. Voilà le fait que l'art s'eſt chargé de reproduire; voyons comment il s'eſt acquitté de ſa tâche.

Comme pluſieurs autres ſujets bibliques, l'Annonciation a été traitée ſous deux points de vue: d'abord comme myſtère; enſuite comme circonſtance de la vie de la Vierge. Conſidérée comme myſtère, elle eſt le ſymbole expreſſif d'un dogme chrétien, l'Incarnation du Verbe. Confidérée comme événement, elle annonce la future rédemption du genre humain, par la médiation directe d'un pouvoir furhumain ; elle tombe dans le domaine des faits miraculeux. Mais, foit dans un fens, foit dans l'autre, elle entre dans tous les plans de décorations religieufes & eccléfiaftiques. Voyons-la dans fon fens myftique.

Si on confidère l'importance donnée à l'Annonciation, prife au point de vue de myftère, on eft étonné de ne point la trouver dans les anciens fujets fymboliques, reçus & admis par les premiers arts chrétiens ; car on ne la trouve ni fur les farcophages, ni fur les fculptures, ni dans les diptyques, ni dans les mofaïques primitives ; une feule fois exceptée, mais comme faifant partie de l'hiftoire du Chrift. On ne peut donc remonter plus haut qu'au xie fiècle, dans la manière dont ce grand fujet a été traité, lorfqu'il paraît pour la première fois dans les fculptures gothiques. Au xve fiècle, on trouve l'Annonciation fur tous les retables, foit fculptée, foit peinte. Quelquefois la Vierge eft d'un côté de l'autel, l'ange eft de l'autre. Si les perfonnages font de taille naturelle, ils font debout ou à genoux, car ce n'eft que dans les temps modernes que la Vierge a été repréfentée affife & l'ange à genoux. Quand on les place dans des cadres circulaires, ce ne font fouvent que des buftes ou des perfonnages de demi-grandeur. Voilà pourquoi on voit quelquefois l'Annonciation en deux parties féparées, l'ange dans un cadre & la Vierge dans un autre, & ces deux peintures, ainfi défunies, peuvent faire partie de différentes collections, la Vierge être en Italie & l'ange en France ou en Ruffie.

Non-feulement la repréfentation de l'Annonciation forme

quelquefois à elle seule tout un retable, mais encore des chapelles sont dédiées à ce mystère. Florence s'enorgueillit de sa belle & somptueuse église della santissima Nunziata, & c'est au dessus de la porte principale de cette belle basilique que se voit la magnifique mosaïque de l'Annonciation par Ghirlandajo.

Dans la première chapelle, à gauche de cette église, se trouve la miraculeuse peinture de l'Annonciation, vénérée dans l'origine, non-seulement des habitants de Florence, mais encore de tous les chrétiens du monde. Cette peinture, cachée aux yeux du public, n'est exposée que dans quelques grandes occasions. D'après la tradition, c'est l'œuvre d'un certain Bartolomeo qui, en méditant sur les perfections divines de Marie & plus encore sur sa beauté, & réfléchissant combien il était incapable de la représenter dignement, s'endormit, mais voici qu'à son réveil, il trouva la tête de la Vierge merveilleusement peinte, soit par un ange, soit par saint Luc qui serait, pour cela, descendu du ciel, afin de suppléer l'impuissance du peintre. Quoique cette précieuse relique ait souvent été restaurée, personne n'a jamais touché à la figure de la Vierge qui est, dit-on, d'une douceur & d'une beauté admirables. Cette peinture est cachée par un voile sur lequel une représentation du Sauveur a été peinte par Andrea del Sarto. Quarante-deux lampes d'argent brûlent constamment devant cet autel. Une copie de ce beau travail que l'on voit au palais Pitti, par Carlo Dolce, donne la disposition & l'attitude des personnages.

Au XVe siècle, âge du mysticisme & des allégories religieuses, l'Annonciation n'est plus traitée comme un emblème abstrait & religieux, l'art français & l'art allemand la revêtent d'une sorte d'allégorie minutieuſe & bizarre. Dans l'égliſe de Breſlau, on voit au deſſus d'un autel, une Annonciation ſculptée en bois, d'un travail remarquable. Marie eſt aſſiſe ſous un portique; une licorne ſe réfugie dans ſon ſein; au dehors un ange ſonne du cor; trois ou quatre chiens ſe précipitent vers lui. L'interprétation de cette compoſition allégorique parait difficile; pour la comprendre, il faut avoir recours à la zoologie du temps, & voici, d'après elle, l'explication qu'on peut en donner : le fabuleux animal, dont l'unique corne ne bleſſait que pour purger de tout venin la partie du corps qu'elle avait touchée, repréſentait Jéſus-Chriſt, médecin & ſauveur des âmes; on donnait aux lévriers les noms de Miſéricorde, Vérité, Juſtice & Paix, quatre vertus qui ont engagé le Verbe éternel à venir dans le monde pour les y faire régner & qu'il y a voulu implanter lui-même; mais comme c'eſt par une Vierge qu'il a voulu venir parmi les hommes & ſe mettre en leur puiſſance, on croyait ne pouvoir mieux le figurer qu'en choiſiſſant dans la fable le fait d'une Vierge pouvant ſeule ſervir de piége à la licorne, en l'attirant par le charme & le parfum de ſon ſein virginal. L'ange Gabriel, concourant au myſtère, eſt très-reconnaiſſable ſous les traits du veneur ailé, lançant les lévriers & embouchant la trompette. Il paraît que cette allégorie était acceptée en religion & même très-uſitée à cette époque & au XVIe ſiècle, car on la trouve ſouvent reproduite dans les impreſſions françaiſes & allemandes. On en voit un exemple dans le muſée de Londres & un autre dans celui d'Amiens. Un ſeul exemple exiſte en Italie, c'eſt une gravure, d'après le Guide, où une jeune fille eſt aſſiſe ſous un arbre & une licorne ſe réfugie dans ſon ſein.

Quelques artiftes italiens ont traité l'Annonciation d'une manière non moins fantafque qu'irrégulière. Dans une peinture, par Giovanni Sanzio, père de Raphaël, & que l'on voit à Milan, Marie eft debout fous un portique, & femble fe lever de fon fiége; fes mains font jointes fur fa poitrine, & fa tête eft penchée; l'ange eft à genoux au dehors du portique & préfente un lis; dans les cieux, eft le Père éternel qui envoie le Rédempteur fous la forme du Chrift enfant, portant fa croix & précédé de la colombe myftique; il eft vrai que c'eft plutôt une Incarnation qu'une Annonciation, mais quel que foit le titre de cette œuvre, elle eft fortement défapprouvée de l'abbé Méry, non pas feulement comme une erreur, mais comme une héréfie; néanmoins, elle fut fouvent reproduite au XVIe fiècle.

Une des plus anciennes œuvres fur ce thème & des plus remarquables, pour ce temps, eft celle par Cavallini, élève de Giotto, un des premiers artiftes de l'école romaine. Son Annonciation, que poffède l'églife de Saint-Marc de Florence, fe fait remarquer par un air de piété & de modeftie, empreint fur la figure de la Vierge & par le refpect gravé fur les traits de l'ange agenouillé. Ce maître, exceffivement pieux, femble avoir fu faire paffer dans fes œuvres le fentiment qui l'animait; auffi font-elles toutes marquées par l'expreffion d'une piété fincère, qui lui permit de s'élever quelquefois jufqu'au fublime. On admire, non fans raifon, le grand tableau du crucifiement qu'il exécuta pour l'églife d'Affife, qui compte au nombre des ouvrages les plus importants de l'école de Giotto & dans lequel la réfignation du divin martyr, la douleur des anges, l'affaiffement de la Vierge perdant connaiffance, font exprimés avec une vérité & un sentiment bien extraordinaire pour l'époque.

L'Annonciation est encore considérée comme mystère lorsque certains emblèmes sont introduits, ajoutant à l'idée principale une certaine signification, par exemple, lorsque Marie est assise sur un trône, portant une radieuse couronne de diamants & de fleurs, recevant le messager céleste avec toute la majesté qu'un peintre peut exprimer, ou bien lorsqu'elle est assise dans un jardin clos de rosiers en fleur, l'*hortus clausus* ou le *conclusus des cantiques*, ou quand l'ange porte le livre fermé, comme dans le fameux retable de Cologne

Dans une peinture du xive siècle, par Simone Memni, que possède Florence, la Vierge, assise sur un trône gothique, reçoit comme le ferait un être supérieur, mais avec humilité, la salutation de l'ange, qui apparaît comme un messager de paix, couronné d'une branche d'olivier, tenant un rameau dans la main. Cette variante est très-poétique & très-caractéristique; elle est de l'école de Sienne où l'on avait une tendance vers l'originalité dans la manière de traiter même les sujets les plus connus.

Taddeo Bartoli, Siennois (1), & Martin Schoen, le plus poétique des peintres allemands primitifs, adoptèrent aussi le symbole de l'olivier dans leur Annonciation, & on trouve ce même signe dans le tabernacle du roi René.

La manière de traiter une Annonciation est regardée comme dévote & idéale lorsque, autour des personnages principaux, paraissent des adorateurs en contemplation, avec une expression

---

(1) Dont l'œuvre est à Berlin.

de reconnaiſſance ou de merveilleuſe extaſe. Dans une ſuperbe peinture de Fra Bartholomeo, que poſſède Paris, la Vierge eſt aſſiſe ſur ſon trône ; l'ange, portant le lis, deſcend du ciel ; ſaint Jean-Baptiſte, ſaint François, ſaint Jérôme, ſaint Paul & ſainte Marguerite, ſont autour du trône de Marie. Dans une œuvre attribuée à Francia, la Vierge eſt debout dans un payſage ; ſes mains croiſées l'une ſur l'autre preſſent un livre contre ſon ſein. Saint Jérôme eſt à droite & ſaint Jean-Baptiſte à gauche ; tous deux regardent, avec une expreſſion dévote, l'ange qui deſcend du ciel. Dans ces deux exemples, Marie eſt repréſentée avec beaucoup de nobleſſe comme étant le tabernacle choiſi & prédeſtiné de l'auteur de la Rédemption du genre humain. Dans une curieuſe peinture par Franceſco da Catignola, que Berlin poſſède, Marie eſt debout ſur un piédeſtal ſculpté, au milieu d'une décoration architecturale de marbre colorié, admirablement peinte. Par une ouverture, on aperçoit un payſage & un beau ciel bleu ; à droite eſt ſaint Jean-Baptiſte qui montre le ciel, à gauche eſt ſaint François, dans une attitude d'adoration ; plus avant ſont d'autres adorateurs agenouillés ; mais, comme il n'y a point d'ange, il eſt douteux que ce ſoit une Annonciation que le peintre ait voulu faire.

Parmi les œuvres qui peignent l'Annonciation, on trouve quelques tableaux votifs d'un caractère tout particulier & bien remarquable. Il en eſt une dont l'auteur eſt reſté inconnu, qui préſente la Vierge recevant le meſſager céleſte ; devant elle, à peu de diſtance, & à genoux, eſt un cardinal qui préſente trois jeunes filles, à l'une deſquelles la Vierge donne une bourſe d'argent. Cette œuvre eſt facile à comprendre quand on ſait qu'elle fut faite pour une communauté charitable, instituée par ce cardinal, pour instruire & doter les pauvres jeunes filles orphelines, sous le nom de Confraternita dell' Annunziata.

Dans une charmante Annonciation par Angelico, la scène se passe dans le cloître de son couvent de Saint-Marc. Un dominicain, saint Pierre, martyr, est derrière la Vierge dans l'attitude de la prière. Une autre Annonciation par Sansavino, d'une grande beauté, est celle que l'on voit parmi les bas-reliefs qui couvrent les murs de la chapelle de Lorette.

Parmi les Annonciations peintes par Rubens; il y en a cinq qui représentent l'événement; la sixième est une de ces allégories magnifiques, pleine de vie & de réalité. Marie est à genoux au sommet d'une suite de marches; une colombe entourée de séraphins plane sur sa tête; devant elle, le messager céleste est à genoux, & derrière lui sont Moïse, Aaron, David & d'autres patriarches, ancêtres du Christ; au dessus, dans des nuages est le Père éternel; à sa droite sont deux figures féminines, représentant la Paix & la Réconciliation; à sa gauche, sont des anges portant le tabernacle; au bas du tableau sont Isaïe & Jérémie, avec quatre sibylles. Ce tableau, digne de son auteur, offre cela de remarquable qu'il résume sous un même coup-d'œil l'Ancien & le Nouveau Testament, la figure & la vérité, les prophéties adressées aux Hébreux, les promesses faites aux Juifs & aux gentils & l'accomplissement des unes & des autres dans l'annonce du messager des cieux.

Nous pourrions pousser plus loin nos recherches & citer encore bien des œuvres qui ont pour objet l'Annonciation traitée comme mystère. Mais nous pensons que celles que nous venons d'indiquer fuffifent pour diriger l'obfervateur. Paffons à celles de ces peintures qui préfentent ce fujet comme événement dans la vie de la Vierge.

Pour juger les œuvres des artiftes qui ont confidéré ce fujet fous ce dernier point de vue, il faut s'attacher à l'Ecriture-Sainte, qui feule a dû être leur guide & les fixer pour le lieu, le moment & les circonftances, comme dans tout autre événement hiftorique.

L'époque & le moment ne font pas précifément déterminés par l'Ecriture ; mais quelques Pères de l'Eglife penfent que l'Annonciation eut lieu au printemps, vers l'heure du coucher du foleil, moment confacré depuis par le fon de la cloche, annonçant l'*Angelus* du foir ; d'autres difent, avec non moins de raifon, que ce fut à minuit, parce que la Nativité de Notre-Seigneur eut lieu à cette heure, neuf mois après cet événement. Plufieurs artiftes primitifs paraiffent avoir adopté cette dernière opinion & ils l'ont manifeftée par l'introduction, dans leurs œuvres, de la lune, des nuages dans leurs ciels, ou par une lampe pofée près de la Vierge.

Quant à la localité, une autorité irrécufable aurait tranché la queftion, fi la Légende & d'autres opinions n'étaient venues la contredire. Saint Luc dit, en effet, que l'ange Gabriel fut envoyé de Dieu & qu'il entra chez Marie, ce qui indique clairement que la Vierge était dans fa maifon. Mais, il eft dit auffi qu'un foir Marie, étant fortie pour puifer de l'eau à la fontaine, entendit une voix qui lui dit : « Salut, toi qui es pleine de grâces », & s'étant retournée, toute troublée & ne voyant perfonne, elle rentra dans fa demeure & fe remit à fon travail. Cette diverfité de lieux a donné naiſſance à la diverſité des repréſentations des artiſtes, qui placent la ſcène, les uns ſous un portique aux arcades ouvertes ; d'autres dans un oratoire ; d'autres dans un intérieur, mais le plus ſouvent dans une chambre à coucher.

Quant aux circonſtances acceſſoires, elles varient ſelon le goût de l'artiſte, les uſages locaux, la volonté de ceux qui ont fait exécuter l'œuvre ou le motif qui l'a fait entreprendre. Quelquefois, mais rarement, Marie & Joſeph ont été repréſentés dans dans une ſituation pauvre, ce qui ſe remarque à la ſimplicité de l'ameublement de la chambre où ſe tenait la Vierge & dans laquelle s'introduiſit l'ange. Le plus ſouvent on place Marie dans une chambre ſomptueuſe, faiſant partie d'une maiſon aux piliers de marbre, aux arcades ſculptées. En Allemagne & en Flandre, les artiſtes, ſans doute pour que leurs œuvres ſoient mieux compriſes, fourniſſent toujours une chambre allemande ou gothique, aux croiſées à petits carreaux, un lit à quatre colonnes ſoutenant un ciel garni de draperies, donnant ainſi à l'Annonciation un air de ſimplicité réelle.

Parmi les acceſſoires, le plus ordinaire, celui qui eſt preſque indiſpenſable, c'eſt le vaſe dans lequel grandit un lis, fleur ſymbolique de Marie & de Joſeph ; eſt auſſi rarement omiſe la corbeille à ouvrage de couture, contenant le dé, les ciſeaux, les aiguilles, pour exprimer, non la diligence de Marie, dont perſonne ne doute, mais parce qu'il eſt dit que quand elle fut rentrée dans ſa maiſon, elle prit de la toile & ſe mit à travailler. Quelquefois une quenouille eſt aux pieds de la Vierge, comme dans l'œuvre de Raphaël. Dans les anciennes peintures allemandes, on voit ſouvent un rouet à filer. A ces emblèmes d'occupations de femme, on joint parfois un panier ou un plat de fruits & à côté un pot à eau, pour exprimer la tempérance & la frugalité de la Vierge Marie.

L'archange Gabriel, ayant reçu sa mission, descend sur la terre. Les premières peintures de ce sujet présentent un esprit ailé qui descend des régions célestes. Dans une magnifique esquisse de Tisio dit Garofalo, au milieu d'une lumière éclatante & d'un chœur d'anges, tels que Milton les décrit, l'archange étend ses ailes & semble prendre son essor pour voler vers Nazareth. Il était accompagné, disent les légendes italiennes, d'une suite d'autres anges, désireux de voir & d'honorer leur reine, mais ils restent au dehors ; l'archange seul s'introduit dans la chambre de Marie.

Les anciens peintres allemands se plaisaient à le faire entrer par une porte dans le fond du tableau, tandis que Marie, assise sur le devant, paraît instruite de sa présence avant de l'avoir vu.

Dans quelques anciennes peintures, Gabriel entre en volant, ou soutenu sur un nuage, ou entouré d'une auréole qui éclaire tout le tableau, comme dans une fresque par Spinello Aretino ; dans d'autres, il s'introduit furtivement & sans éclat, ou bien comme un ambassadeur céleste, suivi d'un cortége d'anges. Dans une œuvre de Tintoretto, on dirait qu'il entre précipitamment, suivi d'une légion de petits anges ; au dehors, on aperçoit Joseph qui travaille de son état. Mais, soit qu'il marche, soit qu'il vole, Gabriel est toujours revêtu des formes angéliques, de celles d'une créature humaine ailée, belle & radieuse de la jeunesse éternelle.

Dans les peintures modernes, les vêtements donnés à l'ange sont mesquins & peu en rapport avec son caractère d'ambassadeur célefte. On le prendrait pour un Mercure volant, ou pour un danfeur de ballet, tandis que, dans les anciennes peintures italiennes, la nobleffe de fon coftume répond à la folennité de l'action & à la dignité des perfonnages.

Dans les peintures allemandes, on lui voit fouvent une robe facerdotale, richement brodée. Les ailes font effentielles, auffi ne font-elles jamais omifes; elles font quelquefois blanches, quelquefois de plufieurs couleurs, tachetées d'or. Un acceffoire purement facultatif eft le lis, qu'on place dans fa main, ou le fceptre, ancien attribut d'un héraut, autour duquel s'enroule un parchemin, avec ces mots : *Ave, Maria, gratiâ plena*. Ce fceptre eft ordinairement furmonté d'une croix. Cette croix nous paraît de trop; car, même en fuppofant que l'archange ait affifté aux confeils de l'Eternel, & qu'il connaiffe l'inftrument fur lequel devait s'accomplir plus tard le grand œuvre de la Rédemption, le moment de le faire preffentir à Marie était mal choifi.

Dans une Annonciation, l'ange porte rarement la palme; cependant on en trouve un exemple dans un Predella, par Angelico, qui avait pour le faire l'autorité du Dante, & celui-ci s'appuyait fur une autorité plus ancienne encore, car il eft dit de Gabriel, qu'il porta la palme à Marie, quand le Fils de Dieu daigna fe revêtir de vêtements terreftres.

Mais, le plus fouvent, l'ange ne tient rien; fes mains font alors croifées fur fa poitrine, ou bien il en étend une en avant & de l'autre il montre le ciel, d'où il defcend pour remplir fa miffion fublime. Dans les anciennes peintures grecques, l'ange eft debout, c'eft ainfi que le préfente une efquiffe de Cimabuë, dans laquelle le modèle grec est, sans aucun doute, exactement suivi. La croyance catholique établissant Marie reine du ciel & des anges, & la faisant un être supérieur à tous les êtres créés, il n'est point inconvenant de représenter l'ange remplissant son message à genoux ; cette attitude serait même très-convenable d'après les Protestants, car après avoir prononcé sa salutation, ainsi qu'ils l'observent justement, l'ange pouvait bien se prosterner, comme témoin du miracle transcendant qui s'opérait dans Marie, sous la présence de l'ombre du Saint-Esprit.

Quelques critiques pensent que c'est une erreur manifeste que de présenter Marie comme effrayée à la vue de l'ange, car elle était accoutumée à ces apparitions célestes, puisque, disent les légendes, les anges la servaient journellement. Il est dit, en effet, que Marie fut troublée ; mais remarquons que ce ne fut pas par l'apparition subite de l'ange, mais par ses paroles ; ainsi l'attitude que quelques artistes lui ont donnée, comme faisant un bond de son siège, est tout à fait vicieuse, tout aussi bien que cette sorte de surprise timide & craintive qu'on lui prête dans certaines peintures. Mais rien ne s'oppose à ce qu'on la représente sous l'extérieur d'une femme saisie d'étonnement.

Quant à l'attitude & à l'occupation de Marie, au moment de l'entrée de l'ange chez elle, les autorités s'accordant peu, l'art a eu le champ libre ; cependant on la représente le plus souvent à genoux, en prières, ou lisant dans un grand livre ouvert devant elle sur un prie-dieu. Saint Bernard dit qu'elle étudiait le livre du prophète Isaïe, & que ce fut au moment où, après avoir lu ce verset : « Une Vierge concevra & enfantera un fils », elle pensait dans son cœur & dans sa grande humilité : bienheureuse eſt la femme de qui ces mots ſont écrits; que je voudrais être ſa ſervante pour qu'il me fût permis de lui baiſer les pieds, que parut la viſion miraculeuſe & que la prophétie s'accomplit en elle. Du reſte l'attitude de Marie doit dépendre du moment de la ſcène qu'il plaît à l'artiſte de choiſir.

Si le peintre exprime le moment où l'ange ſe préſente & prononce ſa ſalutation, Marie peut être debout, car les Juifs ſe mettaient peu à genoux, & regarder l'ange en face, comme dans une majeſtueuſe Annonciation par Andrea del Sarto; mais ſi l'on choiſit l'inſtant où elle exprime ſa ſoumiſſion à la volonté divine : « Voici la ſervante du Seigneur, qu'il me ſoit fait ſelon votre parole », il convient qu'elle ſoit à genoux, la tête penchée, les mains jointes & les yeux baiſſés. Devant la colombe divine, qui n'était autre que le Saint-Eſprit, aucune attitude ne ſaurait être trop humble, trop modeſte, pour exprimer ſa réponſe à la révélation des grandes choſes auxquelles Dieu la deſtinait.

La préſence du Saint-Eſprit, dans une Annonciation hiſtorique, s'explique par les paroles de ſaint Luc, & la forme viſible qu'il prend, ſous celle de la colombe, eſt purement conventionnelle, mais autoriſée. On voit pluſieurs peintures dans leſquelles la colombe entre par la fenêtre dans la chambre de Marie; dans quelques autres, elle plane au deſſus de ſa tête. Quant à la diſpoſition qui introduit dans l'ordonnance du tableau le Père éternel, que l'on aperçoit dans les cieux, entouré d'une gloire de chérubins, envoyant la colombe immaculée ſur un rayon de lumière, elle n'offre aucune irrégularité & la religion peut l'admettre, car il n'y a rien d'extraordinaire à ſuppoſer que la première perſonne de la Sainte-Trinité ait voulu préſider au grand œuvre dans lequel jouaient un rôle ſi important le Fils & le Saint-Eſprit.

Un vitrail, tout moderne, que nous avons remarqué dans l'égliſe d'une paroiſſe, non loin de Lyon, préſente l'Annonciation avec un goût parfait & un talent que n'eût point dédaigné le grand ſiècle de la peinture. Il eſt diviſé en deux compartiments, ſéparés par une colonnette. Dans le compartiment de gauche eſt l'ange, aux ailes déployées, un genou à terre, & tenant un lis; au deſſus, dans une gloire, eſt le Père éternel, entouré de chérubins, & qui ſemble indiquer que c'eſt de ſa part que vient le meſſager céleſte. Dans le compartiment de droite, eſt Marie couverte d'une tunique rouge & d'un manteau vert, dans l'attitude d'une perſonne qui ſe lève étant ſurpriſe à genoux & un peu étonnée, mais gracieuſe & joignant les mains; au deſſus d'elle, & parallèlement au Père éternel, eſt le Saint-Eſprit en forme de colombe qui ſemble ſe repoſer ſur Marie. Cette œuvre, toute ſimple qu'elle eſt, réſume parfaitement toutes les idées qui ſe rattachent au myſtère & le préſente ſous l'aſpect le plus convenable & le plus digne.

Nous ignorons complètement quelle eſt l'œuvre de l'artiſte français Nicolas Pouſſin, qui fait dire à un critique anglais, dont nous conſignons ici les obſervations ſans preſque y rien changer, que de tous les artiſtes qui ont traité l'Annonciation, c'eſt lui qui s'eſt le plus oublié, car aucun dictionnaire des peintres ne mentionne de lui aucune œuvre ſur ce ſujet. Nous voudrions bien auſſi qu'il nous diſe en quoi il trouve que les peintres français ſe ſont montrés, en général, les violateurs les plus ſignalés du bon goût, ce qui les fait mettre, dit notre critique d'outre Manche, au deſſous des Allemands & même des Eſpagnols modernes. Nous avons ſignalé de Lebrun ſa faute ſur l'Immaculée-Conception, & nous ne connaiſſons pas d'autre artiſte français qui puiſſe mériter à notre école un tel reproche.

Dans l'Annonciation par Raphaël, Marie eſt aſſiſe s'appuyant contre ſon lit & tenant un livre. L'ange, dont l'attitude exprime un gracieux empreſſement, eſt agenouillé à quelque diſtance de Marie & porte un lis. Michael Angelo nous préſente une Vierge majeſtueuſe, debout ſur la marche d'un prie-dieu, ſe tournant, les mains élevées, vers l'ange qui ſemble entrer par une porte ouverte. Les traits de ce dernier ſont matériels & peu dignes; ſon attitude eſt diſgracieuſe; c'eſt, je crois, le ſeul exemple où Michael Angelo ait donné des ailes à un être céleſte, c'eſt qu'il ne pouvait faire autrement.

Dans une magnifique Annonciation par Jean Van Eyck, la Vierge eſt à genoux devant un prie-dieu ſur lequel eſt un livre. Elle a de grands cheveux blonds, un front noble & intelligent. Gabriel, tenant le ſceptre, eſt ſur le ſeuil de la porte; la colombe entre par la fenêtre. Dans le fond on aperçoit un lit & un peu plus avant eſt une plante de lis. Dans une autre Annonciation du même artiſte, faite pour le grand retable de Gand, il a donné à Marie & à l'ange un vêtement bleu qui produit le meilleur effet. Dans une gravure, d'après Rembrandt, la Vierge eſt à genoux, d'un côté eſt une fontaine; l'ange, dans la même attitude, eſt de l'autre; on dirait que l'auteur a voulu repréſenter la ſcène légendaire de la fontaine.

N'eſſayons pas de pouſſer plus loin les recherches pour critiquer ou pour louer les artiſtes qui ont traité le ſujet de l'Annonciation; plus de cent cinquante l'ont reproduite avec plus ou moins de bonheur & de mérite; ce que nous avons dit, d'après nos obſervations critiques, embraſſe tous les genres de compoſition & tous les points de vue ſous leſquels elle peut être préſentée.

Il ſerait facile aux artiſtes de compoſer le ſujet de l'Annonciation, en puiſant dans les diverſes diſpoſitions que nous venons de détailler, mais s'ils veulent s'aſtreindre aux règles ordinaires, les voici telles que les leur donne le *Guide de la peinture*:

Maiſons. La Vierge debout devant un ſiége, la tête un peu inclinée. Dans la main gauche elle tient un fuſeau couvert de ſoie : ſa main droite, ouverte, eſt étendue vers l'archange qui eſt devant elle; il la ſalue de la main droite, de ſa gauche il tient un lis (1). Au deſſus de la maiſon, le ciel. Le Saint-Eſprit en ſort ſur un rayon qui ſe dirige vers la tête de la Vierge.

(1) Le *Guide* dit une lance, mais l'archange eſt alors ſaint Michel.

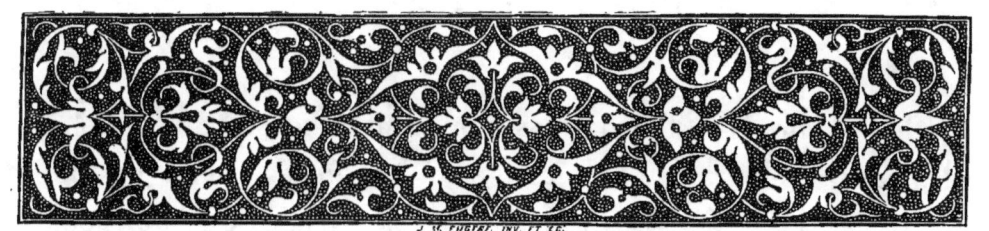

XIII.

Vifitation de Marie à fa coufine Elifabeth.

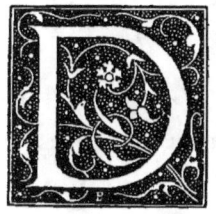ANS l'hiftoire de la vie de la Vierge, la vifitation à fa coufine eft d'une grande importance. Elle eft confidérée le plus fouvent comme un événement, mais on peut auffi la confidérer fous un point de vue religieux ; car elle eft la première manifeftation de la venue du Meffie fur la terre, ainfi que l'indiquent les paroles d'Elifabeth : « D'où me vient ce bonheur que la Mère de mon Dieu vienne à moi », & comme elle ne pouvait parler ainfi que par une infpiration du Saint-Efprit, elle eft regardée comme une prophéteffe. Mais avant de lire ce fait de la vie de la Vierge dans le livre de l'art, lifons-le dans l'hiftoire évangélique.

Marie, inftruite par l'ange de la groffeffe de fa coufine Elifabeth, réfolut d'aller elle-même offrir à fa digne parente fes tendres & sincères félicitations. Du consentement de Joseph, elle partit de Nazareth & se dirigea, à travers les montagnes de la Galilée, les plaines de la Samarie & les vallées de la Judée, jusqu'à la ville d'Aïn, habitée par Zacharie, & alla frapper à la porte de son parent. Elisabeth, instruite par une servante de la visite inattendue qui lui arrivait, courut à sa rencontre avec de grandes démonstrations de joie. En la voyant venir, la jeune Vierge s'inclina &, posant la main sur son cœur, salua la première sa cousine, en lui disant : « La paix soit avec vous. » A ce salut, Elisabeth recule d'un pas, sa physionomie s'empreint d'un profond respect, ses traits s'illuminent par degrés, quelque chose d'insolite & de prodigieux se passait en elle. La simple formule de politesse que la Vierge avait prononcée de sa voix basse, douce & angélique, avait bouleversé sa parente, qui, saisie aussitôt de l'esprit de prophétie, s'écrie : « *Vous êtes bénie entre toutes les femmes & le fruit de vos entrailles est béni.* » « D'où me vient ce bonheur, que la mère de mon Dieu vienne vers moi ? Votre voix n'a pas plus tôt frappé mon oreille, que mon enfant a tressailli de joie dans mon sein ; & vous êtes bien heureuse d'avoir cru, car ce qui vous a été dit de la part du Seigneur sera accompli. » La réponse de Marie fut la sublime improvisation du *Magnificat*, le premier cantique du Nouveau Testament & le plus beau des Saintes Ecritures.

Mais avant que l'art traite un sujet dans lequel Elisabeth va jouer un si grand rôle, il est à propos de dire un mot de la femme de Zacharie, afin de se faire une juste idée de sa personnification dans toutes les scènes où elle est introduite. Nous savons qu'elle était plus âgée que Marie, mais n'est-ce pas une grande erreur que de la préfenter toute décrépite, toute ridée, comme l'ont fait quelques peintres. L'Ecriture dit qu'elle était jufte devant le Seigneur, obfervant fidèlement la loi, & la manière dont elle reçut la vifite de fa coufine, reconnaiffant avec une joyeufe humilité la haute deftinée de Marie, prouve affez la droiture, la bonté de fon âme. L'art ne devait donc repréfenter Elifabeth que comme une perfonne d'un âge mur, d'un caractère doux & gracieux, élevée à de grands honneurs par celui qui fonde les cœurs, & qui regardant le fien le vit pur de toute faute fecrète, comme fa conduite était fans reproche devant les hommes.

Peindre la rencontre de deux femmes mères, l'une d'un Dieu fait homme, l'autre du plus grand faint que reconnaiffe le chriftianifme, toutes deux les plus éminentes en vertu & les plus humbles qui aient jamais exifté, tel doit être le but de la repréfentation intitulée la Vifitation, telle eft la tâche de l'art.

Le nombre des perfonnages, la localité & les circonftances acceffoires ont beaucoup varié. Quelquefois on ne repréfente que les deux femmes fans que rien vienne interrompre la grande folennité du moment où Elifabeth reconnaît & proclame la mère de fon Dieu; fouvent auffi d'autres perfonnages y font introduits, parce qu'on ne peut fuppofer que Marie ait fait feule le voyage de Nazareth à la maifon de Zacharie, non loin de Jérufalem. On ne fait fi ce fut Jofeph qui l'accompagna ou toute autre perfonne. Quelques artiftes ont introduit ce dernier dans leurs œuvres, d'autres s'en font abftenus & l'ont remplacé par une fervante ou par un domeftique qui porte un bâton fur fon épaule, auquel eft fufpendu un panier. Cette dernière formule est surtout celle des peintres grecs & les premiers peintres italiens, qui imitèrent les modèles byzantins, omirent rarement ce domestique ; mais dans quelques œuvres, comme celle de Michaël Angelo, c'est une servante qui porte le panier sur sa tête. Dans plusieurs peintures, Joseph, revêtu d'habits de voyage, est derrière la Vierge & Zacharie, sous son costume ordinaire, mais avec le bonnet de prêtre, est derrière Elisabeth.

Quant à la localité, c'est souvent un portique ou un jardin, devant la maison. Ce jardin de Zacharie est célèbre dans les traditions orientales. On raconte que, pendant son séjour chez sa cousine, la Sainte-Vierge se promenait souvent dans ce jardin en méditant sur la sublime destinée à laquelle elle était appelée, & qu'ayant par hasard touché de sa main bénie une fleur jusqu'alors inodore, cette fleur exhala, dès ce moment, le parfum le plus suave. Un jardin était, du reste, un lieu assez propice à la rencontre des deux parentes.

La plus ancienne représentation de la Visitation, à laquelle on puisse se reporter, est une gravure grossière, mais non disgracieuse, dans les catacombes de Rome. Sa date ne peut remonter plus haut qu'au VIIe ou VIIIe siècle. Dans cette œuvre, les deux femmes s'embrassent. Cimabuë a suivi la formule grecque & a placé dans son groupe beaucoup de simplicité & de sentiment.

Depuis la Renaissance, on a produit un grand nombre d'exemples de cette scène, & la Visitation est tombée du pinceau de presque tous les artistes qui ont traité quelques épisodes de la vie de la Vierge.

Dans la composition par Raphaël, il n'y a que deux personnages dont les têtes font éminemment belles ; mais, dans le fond du tableau, l'artifte a placé le baptême du Chrift, heureufe & fignificative idée, ne faifant pas feulement allufion au nom de celui par l'ordre duquel la peinture était faite, Giovan Baptifta Branconio, mais exprimant auffi les relations qui devaient exifter entre les deux futurs enfants, le Chrift & fon précurfeur.

Une remarque qui échappe prefque à tous les obfervateurs & que fait très-bien M. Emeric David, auquel nous l'empruntons, c'eft que tous les peintres, à l'exception de Raphaël, dans l'œuvre que nous venons d'indiquer, fe font attachés à diffimuler, fous d'amples vêtements, l'état intéreffant, l'état de groffeffe, dans lequel fe trouvaient les deux coufines, au moment de leur entrevue, fituation qu'il faut indiquer d'une manière convenable & que les artiftes femblent avoir craint d'exprimer.

Que cette pofition intéreffante refte à un état invifible chez Marie, cela fe conçoit & doit être, puifqu'elle venait feulement de recevoir l'annonciation de fa future maternité ; mais pour Elifabeth, qui était dans le fixième mois de fa groffeffe, la diffimulation eft un défaut palpable dans lequel ne pouvait tomber le maître de la peinture.

Simple & vrai, comme dans tout ce qui eft forti de fon génie, Raphaël ne fatigue point les yeux par un pompeux étalage & ne laiffe rien défirer de tout ce qui peut toucher le cœur & ennoblir fon fujet. Il réduit l'action au fimple expofé de l'Evangile ; mais, telle eft la jufteffe, telle eft la dignité de l'expreffion que, dans cette fimplicité, portée au dernier terme poffible, fe découvre toute la fainteté des perfonnages, fe manifefte toute la fublimité du myftère.

Tout eſt beau, tout eſt ſublime dans cette œuvre ; la main du peintre a parfaitement ſecondé ſon génie. La piquante fermeté du coloris répond à la juſteſſe de l'expreſſion. La touche, vigoureuſe & délicate, a rendu avec le même eſprit, & les contours pleins de jeuneſſe, & les ſillons de l'âge. Le ton du payſage, légèrement azuré, un peu trop uniforme peut-être, mais clair, fin & vaporeux, ſoutient & fait valoir les figures. L'enſemble a de la profondeur & de l'harmonie. La figure de l'Eternel, heurtée rapidement, offre le même ſtyle, la même élévation que celle de la Viſion d'Ezéchiel ; cette circonſtance peut faire croire que ces deux tableaux appartiennent au même temps.

Simplicité, vérité, décence, penſées juſtes & profondes, expreſſion convenable au ſujet, tel eſt en un mot, le mérite de cette compoſition ; & à ces beautés touchantes ſe joignent, à un degré très-éminent, l'excellence de l'exécution, l'éclat & l'accord des couleurs qui font certainement bien pardonner l'imperfection qui ſe remarque ſur le pied gauche de la Vierge.

Après un tel chef-d'œuvre, il ſerait inutile de mentionner le petit tableau dans lequel Ghirlandajo a auſſi exprimé la Viſitation & qui fait partie de la galerie du Louvre. Cette œuvre, toute ſimple qu'elle eſt, n'en mérite pas moins la place qu'elle occupe & ſi nous ne lui accordons point une mention détaillée, c'eſt à cauſe d'une infinité d'autres peintures ſur ce thème que nous devons faire connaître.

Le groupe que l'on voit au Louvre, par Sébaſtien del Piombo, eſt grand & richement colorié. Les perſonnages ne ſont vus que juſqu'au genou. Dans le fond eſt Zacharie qui deſcend rapidement les marches pour recevoir la Vierge. La compoſition de Pinturicchio, avec ſes anges, eſt remarquable par ſa grâce poétique. Celle attribuée à Lucas de Leyde l'eſt auſſi par l'expreſſion des ſentiments affectueux. Plus belle, plus dramatique & plus variée encore, eſt une autre compoſition par Pinturicchio dans la Sala Borgia. La Vierge & ſainte Eliſabeth ſont dans le centre & ſe tiennent la main; derrière Marie ſont ſaint Joſeph, une jeune fille, portant un panier ſur ſa tête, & d'autres valets de pied; derrière Eliſabeth, on aperçoit, dans l'intérieur de la maiſon, Zacharie qui lit & des domeſtiques occupés à divers travaux. C'eſt pour Alexandre VI que fut peinte cette élégante freſque. Il exiſte auſſi, au Louvre, une peinture de ce ſujet par Andrea Sabbatini de Salerne, laquelle n'était aſſurément pas faite pour le lieu qu'elle occupe. Cette œuvre fut exécutée par l'ordre de Sanſeverini, prince de Salerne, qui voulait l'offrir au couvent dans lequel une perſonne de cette noble famille avait pris le voile. Sous les traits de la Vierge, Andrea repréſenta une des dernières princeſſes de Salerne, laquelle était de la famille de Villa Marina; ſous ceux de ſaint Joſeph, il fit le portrait de ſon époux; une vieille ſervante de la famille repréſente ſainte Eliſabeth, & Zacharie n'eſt autre que Bernardo Taſſo, père de Torquato Taſſo, qui était alors ſecrétaire du prince. Après être longtemps reſté au deſſus du grand autel de l'égliſe, ce tableau fut enlevé par ordre d'un archevêque napolitain, ſcandaliſé de l'inconvenance qu'on eût placé dans un tel lieu des portraits de perſonnages ſi connus. On le fit donc diſparaître, & ce tableau, après avoir ſans doute changé pluſieurs fois de maître, a fini par prendre le chemin du Louvre.

La compoſition par Rubens a tout l'effet ſcénique & tout le

mouvement dramatique qui caractérifent les œuvres de ce peintre. De par lui, la fcène a lieu fur les marches qui conduifent à la maifon de Zacharie. La Vierge porte un chapeau, comme une femme qui arrive de voyage; Zacharie & Jofeph fe complimentent; derrière eux eft une jeune fille portant une corbeille fur fa tête. Dans le fond, on voit un homme qui décharge l'âne qui, fans doute, a fervi de monture à la Vierge.

Mais voici deux œuvres traitées par leurs auteurs d'une manière tout à fait différente :

L'une eft la majeftueufe compofition d'Albertinelli, véritable chef-d'œuvre que poffède Florence, dans laquelle les deux femmes font debout, feules fous une arcade richement fculptée; Marie eft vêtue d'une draperie bleue & Elifabeth porte une robe de couleur fafran. Rien n'égale le mélange de grandeur & de grâce & l'expreffion des deux perfonnages. Dans cette œuvre, Albertinelli s'eft rendu l'émule de fon ami Bartholomeo qui, après l'exécution de Savonarole, le cœur brifé, fe jeta dans le couvent de Saint-Marc.

L'autre eft la petite mais parfaite compofition par Rembrandt. La fcène fe paffe dans le jardin, devant la maifon de Zacharie. Elifabeth, les bras ouverts, defcend vivement les degrés pour recevoir & embraffer la Vierge, qui femble arriver de voyage; le vieux Zacharie, foutenu par un jeune garçon, fuit Elifabeth & vient offrir la bienvenue à fon hôte; derrière la Vierge on aperçoit une fervante mulâtre qui femble la débarraffer de fon manteau; dans le fond, un perfonnage, Jofeph fans doute, tient l'âne; fur le devant du tableau on voit un paon & une poule; cette dernière eft l'emblème de la maternité. Quoique l'enfemble de cette peinture rappelle une scène ordinaire de la vie, ce qui n'est pas son moindre mérite, rien n'est plus poétique que l'idéal qui a présidé à sa composition, rien n'est plus noble ni plus vrai que l'expression de ses personnages.

Si on rapproche la date de l'annonciation à Marie, après laquelle elle fit son voyage auprès de sa cousine, de celle de la naissance de saint Jean-Baptiste, dont la mère était alors dans le sixième mois de sa grossesse, on verra que Marie dut se trouver chez Elisabeth, au temps des couches de cette dernière, puisque son séjour auprès d'elle fut de trois mois. Cependant, dans aucune composition de la naissance du Précurseur, on ne voit introduire la Vierge. Quelle est la raison de cette absence? On ne peut en trouver une que dans la position gênante & tout à fait secondaire que cette circonstance aurait faite à la mère de Dieu, obligée de remplir le rôle de matrone, & c'est ce qui explique le soin qu'ont pris les artistes de l'en éloigner. Le Louvre renferme cependant, de l'école de Sienne, une miniature exquise qui, dit-on, faisait partie d'un livre de chœur & dans laquelle on croit reconnaître Marie dans le personnage féminin qui se tient tout près du lit de la malade.

Continuons l'histoire légendaire. Marie retourne à Nazareth ; lorsque Joseph la vit, il s'aperçut de son état de grossesse & résolut de la quitter secrètement, car étant un homme juste & charitable, il voulait ménager & son honneur & celui de sa femme. Mais, s'étant endormi tandis qu'il méditait ce projet, un ange lui apparut dans son sommeil & lui dit : « Joseph, fils de David, ne crains pas de garder Marie, ton épouse, car le fruit qu'elle porte est l'œuvre du Saint-Esprit. » Joseph, s'étant éveillé, obéit à l'ordre divin & la légende ajoute que, conduit par l'ange, il alla fe jeter aux pieds de Marie, follicitant fon pardon du foupçon injurieux qu'il avait conçu de fa vertu.

L'art, qui a voulu tout dire de l'hiftoire de Marie, n'a pas oublié ces deux circonftances, l'une intitulée Avertiffement de l'ange; l'autre, le Pardon de Jofeph. Cependant peu d'artiftes les ont reproduites, & lorfqu'ils s'en font occupés, ils les ont trop peu différenciées pour les bien faire diftinguer entre elles. Dans la frefque de Luini, on ne peut néanmoins s'y méprendre, car on voit Jofeph dormant, appuyé fur fon établi, tandis que l'ange fe tient debout près de lui. Très-rares font les exemples du pardon de Jofeph, cependant on trouve ce fujet dans les fculptures des ftalles de la cathédrale d'Amiens, & fur une des portes de Notre-Dame de Paris. Marie y eft repréfentée affife fur un trône & fous un dais magnifique, tandis que Jofeph, préfenté par deux anges, eft à genoux devant la Vierge, demandant fon pardon. Une œuvre de cette fcène par Alexandre Tiarini, & qu'on voit à Paris, préfente Jofeph à genoux devant la Vierge debout, avec un grand air de dignité; d'une main elle relève Jofeph, de l'autre elle montre le ciel. Derrière on voit l'ange Gabriel qui tient un doigt fur fes lèvres, comme pour indiquer le filence, & deux autres anges, qui fans doute accompagnent Jofeph, complètent le groupe. Les perfonnages font de grandeur naturelle; les couleurs font très-fines, l'exécution de l'œuvre eft parfaite. Toute la compofition rappelle le ftyle grand, mais maniéré de l'école de *Guide*

La Vifitation étant un fujet fréquemment rencontré fur le chevalet des artiftes, nous penfons ne pouvoir pas omettre de leur donner les règles généralement admiſes pour l'ordonnance d'une telle œuvre, telles que les indique le *Guide de la peinture :*

Une maiſon. Au dedans, la Vierge & Eliſabeth s'embraſſent. Plus loin, Joſeph & Zacharie cauſent enſemble. Derrière eux, un petit garçon portant ſur ſon épaule un bâton, à l'extrémité duquel eſt ſuſpendue une corbeille. D'un autre côté, une étable ; un mulet y eſt attaché & mange.

D'après ce qui eſt dit par Didron, il ſemblerait que Joſeph aurait accompagné Marie dans ſa viſite à ſa couſine, & que ce fut pendant ſon ſéjour chez Zacharie, qu'il s'aperçut de la groſſeſſe de la Vierge, car dans une œuvre qui aurait pour titre cette circonſtance, il introduit Eliſabeth, ſous l'extérieur d'une perſonne étonnée, ce qui eſt cependant contraire à la légende & aux diſpoſitions des œuvres des premiers artiſtes, qui ne donnent jamais à Joſeph le ſoin d'accompagner la Vierge dans ſon voyage.

XIV.

Nativité de Jéfus.

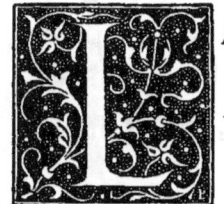A naiffance de Notre-Seigneur eft brièvement & fimplement racontée dans l'Evangile ; mais les traditions primitives chrétiennes entourent cet événement de circonftances qui lui donnent une grande importance & un intérêt tout particulier dans les repréfentations artiftiques. Nous allons donc laiffer parler l'hiftoire légendaire avant de confulter les Beaux-Arts fur ce grand fujet.

De retour dans fa maifon à Nazareth, Marie continue à fe livrer à fes occupations ordinaires, malgré la pofition délicate & gênante où elle fe trouvait, & Jofeph l'entoure de tous les foins qu'il pouvait lui donner. Six mois s'écoulent ainfi dans le ménage du charpentier, & le temps fixé par les oracles facrés pour l'apparition de l'étoile divine qui devait éclairer le monde, était près d'arriver.

Cependant les prophètes avaient dit que le Meſſie naitrait à Bethléem, & Joſeph & Marie habitaient Nazareth; mais devant les deſſeins de Dieu, toutes les difficultés s'aplaniſſent. Céſar-Auguſte ordonne le dénombrement général de ſes ſujets &, par cet édit, Marie & Joſeph ſont obligés de ſe rendre à Bethléem pour ſe faire inſcrire comme deſcendants en ligne directe de la race de David, de la tribu de Juda.

Par une matinée triſte & ſombre de l'hiver de l'an 748 de Rome, Joſeph ſe prépare à faire ce voyage avec Marie, pour obéir aux ordres de l'empereur. A la ſelle de la tranquille & douce monture ſur laquelle devait s'aſſeoir la reine des anges, il attache deux paniers, couverts de feuilles de palmier, contenant les proviſions du voyage. Il jette ſur ſes épaules un ſac renfermant quelques vêtements, ſe ceint les reins, s'enveloppe de ſon manteau de poil de chèvre & d'une main tenant un bâton, appui de ſes jambes déjà chancelantes, il ſaiſit de l'autre la bride de l'âne qui portait la jeune femme.

Après pluſieurs jours d'une marche pénible & dangereuſe, Joſeph & Marie aperçoivent la cité des rois de Juda, aſſiſe ſur une éminence, au milieu de riants coteaux plantés de vignobles, de bois d'oliviers & de bouquets de chênes verts. Ils arrivent aux portes de la ville qui avait été le berceau de leurs ancêtres, & Joſeph ſe met en quête d'un logement pour s'abriter lui-même & faire goûter quelques moments de repos à ſon auguſte compagne dont les traits pâliſſaient déjà par ſuite des fatigues du voyage, dans la poſition intéreſſante où elle ſe trouvait. Mais en vain frappa-t-il à toutes les portes, à toutes les hôtelleries, aucune ne s'ouvrit pour lui. Las de recherches inutiles, il reprend la bride de la monture de la Vierge & fort de la ville inhofpitalière, pour aller demander à la Providence l'afile qu'il ne pouvait trouver dans les murs de la cité de Juda.

Au midi, & peu loin de la ville, s'ouvrait une fombre caverne creufée dans le roc, laquelle fervait d'étable banale aux Bethléémites, & quelquefois de retraite aux pafteurs furpris par l'orage, & dans ce moment inoccupée; Jofeph en fait fon afile. La Vierge met pied à terre &, s'appuyant fur le bras de fon époux, elle va s'affeoir, toujours douce & réfignée, fur une roche qui femblait lui préfenter un fiége. Les deux époux, tranfis de froid, manquant de tout, remercièrent néanmoins Dieu de leur avoir procuré cet abri fauvage. La Vierge, fans reffentir aucune de ces douleurs déchirantes qui précèdent la venue de l'homme au monde, devenait cependant plus pâle, à mefure que fon terme approchait, fans qu'elle s'en doutât. Vers minuit, heure indiquée par la myftérieufe conftellation de la Vierge, au milieu d'un repos folennel de toute la nature, l'Alma de la grande prophétie meffianique mit au monde celui que Dieu lui-même avait enfanté avant le temps, & dont la génération eft de toute éternité. Voilà le fait que l'art s'eft chargé de reproduire; écoutons fon langage. Mais avant d'entrer dans aucun détail de fes œuvres, difons un mot d'une légende qui a été reproduite dans les derniers temps de l'art romain & même après la renaiffance, & qui par elle-même n'eft pas fans intérêt

L'empereur Céfar-Augufte voulait, dit-on, favoir de la fibylle Tiburtine s'il devait accepter les honneurs divins que le fénat lui avait décernés. Après quelques jours de réflexion, elle prit l'empereur à part & lui montra un autel au deffus duquel il vit dans les cieux ouverts une Vierge admirable, tenant un enfant dans fes bras, & il entendit en même temps une voix qui difait : « Voici l'autel du Fils du Dieu vivant. » Frappé de cette vifion, Augufte fit ériger fur le mont Capitolin un autel avec cette infcription : *Ara prima Geniti Dei*, & c'eft fur le même lieu qu'on érigea plus tard l'églife, fous le vocable d'*Ara cœli*, aux 180 marches de marbre.

Cette manifeftation, procurée à Augufte par la fibylle & que l'art a reproduite, repofe fans doute fur quelques traditions païennes & chrétiennes ; les écrivains du IIIe & du IVe fiècle en font mention & les auteurs facrés ne la rejettent pas, car l'évêque Taylars en parle comme faifant partie des grands & glorieux événements qui précédèrent la venue du Meffie.

Depuis la renaiffance, cet incident a fouvent été repréfenté. Il le fut au milieu du XIVe fiècle par Cavallini, fur les voûtes du chœur de l'*Ara cœli*, & au XVIe, même au XVIIe fiècle, c'était un thème très-commun, car il admettait les formes claffiques & le mélange du ftyle & des coftumes païens à ceux des chrétiens, ce qui convenait certainement aux artiftes de l'époque, qui vifaient à l'effet ; auffi les exemples en furent-ils nombreux. Un des plus célèbres eft peut-être la frefque par Balthafard Peruzzi, à Sienne, dans laquelle les traits de la fibylle font vraiment majeftueux. Moins fameux, néanmoins préférable au point de vue de l'art, eft le groupe par Tifio dit le Garofalo, dans le Quirinal. Le Titien en a laiffé un autre dans un payfage, & Vafari parle d'un carton de ce fujet, peint par Boffo pour François Ier.

Dans quelques-unes de ces peintures, la localité eft un temple avec un autel devant lequel l'empereur eft à genoux, ayant déposé son sceptre & sa couronne de laurier. La sibylle lui montre la vision à travers une croisée. La cour de Hampton possède une de ces scènes par Berrettini Pierre, dit le Cortone.

Peu d'exemples nous restent de la reproduction du voyage de Marie à Bethléem ; cependant une petite sculpture d'ivoire, que l'on suppose avoir fait partie du trône de l'exarque de Ravenne, présente la Vierge assise sur un âne, soutenue par Joseph, tandis qu'un ange guide la monture & éclaire la route avec une torche ; les traits de la Vierge expriment une vive souffrance. Dans un exemple plus dramatique, gravure d'après un maître du XVIIe siècle, Marie est assise sur un âne, tenant elle-même les rênes ; elle lève les yeux vers le ciel en signe de résignation ; Joseph, le bonnet à la main, discute avec le maître d'une hôtellerie qui lui montre l'étable. La femme de l'hôtelier regarde la Vierge avec un air de pitié & de sympathie. Une autre gravure du même sujet présente, dans le fond, des anges qui préparent un berceau dans une caverne.

Pour expliquer le titre de quelques œuvres artistiques, disons que, sous ce caractère majestueux & religieux de la plus pure maternité, la Vierge est vénérée sous le nom de la Madona del Parto, & Naples possède une église sous ce vocable.

Comme presque toutes les scènes de la vie de la Vierge, la Nativité du Christ a été considérée sous deux points de vue : Comme mystère religieux & comme événement dans la biographie de la Vierge. Dans le premier, l'artiste n'a cherché qu'à rendre la venue de la divinité sur la terre sous la forme d'un enfant, & le motif peut en être pris dans ce passage de l'office de la Vierge : *Virgo quem genuit adoravit.* En effet, Marie bénit fon enfant, elle l'adore & le remercie d'avoir bien voulu prendre dans fon fein la forme humaine. Ici l'enfant eft un Dieu qui s'abîme dans l'humilité, & rien n'eft plus gracieux ni plus noblement infpiré que la manière dont les premiers artiftes italiens ont exprimé cette idée.

Lorfque, dans ce fens, la localité eft une étable ou une grotte, ce lieu devient un temple plein de religion où les anges font les miniftres; la Vierge, l'adorateur; & le Chrift, la divinité. On admet alors très-peu d'acceffoires, feulement ceux qui indiquent que le fujet eft une Nativité & non une *Madre Pia*.

Le divin enfant eft couché dans le centre; quelquefois fur un linge blanc, quelquefois fur la terre fleurie, ou fur une gerbe de blé, toujours interprétée par ce paffage de l'Ecriture : *Ego fum panis vitæ;* il place un doigt fur fes lèvres pour exprimer le *Verbum fum*, & fes yeux fe fixent au ciel où les anges chantent le *Gloria in excelfis*. Dans quelques exemples, un ange tient la croix devant l'enfant; dans d'autres, le petit Jéfus la prend dans fes mains; dans d'autres encore, c'eft un clou ou une couronne d'épines que les anges portent comme fymbole de fa fin terreftre; mais nous penfons que ces acceffoires font de trop dans cette circonftance. Lorfque Jofeph fait partie de la compofition, il fe tient à genoux d'un côté, de l'autre eft la Vierge dans la même attitude.

Dans cette poétique verfion de la Nativité, Lorenzo di Credi, Perrugino, Francia & Bellini ont furpaffé leurs collègues. Lorenzo s'acquit une grande réputation par la manière dont il traita ce fujet. Un grand nombre de fes compofitions exiftent dans les galeries de Florence.

Quelques tableaux de la Nativité préfentent des faints & divers perfonnages, introduits comme pour adorer ce grand myftère. Dans une peinture par Cima, Tobie & l'ange font d'un côté, fainte Hélène & fainte Catherine font de l'autre. Dans l'œuvre de Francia, l'enfant repofe fur un linge blanc, il eft adoré par Marie, par faint Auguftin & par des anges, tous à genoux. L'adorateur, Antoni Galeazza, pour qui la peinture fut faite, eft à genoux, en habit de pèlerin ; il arrivait d'un pèlerinage à Jérufalem & à Bethléem très-poétiquement exprimé dans la fcène de la Nativité. Saint Jofeph & faint François font d'un côté, de l'autre eft un berger portant une couronne de laurier. Dans une grande Nativité par Giulo Bomana, dont on ne peut trop précifer la date, faint Jean l'évangélifte eft debout d'un côté, de l'autre eft faint Longinus, celui qui perça de fa lance le côté de Jéfus fur la croix.

Un triptyque par Hans Hemling offre, au centre, l'enfant adoré par fa mère & des anges, tous à genoux. Dans le compartiment à droite eft la manifeftation en Occident de la venue du Rédempteur, exprimée par la prophétie de la fibylle à Augufte ; dans celui de gauche eft la manifeftation en Orient, indiquée par le voyage des Mages & par l'étoile miraculeufe : *Nous avons vu fon étoile en Orient.*

De toutes ces Nativités idéales, la plus remarquable eft celle attribuée à Baticelli. Dans le centre eft un appentis, fous lequel la Vierge eft agenouillée, adorant fon divin enfant qui a un doigt fur fes lèvres ; un peu en arrière, eft Jofeph qui paraît être en profonde méditation ; à droite, un ange préfente trois perfonnes, les bergers fans doute, couronnées de branches d'olivier; à gauche eſt un groupe ſemblable; ſur le toit du hangar, trois anges tenant des branches d'olivier chantent le *Gloria in excelſis;* au deſſus ſont douze autres anges qui danſent en cercle, tenant entre eux des branches d'olivier; ſur le devant de cette grande peinture, trois perſonnages ſortant du purgatoire ſont reçus & embraſſés par les anges. Malgré la ſéchereſſe d'exécution de cette œuvre, on ne peut ne pas en admirer la grâce fantaſtique & la vaſte conception de ſentiment poétique & religieux. L'introduction de l'olivier & des âmes délivrées du purgatoire peint aſſurément la paix ſur la terre aux hommes de bonne volonté; elle peut auſſi indiquer l'époque de paix univerſelle dans laquelle l'enfant Dieu vint au monde.

Dans une œuvre de ce ſujet, par Lorenzo di Credi, qu'on voit à Florence, l'enfant Chriſt eſt couché ſur une partie du voile de ſa mère & tient un oiſeau dans ſa main; dans le fond paraît l'étoile miraculeuſe qui répand ſur la ſcène une lumière reſplendiſſante, & plus dans le fond encore paraiſſent les bergers; d'un côté eſt ſaint Jérôme, aſſis près de ſon lion, introduit peut-être parce que Bethléem avait été ſa réſidence.

Voilà quelques-unes des œuvres qui préſentent la Nativité comme myſtère; voyons maintenant quelques-unes de celles qui la donnent comme un événement de la vie de la Vierge.

Si l'art conſidère la Nativité de Jéſus comme un incident hiſtorique, il doit tenir compte de toutes les circonſtances qui l'ont accompagné : le temps, l'heure, la localité & tout ce qui a pu, comme acceſſoire, préciſer le fait. Sous ce point de vue, le récit biblique & l'Evangile doivent être ſa règle, & il ne peut s'en écarter que pour introduire quelques traits indiqués par les légendes, lorfqu'ils ne font pas en oppofition avec le récit évangélique & hiftorique.

Le Temps. C'était au milieu de l'hiver, le 25 décembre; mais il eft à remarquer que cette faifon, très-rigoureufe dans l'Occident, eft au moins tempérée dans l'Afie Mineure & que rien ne s'oppofait à ce que des bergers gardaffent leurs troupeaux, parqués dans les environs de Bethléem. L'âcreté de la faifon eft quelquefois feulement indiquée par les vêtements lourds & groffiers, ou par les peaux de mouton que portent les bergers fur leurs épaules.

Le Moment. C'eft à minuit qu'eut lieu la naiffance du Chrift, & cette circonftance d'obfcurité du moment eft fouvent indiquée par la préfence d'une lanterne placée dans les mains de Jofeph, furtout dans les anciennes gravures ou dans les peintures des premiers âges, très-attentifs à reproduire tous les acceffoires indiqués par les légendes.

Le Lieu. Toutes les autorités, l'Evangile même, indiquent une étable comme le lieu de la naiffance du Rédempteur, fituée dans une caverne que l'on voit encore à Bethléem, mais que la piété a transformée en chapelle. D'après certaines notices, cette étable était voifine d'une maifon en ruines, jadis habitée par Jeffé, père de David, & l'endroit où étaient parqués les troupeaux des bergers qui accoururent à la crèche pour adorer l'Enfant-Jéfus, était celui-là même où David conduifait les brebis de fon père; circonftances qui concordent parfaitement avec l'origine de Marie & de Jofeph comme defcendants de la race de David, & de Jéfus lui-même, comme fils de David, fur les poffeffions duquel Dieu voulut le faire naître en y amenant Marie & Jofeph.

Accessoires. L'introduction du bœuf & de l'âne dans une scène de Nativité paraît indispensable, si on tient compte de l'autorité de saint Jérôme & des prophéties. Du reste, depuis le vi^e siècle jusqu'au xvie, aucune représentation de ce sujet ne parut sans que ces deux animaux n'entrassent dans la composition. Dans quelques anciennes peintures, ces animaux se tiennent comme à genoux, le peintre voulant sans doute par là indiquer leur vénération pour l'auteur de la nature entière couché devant eux, dans une crèche, & une des anciennes hymnes de la Nativité du Sauveur semble dire que, dans cette nuit d'hiver, ils réchauffaient l'enfant de leur haleine. L'art moderne n'a introduit cet accessoire que lorsque, obéissant aux lois religieuses, il n'a pu s'en dispenser; &, dans ce cas, l'air stupide donné à ces deux animaux montre assez que leur introduction dans son œuvre n'était pas pour lui facultative.

Un autre accessoire, qui n'a presque jamais été oublié, ce sont les anges chantant en chœur au dessus de la crèche ou du hangar servant d'asile à Jésus naissant.

Nous n'entrerons pas ici dans le détail de toutes les œuvres qui précisent le temps, le moment & les accessoires essentiels; presque toutes renferment quelque allusion à ces circonstances, qu'il est facile à l'observateur de remarquer.

La belle œuvre du Corrége intitulée *Sa Nuit* a valu à son auteur de grands éloges, que nous sommes loin de lui refuser, pour l'idée qu'il a eue d'éclairer toute la scène de la lumière qui procède du divin Enfant; nous devons remarquer qu'il n'a pas été le premier à la concevoir, puisque l'histoire légendaire en fait mention & qu'elle a dû être, avant lui, plusieurs fois exprimée; mais, a-t-il du moins le mérite d'une magnifique & inimitable exécution, & d'avoir donné un bel exemple du moment.

Il eft rare qu'une Nativité ait été traitée hiftoriquement fans l'introduction des bergers, ou du moins fans la manifeftation qui leur en eft faite par les anges. Quelquefois ce fujet eft traité à part & comme entièrement féparé; quelquefois auffi il forme le fond du tableau. Une belle gravure de Rembrandt rivalife, en traitement pittorefque & poétique, fa fameufe Vifion de Jacob, dans la galerie de Dulwich; l'ange, que l'on fuppofe toujours être Gabriel, apparaît au milieu d'en haut, entouré d'un éclat de lumière & accompagné d'une multitude d'anges. Les bergers tombent profternés, comme frappés de terreur. Les beftiaux fuient de toutes parts. Cette œuvre ne nous paraît pas fublime par le génie de la conception; mais elle eft parfaite comme exemple de ftyle caractériftique.

Flinck, élève & fouvent imitateur de Rembrandt, a reproduit l'œuvre de fon maître, & d'après M. Emeric David, les deux toiles offrent une identité qui ne permet pas à tout fpectateur d'en diftinguer les auteurs. Cependant, d'après ce favant critique, l'idée de Flinck, quand il s'écarte de celle de Rembrandt, a plus de richeffe, plus de grâce; fon coloris n'offre pas des oppofitions auffi fermes que celui de fon modèle, mais on y remarque avec plaifir, de l'harmonie & de la fineffe. Dans le groupe des animaux règne, dit ce favant obfervateur, un tumulte qui rend bien l'effet de la peur que leur caufe l'apparition fubite de la lumière célefte; fur le vifage de leurs gardiens on diftingue, avec l'expreffion des fentiments religieux, celle de l'étonnement & de la crainte; le groupe des bergers préfente des idées ingénieufes; les pofes de toutes les figures font naïves & bien contraftées; leurs traits ont même une forte de nobleffe à laquelle Rembrandt s'éleva quand il le voulut, mais qu'il chercha rarement.

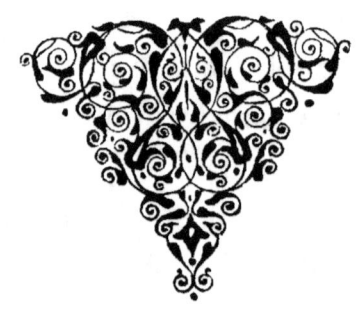

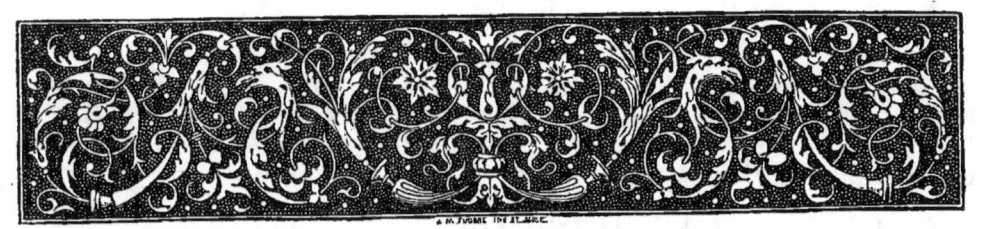

XV.

Adoration des Bergers.

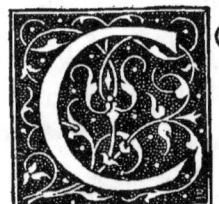OMME fait hiftorique, la Nativité peut être traitée feule; mais la vifite des bergers qui accoururent préfenter leurs hommages à l'Enfant-Dieu, après la manifeftation qui leur fut faite de fa naiffance, étant auffi un fait hiftorique, elle ne peut fe paffer de cette circonftance, qui s'y rattache, qui en eft comme le complément.

En effet, le récit, continuant, ajoute que lorfque les anges fe furent retirés, les bergers fe dirent : « Paffons à Bethléem & voyons ce qu'il y eft arrivé de fi extraordinaire », & étant entrés dans la grotte, ils trouvèrent Marie & Jofeph adorant le jeune enfant couché dans la crèche & lui préfentèrent leurs offrandes : un agneau, des colombes & diverfes autres chofes. Les bergers tiennent refpectueufement leurs chapeaux à la main & adorent à leur manière ruftique.

Dans la compofition de Raphaël, les bergers reffemblent aux

habitants de l'Arcadie ; dans des peintures plus modernes des écoles italiennes, ils chantent & jouent de la musette. Cette dernière idée n'a pu trouver son origine que dans l'usage qu'ont les bergers des environs de Rome & de la Calabre de jouer de la cornemuse devant la Vierge & l'Enfant pour les fêtes de Noël. Dans la fameuse Nativité par Annibal Carracci, un personnage pittoresque souffle tant qu'il peut dans une cornemuse.

Dans les peintures vénitiennes, les bergers sont accompagnés de leurs femmes, de leurs troupeaux & même de leurs chiens. D'après quelques traditions, Simon & Jude, qui furent plus tard des apôtres, étaient au nombre des bergers.

Dans certaines compositions de Raphaël & de Ludovico Carracci, des anges sèment des fleurs. Quelquefois l'enfant Jésus est endormi ; ce qui a fait dire à Milton : « Voyez la Vierge bénie qui a mis son enfant au repos ».

Une esquisse de Raphaël représente l'enfant endormi ; Joseph soulève le rideau pour le montrer à un berger ; nous avons plusieurs exemples de cette même idée, mais dans la magnifique composition par le Titien, c'est la Vierge qui soulève le rideau.

Un grand nombre de peintres de toutes les écoles ont traité le sujet de la Nativité & tous ont gravé sur leur œuvre les mœurs de leur nation & l'idée religieuse qui prédominait dans le moment. Nous regrettons que ces détails, qui feraient très-utiles à l'art & très-curieux pour la science, ne puissent trouver place ici.

Cependant nous ne pouvons omettre les justes observations que fait le savant auteur des *Notices historiques sur les chefs-*

d'œuvre de la peinture moderne, au sujet du tableau de l'Espagnolet que l'on voit au musée impérial :

« Rien de plus vigoureux & de plus vrai que les figures des pâtres, qui, pleins de respect & d'émotion, s'inclinent pour adorer Jésus ; le dessin, le coloris, la touche & des têtes & des costumes ont une vigueur qu'on ne saurait assez admirer : la tête de Marie & celle de Jésus, au contraire, manquent de dignité, de grâce & même de relief. La lumière la plus vive, qui devrait éclairer le personnage principal, frappe sur le berger le plus avancé. On est cependant forcé de pardonner ces défauts, quand on considère le caractère de ce pâtre, l'expression religieuse répandue sur son visage & les tons chauds de ses draperies. Ni le Caravage, ni aucun de nos plus habiles coloristes n'ont peint une figure plus mâle & plus étonnante. »

Lorsque l'adoration des bergers est jointe à la Nativité de Jésus, le *Guide de la peinture* donne la composition suivante :

Une grotte. Au dedans, du côté droit, la Vierge à genoux, posant le Christ emmailloté dans une crèche. A gauche, Joseph à genoux, les mains croisées sur la poitrine. Derrière la crèche un bœuf & un âne regardant l'enfant. Derrière Joseph & la Sainte Vierge, des bergers tenant des bâtons, considérant le Christ avec étonnement. Hors de la grotte, des brebis & des bergers ; l'un d'eux joue de la flûte, d'autres regardent en haut avec crainte : au dessus d'eux, un ange les bénit. Au dessus de la grotte & dans les nuages, une foule d'anges, portant un listel, avec ces paroles : « Gloire à Dieu au plus haut des cieux, & paix sur la terre aux hommes de bonne volonté. » Un grand rayon de lumière descend jusque sur la tête du Christ.

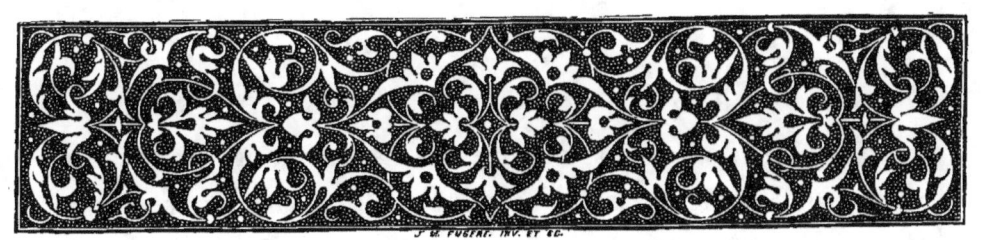

XVI.

Adoration des Mages.

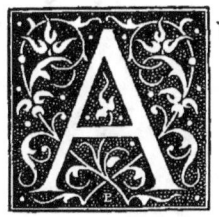VANT de parler de l'adoration des rois Mages, nous devrions mentionner les œuvres artiſtiques qui ont conſacré la circonciſion, qui eut lieu, ſelon ſaint Bernard, dans l'étable même, huit jours après la nativité, mais ce fait appartient eſſentiellement à l'hiſtoire de Jéſus, & Marie n'y joue aucun rôle qui puiſſe motiver ſon introduction. Remarquons ſeulement, en paſſant, que les artiſtes indiquent pour cette cérémonie la préſence du grand-prêtre, tandis qu'il eſt conſtant que l'enfant Jéſus & ſes parents ne quittèrent Bethléem que pluſieurs jours après & pour ſe rendre directement à Nazareth; le prêtre dut donc être Joſeph lui-même.

L'adoration des rois Mages eſt une ſcène que l'on a ſouvent reproduite quoiqu'elle ſe rapporte auſſi plutôt à la vie de Notre Seigneur Jéſus-Chriſt qu'à celle de ſa mère, pour laquelle elle n'eſt qu'un incident. Mais, comme les artiſtes n'ont jamais peint l'adoration des Mages ſans l'introduction de Marie, voire même celle de Joſeph, nous allons en dire un mot.

Un doute s'eſt élevé parmi les artiſtes ſur la préſence ou l'abſence de Joſeph au moment de la viſite des Mages à l'enfant Jéſus. Quelques-uns ont négligé de le faire paraître, penſant que Joſeph devait s'effacer pour laiſſer à l'enfant, dans l'eſprit des Mages, toute ſon origine divine, car c'eſt un Dieu que les Mages venaient adorer, & non le fils d'un homme que la préſence de Joſeph auprès de Marie eût pu faire ſuppoſer; d'autres, au contraire, l'ont introduit & le placent ſouvent derrière le ſiége de Marie, s'appuyant ſur ſon bâton & conſidérant la ſcène avec une douce admiration; ſouvent il reçoit les dons faits à Jéſus. Dans une peinture par Angelico, un Mage lui ſerre la main en ſigne de félicitation, & dans une autre de Parmigiano, que l'on voit à Munich, un Mage l'embraſſe.

Dans ce ſujet, comme dans bien d'autres, les artiſtes italiens ont donné carrière à la flatterie ou à la complaiſance & ont ſouvent introduit des portraits ſous le coſtume des rois Mages. Une peinture, attribuée à Sandra Batticelli, repréſente Coſma Médicis, & Léonard de Vinci fit une eſquiſſe où les trois Mages ne ſont autres que les trois Médicis de cette époque, Coſma, Lorenzo & Giuliano.

Mais ce défaut n'a pas été celui des artiſtes italiens ſeuls, car dans un retable digne de remarque, par Jean Van Eyck, repréſentant l'adoration des Mages, le plus vieux d'entre eux, qui adore l'enfant Jéſus, n'eſt autre que Philippe le Bon, duc de Bourgogne; dans le ſecond, qui ſe proſterne derrière le premier, on a cru reconnaître les traits d'un des grands officiers de la cour du prince, & le troisième présente tout l'extérieur de Charles le Hardi. Son attitude n'exprime aucune humilité ; il semble incertain s'il se prosternera ou non. A droite de la Vierge & un peu en avant, Joseph est debout, le chapeau à la main, revêtu d'une tunique rouge. Tous les accessoires de cette peinture : les vases d'or & d'argent, les vêtements des trois rois, éclatants de joyaux & de pierreries, les fourrures, la soie, le velours sont peints avec un fini & une délicatesse remarquables & donnent une idée de la richesse de la cour de Bourgogne où résidait le peintre.

La composition par Raphaël présente les Mages sous un costume non oriental, mais tout classique. A quelque distance, on aperçoit un éléphant portant un singe, ce qui indique de suite le lointain Orient.

Dans une des œuvres, sur ce sujet, par Ghirlandajo, la grotte forme une espèce de dais devant lequel deux rois Mages sont agenouillés. La nationalité de l'un d'eux, roi d'Ethiopie, n'est pas indiquée par la teinte de son visage, mais par un Nègre placé derrière lui & sur le point de le débarrasser de son manteau.

Francia a aussi traité le même sujet, & sa composition, que l'on voit à Dresde, est remarquable. Dans son tableau, la Vierge est assise sur les marches d'un temple en ruines, contre lequel pousse un figuier qui, malgré l'hiver, est couvert de feuilles vertes ; Joseph est à genoux à côté de Marie, & derrière elle on voit deux bergers arcadiens, avec un bœuf & un âne. La Vierge, avec un air admirable de modestie & d'humilité, présente son enfant à l'adoration des Mages. Le premier d'entre eux, à genoux, joint les mains ; le second, aussi en adoration, tient un vase d'or ; le troisième, au noir visage, est debout & tient un encensoir ; le divin enfant lève les mains en signe de bénédiction. Derrière les rois sont trois personnages debout & derrière ceux-ci sont six autres personnages à cheval ; puis, dans le fond, on aperçoit une longue suite de chevaux & de chameaux s'approchant. Le point de vue est admirable ; on reconnaît dans cette œuvre le goût de Lorenzo Costa, maître de Francia.

Parmi les œuvres des artistes allemands sur ce thème, celle d'Albert Durer, dans la tribune de la galerie de Florence, & celle de Gossaert, de l'école flamande, qui fait partie de la collection de lord Carlisle, sont peut-être les plus remarquables. Gossaert présente la Vierge assise, revêtue d'un manteau bleu-foncé ; ses traits sont du type allemand. Le plus âgé des rois offre un vase d'or dans lequel l'enfant Dieu a pris une pièce qu'il tient à la main ; le nom du roi, Jasper, est gravé sur le vase ; un autre roi plus jeune tient une coupe, & le roi éthiopien, Balthazar, est à gauche, debout & couronné. A travers une arcade, on aperçoit un magnifique point de vue & les bergers qui s'approchent. C'est une des plus belles peintures qu'ait produites l'école flamande. Dans une riche composition par Lucas de Leyde, on voit, dans le fond, Hérode debout sur un balcon de son palais ; son œuvre est un bel exemple du style hollandais.

On voit fréquemment le voyage des rois peint à fresque sur les murs des diverses chapelles dédiées à la Nativité & à l'Epiphanie ; leur venue d'un côté, & leur départ de l'autre. Dans quelques exemples, on les voit s'embarquer sur des vaisseaux ; les preuves en sont la fresque par Lorenzo Costa & les bas-reliefs de la cathédrale d'Amiens. Cette allusion trouve sa raison d'être dans une légende rapportée par Arnabius le Jeune, commentateur des pfaumes de David, laquelle dit que quand Hérode apprit que les Mages lui avaient échappé & qu'ils s'étaient embarqués, il fit brûler, dans fa colère, tous les vaiffeaux qui étaient dans le port.

Une magnifique frefque du voyage des Mages eft celle de la chapelle Riccardi à Florence, faite, dit-on, par Benazzo Gazolli pour le vieux Cofma Médicis.

La galerie du Belvédère, à Vienne, renferme un tableau de Barbarelli dit le Giorgion, intitulé *les Géomètres orientaux*. De l'avis de plufieurs obfervateurs, ce ne font que les rois Mages cherchant l'étoile miraculeufe. Le premier de ces perfonnages, fous un coftume oriental & à la barbe grife, tient une table aftronomique ; le fecond, homme d'un âge moyen, femble l'écouter ; le troifième, plus jeune, regarde le ciel, un compas à la main. Ce qui corrobore cette opinion, c'eft la lumière éblouiffante qui paraît dans le lointain & qui précède fans doute le lever de l'étoile qu'ils cherchent du haut des montagnes de Chaldée.

Nous ne terminerons pas cette page de l'hiftoire des événements de la vie de la Vierge, fans dire un mot de l'œuvre du Pouffin, de l'école françaife. Ce tableau offre cela de particulier qu'il a été peint fur une toile teinte en rouge, pratique malheureufe, mife en vogue par le Tintoret, mais repouffée par Rubens, par le Titien, par le Corrége, qui peignaient ordinairement fur des fonds blancs.

Dans cette œuvre, le Pouffin eût pu faire reffortir le contrafte qui devait exifter entre la richeffe des vêtements, la fuite pompeufe des perfonnages & la pauvreté ruftique de la crèche où repose l'enfant ; il n'a cherché rien de pareil ; *heureux celui qui adore en esprit & en vérité!* voilà la pensée qu'il a voulu faire naître. Mais, s'il a banni de sa composition la magnificence qui lui était permise, dit Emeric David, il en a aussi écarté les objets qui n'étaient plus nécessaires pour le contraste. Il a supposé l'étable formée par les ruines d'un antique édifice. La Vierge & saint Joseph en sont sortis. La Vierge est assise, tenant l'enfant Jésus sur ses genoux, auprès d'une pierre carrée qu'on pourrait supposer avoir servi d'autel. Trois groupes composent ce tableau : à gauche, sont placés la Vierge, le Christ & saint Joseph ; au milieu, les rois & leur suite ; dans le fond, les valets, les chameaux, les chevaux, cortége fastueux, que, par respect, les Mages ont laissé à l'écart. Deux des rois sont prosternés aux pieds du Christ ; le troisième, sans perdre de vue l'objet de son adoration, semble chercher avec empressement l'endroit où se placeront ses genoux. Tous les personnages de leur suite expriment le même sentiment de respect. L'un d'eux, prosterné comme ses maîtres, regarde avidement l'enfant mystérieux ; un autre, debout, faisant le signe du silence, paraît vouloir recueillir les paroles qui se diront dans cette scène mémorable. Deux pâtres se sont joints à la suite des rois ; l'un ne montre que de l'étonnement ; l'autre, portant la main vers sa poitrine, décèle, par ce geste naïf, la lumière intérieure qui l'éclaire. Les mouvements de tous les personnages sont aussi expressifs que les traits de leurs visages ; chaque figure est aussi belle par la naïveté de la pose que par la chaleur de l'expression.

Tout ce qu'une critique sévère pourrait désirer de plus dans ce tableau, c'est que le groupe de la Vierge ne fût pas à l'extrémité & qu'une partie des draperies ne fût pas dérobée par la bordure. Mais la gravure qu'en a faite M. Avite, ne portant pas ce défaut, il eſt vraiſemblable que la toile a été mutilée.

A tous ces détails, épars çà & là, laborieuſement recueillis, ajoutons, en terminant ce ſujet, un mot ſur deux toiles qui repréſentent l'adoration des Mages, & que poſsède le Muſée de Lyon.

L'une, par Caliari dit Véronèſe, eſt pleine d'effet & de magie par la vivacité du coloris, qui trahit le ſtyle vénitien. Sa compoſition n'a rien d'original, n'offre aucune idée neuve particulière à l'auteur, mais cette œuvre a le mérite d'être ſortie d'un pinceau jeune encore que Veniſe dut regretter de voir ſe briſer ſi tôt. L'enſemble eſt digne du fils & de l'élève de Paul Véronèſe, & ſi un blâme peut lui être adreſſé, c'eſt celui d'avoir fait le portrait de quelques ſeigneurs vénitiens ſous le pſeudonyme des rois Mages. En effet, dans cette œuvre, tout eſt vénitien, rien n'y rappelle la Judée, ſi ce n'eſt le fait repréſenté.

L'autre de ces toiles, œuvre du grand peintre flamand, n'a pas beſoin qu'on faſſe ſon éloge pour être appréciée des connaiſſeurs modernes comme elle l'a été des contemporains. Avant que notre ville la poſſédât, cette toile faiſait l'ornement du célèbre muſée de Munich & les nombreuſes copies qu'en a laiſſées Rubens ſont le plus ſûr témoignage de ſon mérite.

Dans cette œuvre tout eſt grand, tout eſt noble & digne à la fois, & du ſujet repréſenté, & des perſonnages qui y figurent. La ſuite nombreuſe des rois peint leur magnificence, & leur coſtume les qualifie & les nationaliſe ſuffiſamment. Le coloris, vif & éclatant, rivaliſe celui des Vénitiens &, s'harmoniſant parfaitement, offre partout des contraſtes qui plaiſent à l'œil ſans l'éblouir.

Voici l'ordonnance que le *Guide de la peinture* indique pour le ſujet de l'adoration des Mages.

Maiſon. La Sainte Vierge, aſſiſe ſur un ſiége, portant le Chriſt enfant qui bénit. Devant elle, les trois Mages offrent leurs préſents dans des coffres d'or. L'un des rois, vieillard à grande barbe, la tête découverte, s'agenouille en regardant le Chriſt; il lui offre ſon préſent d'une main, de l'autre il tient ſa couronne. Le ſecond roi a peu de barbe; le troiſième n'en a pas du tout (1).

Ces deux derniers ſe regardent entre eux & ſe montrent le Chriſt. Derrière la Sainte Vierge, Joſeph debout, dans l'admiration. Au dehors de la grotte, un jeune homme tient les trois chevaux par la bride. On peut encore, ſur une grande toile, peindre dans le lointain & ſur une montagne, les trois Mages à cheval, retournant dans leur pays; un ange devant eux, leur montrant le chemin.

---

(1) Le vieux Mage s'appelle Gaſpar; celui qui eſt d'âge mur, Melchior; Balthaſar eſt le nom du plus jeune, ordinairement Nègre, à groſſes lèvres, nez épaté, cheveux crépus.

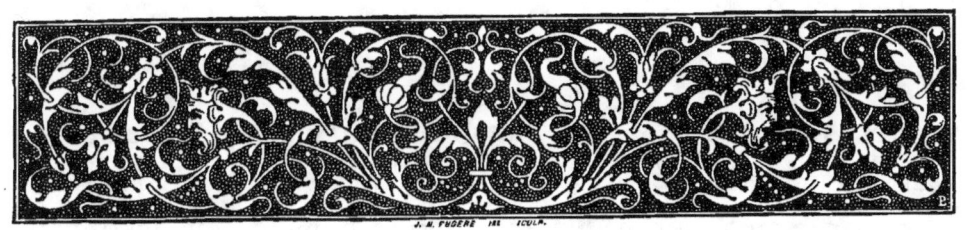

XVII.

Purification de la Vierge, Préfentation au Temple.

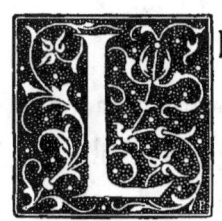ES artiftes ont fouvent repréfenté la purification de la Vierge qui, conformément au Lévitique, eut lieu quarante jours après la naiffance de Jéfus. Deux idées font ordinairement exprimées dans ce fujet: la purification & la prophétie de faint Siméon. L'art ancien, furtout l'art grec, donnait à cette dernière une fignification importante, à caufe d'une légende très-accréditée des anciens au fujet de faint Siméon. Ce prêtre, grand docteur de la loi & très-verfé dans la fcience biblique, fut un des feptante favants envoyés à Ptolémée Philadelphe pour traduire les livres faints d'hébreu en grec. La part de Siméon fut de traduire le livre du prophète Ifaïe. Arrivé à ce paffage qui dit: « Voici qu'une vierge concevra & enfantera un fils », Siméon fe mit à douter & à fe demander comment une chofe femblable était poffible & après une longue méditation, craignant de fcandalifer les Grecs, il traduifit le mot

hébreu *Alma*, vierge, par un mot grec qui signifiait jeune femme ; mais à peine l'eût-il écrit, qu'une main invisible l'effaça & le remplaça par le mot Vierge. Siméon récrivit plusieurs fois les mots jeune femme, toujours effacés par une main inconnue & remplacés par le mot propre. Enfin, saisi d'étonnement à la vue de cette mystérieuse substitution, il posa la plume & se mit à méditer, & il fut en même temps pénétré d'une lumière divine qui lui révéla que ce miracle, auquel il lui répugnait de croire, était non-seulement possible, mais encore que lui-même ne mourrait point avant d'avoir vu le Christ, le Sauveur du monde, & ce fut à l'occasion de l'accomplissement de cette promesse, que ce vieillard, plus que centenaire, ayant vu l'enfant Jésus présenté par Marie, chanta le *Nunc dimittis servum tuum, Domine*, & prophétisa de grandes choses de la mère & du fils.

On pourrait donc admettre que l'art ancien n'a voulu retracer que la reconnaissance du Christ par Siméon, & le sujet n'est alors que la présentation de Jésus au Temple ; mais l'introduction dans quelques-unes de ces peintures, d'une servante portant les deux colombes indique aussi qu'elles peuvent recevoir le nom de Purification de la Vierge.

Dans l'antique composition grecque, on doit voir la Présentation, car tout concorde, pour ce sujet, avec le modèle décrit par Drivon : le grand encensoir, la coupole, Joseph portant les deux pigeons, & Anne derrière Siméon.

Une composition célèbre, par Fra Bartholomeo, & que l'on voit à Vienne, présente à peu près les mêmes dispositions ; seulement il a introduit un personnage de plus, une femme, qui ne peut être que Marie de Salomé qui s'attacha à la Vierge, après la naissance du Chrift à Bethléem. On attribue à Francia, peut-être à tort, une œuvre où l'artifte a traité ce fujet felon le modèle grec & avec une exquife perfection. La même incertitude n'exifte plus fur l'œuvre de Jean Van Eyck, de l'école flamande. Une églife gothique repréfente le temple; outre les perfonnages indifpenfables, il a peint une fuite nombreufe de ferviteurs parmi lesquels une femme porte un panier rempli de colombes; cette femme a une fingulière coiffure compofée d'un bandeau étroit d'étoffe d'or qui s'enroule autour de fa tête, en forme de turban; elle a du refte une grâce particulière.

Dans l'œuvre de Guido, une jeune fille offre deux colombes & un garçon préfente deux pigeons.

Après que Jofeph & Marie eurent accompli ce qui était prescrit par la loi du Seigneur, ils s'en retournèrent en Galilée, à Nazareth, leur ville, pour s'y livrer à leurs occupations ordinaires & pour y élever le divin enfant.

Pour repréfenter le myftère de la Purification, on doit, d'après le *Guide de la peinture*, ordonnancer fon tableau ainfi qu'il fuit :

Un temple & une coupole. Au deffous de la coupole, une table fur laquelle eft un encenfoir d'or. Saint Siméon prend dans fes bras le Chrift petit enfant & le bénit. De l'autre côté de la table, la Sainte Vierge ouvre fes bras & les tend vers lui. Derrière elle, Jofeph, portant deux colombes dans fa robe. Auprès de lui, la prophéteffe Anne dit fur un cartel: « Cet enfant eft le Créateur du ciel & de la terre. »

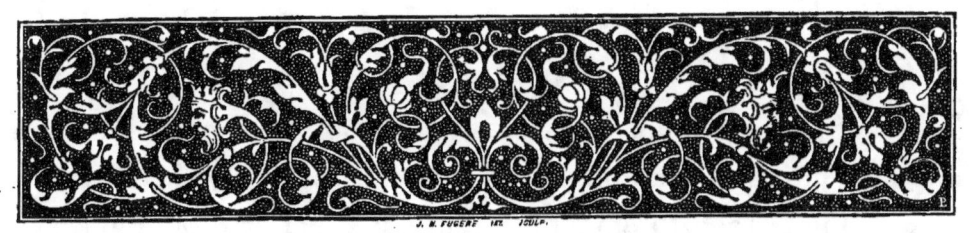

XVIII.

Fuite en Egypte.

PEINE étaient-ils de retour dans leur simple & modeste demeure, que Joseph & Marie durent se préparer pour un plus périlleux voyage dont le terme était la terre de l'exil.

La proscription que fit Hérode de tous les enfants mâles de deux ans & au dessous, afin d'envelopper dans le massacre le nouveau roi des Juifs que les Mages étaient venus adorer & dont ils n'étaient point retournés lui indiquer la demeure, força Joseph & Marie, avertis par un ange, de partir aussitôt pour l'Egypte & d'y rester jusqu'à ce qu'un nouvel ordre du Très-Haut les en rappelât.

Cette scène, toute pleine d'intérêt, dans la vie de la Vierge, n'est pas restée inédite; l'art s'y est attaché & en a fait le thème de fort belles productions. Les exemples de l'art ancien sur ce sujet sont peu communs, mais les écoles modernes en ont fourni un grand nombre; seulement il est rare que les deux points essentiels du sujet: l'avertissement & la fuite, y soient bien distingués. Dans ces œuvres, la composition ordinaire est Joseph endormi sur une chaise; un ange est debout devant lui, faisant un geste qui semble lui dire: « Lève-toi & fuis. »

Une légende, consacrée par des peintures grecques & des miniatures du IIIe & du IVe siècle, atteste que saint Jean-Baptiste était voué à la mort comme les autres innocents; mais Elisabeth, avertie d'en haut, courut le cacher dans le désert où, étant poursuivie par les massacreurs, elle s'enfonça dans le creux d'un rocher dont l'entrée se referma aussitôt miraculeusement. Zacharie, n'ayant pas voulu trahir son fils, fut massacré entre le temple & l'autel.

Dans l'œuvre du Titien, nommée *le Riposo*, que l'on voit à Paris, on croit apercevoir les préparatifs de la fuite de la sainte famille. Marie est assise sous un arbre, allaitant son fils; dans le fond on aperçoit une grossière étable dans laquelle Joseph prépare l'âne; un bœuf est en dehors; mais nous pensons que l'artiste a voulu peindre ce qu'indique le titre de son tableau, un repos dans la fuite. Dans une composition qu'on voit à Paris, attribuée à Tiarini, mais qui appartient plutôt au Dominiquin, la Vierge, s'appuyant sur l'épaule de Joseph, semble être sur le point de se placer sur la modeste monture. Dans une peinture du Poussin, Marie, venant de s'asseoir sur l'âne, prend l'enfant des bras de Joseph; deux anges conduisent l'animal; un troisième à genoux rend hommage au divin enfant; un peu plus loin, deux autres semblent dresser une tente. La tradition rapporte que le bœuf qui était dans l'étable de Bethléem accompagna la sainte famille en Egypte, & cette légende est consacrée par Albert Durer dans une gravure où l'on voit le bœuf marcher à côté de l'âne. Elle dit aussi que Marie fut accompagnée par Salomé & Joseph par ses trois fils. Cette version de l'histoire, généralement repoussée par l'art moderne, a été néanmoins consacrée par Giotto, dans l'arène de Padoue, où Salomé & les trois jeunes gens servent Marie & Joseph. Une œuvre anonyme présente encore Salomé marchant à la suite de l'âne. Elle est voilée & soutient sur un bâton ses pas chancelants ; mais ce sont de rares exceptions. La composition générale du sujet est le simple groupe de Joseph, Marie & l'enfant. Comme on peut supposer que, dans ces moments de grand danger, le soin de veiller sur le divin enfant fut spécialement confié à Joseph, on ne peut blâmer les œuvres grecques qui présentent Joseph portant l'enfant dans ses bras ou sur ses épaules, tandis que Marie le suit assise sur l'âne. C'est ainsi qu'on voit ce sujet sculpté sur les portes de la cathédrale de Benavent & de celle de Montréal, toutes deux exécutées par des artistes grecs.

On ne saurait admettre non plus que Dieu abandonna à eux-mêmes les saints voyageurs pendant un trajet de si longue durée, & l'introduction de quelques anges s'occupant d'eux & leur servant de guides, est tout à fait admissible ; grâce à cet accessoire, le groupe peut être admirablement varié.

Joseph, dit l'histoire, se leva dans la nuit. Voilà la raison d'être de ces peintures qui présentent la fuite éclairée par la lune & par les étoiles, si on ne veut y voir un caprice du peintre ou un désir de montrer son habileté à exprimer les effets d'une clarté douteuse, plutôt que son attention à se conformer au récit évangélique. Tantôt un ange marche devant, portant une torche ou une lanterne pour éclairer la route des voyageurs; tantôt c'est Joseph qui tient la lanterne.

Dans une œuvre du Poussin, Marie marche la première, portant l'enfant; Joseph la suit, conduisant l'âne; un ange leur montre la route.

Evidemment le voyage de la sainte famille ne se fit pas en une seule nuit, & une pieuse croyance veut que, pour sauver une vie si précieuse, les jours aient été diminués. Malgré cela, les artistes ont pu, selon leur goût, placer la scène ou dans le jour ou dans la nuit.

Dans plusieurs représentations on aperçoit un homme qui sème du blé ou qui le moissonne. Cette circonstance fait allusion à la légende qui suit : « Hérode, ayant appris qu'une famille de Bethléem avait fui, envoya des gardes à sa poursuite. Après plusieurs jours de marche, les fugitifs rencontrèrent un homme qui semait du blé. La Vierge, s'approchant du semeur, lui dit : — Si quelqu'un vous demande si vous nous avez vus passer par ici, vous répondrez *oui, mais quand je semais ce blé;* ce qui était la vérité, car la Vierge n'eût point consenti à un mensonge, même pour sauver la vie de son fils; mais voici que par un effet miraculeux de l'Enfant-Dieu, en une seule nuit le blé se leva & mûrit tout prêt à être moissonné. Le jour suivant, les soldats d'Hérode étant venus, demandèrent effectivement aux moissonneurs s'ils n'avaient point vu un vieillard, une femme & un enfant voyageant dans la contrée. — Nous les avons vus, répondirent les moissonneurs, mais quand nous semions le blé que nous moissonnons.

Sur cette réponse, qui faisait pressentir un laps de temps de six mois, les soldats cessèrent leur poursuite & s'en retournèrent. » Hans Hemling, de l'école flamande, nous a fourni une belle traduction de cette légende. A gauche est la fuite en Egypte, dans le fond on voit les cultivateurs qui moissonnent & les soldats d'Hérode qui poursuivent la sainte famille. Dans une belle fresque attribuée à Pinturicchio, la sainte famille quitte Nazareth; dans le fond on aperçoit la ville & le massacre des innocents; un peu plus avant, le paysan qui moissonne, & tout à fait au premier plan, un palmier qui incline ses branches devant le divin enfant. C'est à cette circonstance que fait sans doute encore allusion le tableau de Van Eyck que l'on voit à Anvers, *Repos en Egypte*, dans lequel figurent au second plan des paysans avec leurs charrues & saint Joseph, apportant un pot de lait à la Vierge nourrice.

L'Evangile se taisant sur la route que tinrent les illustres voyageurs, les artistes les ont fait arriver, tantôt dans des vallons fleuris, remplis de fruits & arrosés par des cours d'eau limpide, tantôt dans d'épaisses forêts où ils n'auraient pu que s'égarer s'ils n'eussent été guidés par des anges. Une légende que l'art a peu reproduite les fait tomber entre les mains de deux brigands dont les bandes infestaient alors le pays, & ils ne durent leur salut qu'à la générosité de l'un d'eux qui offrit quarante oboles & sa ceinture à son camarade pour qu'il les laissât aller en paix. La légende ajoute qu'il reçut même les voyageurs dans sa hutte pour y passer la nuit & que la Sainte Vierge lui prophétisa que le Seigneur le recevrait à sa droite & lui accorderait le pardon de ses fautes. On prétend que ce fut le bon larron qui fut attaché à une croix en même temps que Jésus. On ne connaît que deux reproductions de cette légende; ce sont la fresque qu'on voit à l'Académie de France & attribuée à Giovanni, & une peinture à laquelle on donne Zuccaro pour auteur.

Une des légendes les plus populaires, relatives à ce voyage, est celle du palmier qui, dit-on, par ordre de Jésus, abaissa ses branches pour ombrager la Sainte Vierge. Dans une œuvre d'Antonetto Mellone, sur ce sujet, l'enfant Jésus étend ses petits bras & saisit les branches de l'arbre. Quelquefois des anges se chargent de ce soin. On raconte que quand la sainte famille atteignit le terme de son voyage & approcha d'Héliopolis, un arbre qui croissait devant la porte de la ville, courba ses branches pour saluer le Christ, & de grandes autorités assurent que partout, sur le passage du fils de Dieu, les idoles égyptiennes tombèrent la face contre terre; quelques peintures retracent ce fait.

L'art est même allé plus loin. Supposant qu'une si grande distance n'avait pu être parcourue sans avoir à traverser des cours d'eau & des lacs, quelques peintres modernes ont représenté la sainte famille s'embarquant, & pour accessoire obligé, ils font gouverner l'esquif par un ange. Le premier peintre qui ait osé introduire cette innovation est, dit-on, Annibal Carracci. D'après une petite esquisse par le Poussin, la sainte famille est sur le point de s'embarquer; dans une œuvre de Giordano, un ange aide la Sainte Vierge à s'embarquer, & dans une autre par Teniers, on voit la sainte famille & l'âne dans un bateau, traversant une rivière au clair de la lune.

Parmi toutes ces œuvres idéales & fantastiques, si nous avions à donner des éloges, nous les accorderions à Gaudenzio Ferrari. Dans son œuvre, la Vierge est assise sur l'âne avec une certaine élégance. L'enfant, debout sur les genoux de sa mère, semble indiquer la route; un ange guide la marche. Derrière l'âne, saint Joseph, chargé d'une besace, chemine appuyé sur un bâton, & dans le fond, le palmier incline ses branches. Parmi les nombreuses peintures que l'on attribue à Claude, il en est neuf dans lesquelles la fuite de la sainte famille est introduite comme point de vue ou comme groupe.

Une œuvre sur ce thème, que nous ne pouvons passer sous silence, à cause de la singularité de l'idée de l'artiste, & que décrit très savamment Emeric David est celle d'Adam Elzheimer, de l'école allemande, que possède le musée du Louvre & que l'on regarde comme le chef-d'œuvre de l'élève de Philippe Offenbach.

Son tableau, peint sur cuivre, représente une Fuite en Egypte, comme il pourrait être pris pour un Riposo. Dans cette œuvre, la sainte famille arrive pendant la nuit, chez des bergers qui gardent leurs troupeaux, dans un bois, au bord d'un étang. Le groupe est placé sur le premier plan, vers le milieu du tableau. Le peintre a indiqué le moment par une branche d'un bois résineux qu'il a placée allumée dans les mains de Joseph & qui lui tient lieu de falot.

La clarté de ce flambeau rustique se porte, de bas en haut, sur le visage du saint personnage, sur son manteau violet & blanc, sur sa tunique rouge; elle fait briller la tête de la Vierge & celle de son Fils, & échauffe par des reflets heureux les tons bleus du manteau qui l'enveloppe. A gauche, devant un massif formé par de grands arbres, les bergers entourent un foyer dont la flamme se mêle à des tourbillons de fumée; à droite, le paysage est ouvert, & la lune, dont le disque paraît tout entier, répand sa lumière sur les eaux transparentes de l'étang, sur les arbres qui l'environnent, sur des bœufs qu'on voit paître dans le lointain.

Comme œuvre d'art, ce tableau mérite toute l'attention des connaisseurs, par les diverses lumières que le peintre a su ménager de trois points différents, sans qu'elles nuisent aucunement à l'effet, par la finesse & la délicatesse des reflets & par l'expression répandue sur les personnages & sur les accessoires; mais, à notre avis, il rend peu l'idée du sujet traité, & il ne faut pas être peu versé dans la science des musées, pour découvrir sur cette toile une fuite en Egypte.

Terminons ce chapitre par l'ordonnance que prescrit le *Guide de la peinture* pour ce sujet :

Montagnes. La Sainte-Vierge, assise sur un âne avec l'enfant, regarde derrière elle Joseph portant un bâton & son manteau sur l'épaule. Un jeune homme conduit un âne chargé d'une corbeille de jonc; il regarde la Vierge qui est derrière lui (1). Au devant, une ville & des idoles tombant du haut des murs.

---

(1) C'est dans une légende ignorée aujourd'hui, ajoute Didron, qu'a été pris ce jeune homme, lequel est ordinairement remplacé par un ange.

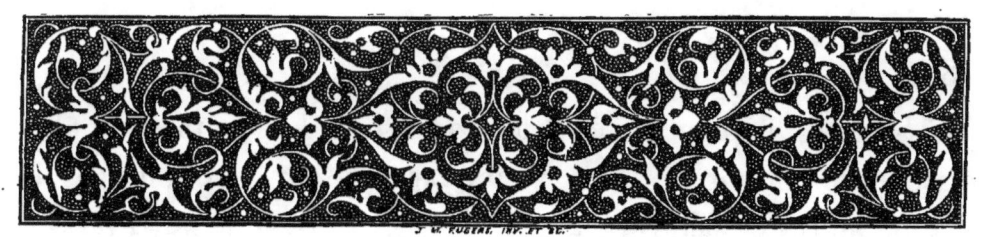

XIX.

Repos de la fainte Famille.

LE fujet qu'on intitule ordinairement un *Ripofo*, un des plus gracieux & des plus attrayants que l'art ait reproduits, femble n'appartenir qu'à l'école moderne, car on n'en trouve aucun exemple qui remonte au delà du XVIe fiècle. Dans fes acceffoires il a tout le caractère romantique & paftoral qui le recommandait aux peintres vénitiens du XVIIe fiècle, mais ce n'eft pas fans un certain talent qu'on peut diftinguer parmi toutes les peintures qui portent ce titre, les plus belles œuvres de celles qui s'éloignent du fujet.

Un Ripofo n'eft pas fimplement une famille affife, dans un point de vue, dans une pofition agréable & champêtre, mais un épifode de la fuite en Egypte, un repos au milieu du voyage. Dans ce fujet l'idéal ne doit point trouver place, car c'eft une réalité, une fcène actuelle & poffible. Pour donner de l'éclat à leurs œuvres, la plupart des peintres ont fait, dans ce sujet, bon marché de l'histoire & de la raison, car ils y ont introduit, sans aucune autorité, sainte Elisabeth, saint Jean-Baptiste & divers autres personnages, ce qui donne à ces tableaux le nom de Saintes Familles plutôt que celui de Riposo. Qu'on introduise dans un sujet de ce dernier titre, des incidents possibles & naturels : l'âne paissant dans une verte prairie ; Joseph cueillant des dattes, sa besace & son bâton déposés non loin de Marie tenant son fils ; Marie puisant de l'eau à une source ; une femme étrangère lavant du linge : tous ces accessoires peuvent y trouver place ; mais on ne peut voir que des Saintes Familles dans les tableaux où paraissent sainte Elisabeth & son fils, quelle qu'ait été la volonté du peintre, & quels que soient les accessoires dont il décore son œuvre.

Il est rapporté que les saints voyageurs s'arrêtèrent longtemps dans un bosquet de sycomores ; c'est sans doute cette circonstance qui donna à cet arbre un certain intérêt religieux, dans les premiers temps, & ce fut probablement un des motifs qui engagèrent les Croisés à l'apporter en Europe.

Près du village de Matarea, en Egypte, surgit une fontaine miraculeuse pour rafraîchir la sainte famille. Des voyageurs assurent qu'elle existe encore & qu'elle est nommée par les Arabes la fontaine de Marie. Le Corrége n'a pas oublié cette fontaine dans son Riposo, où l'on voit la Vierge puisant de l'eau avec une tasse, & la reproduction de cet incident, que l'on trouve dans les œuvres attribuées à Baroccio & à Dominichio a fait donner à ces peintures le nom de *Madona della Scudella*.

Souvent Marie lavait à cette fontaine le linge de l'enfant

Jéfus, dit la légende ; plufieurs peintres ont donc pu repréfenter la Vierge lavant du linge au bord d'une fontaine. Dans un payfage charmant, Luc Maffari a figuré le Chrift prenant du linge mouillé dans une corbeille & faint Jofeph l'étendant pour le faire fécher. Plufieurs artiftes ont introduit des anges dans des Ripofo, mais aucun ne l'a fait plus gracieufement que Lucas Granack. Dans fon œuvre, la Vierge & fon fils font affis fous un arbre ; des anges danfent en rond autour d'eux ; la caufe de leur fuite, le maffacre des innocents, eft exprimée figurativement par deux petits garçons ailés affis fur une branche de l'arbre, dérobant un nid d'oifeaux dont ils tuent les petits, tandis que le père & la mère de leurs victimes voltigent en criant au deffus de leurs têtes. David Hopfer a reproduit à peu près la même idée dans une fingulière mais gracieufe compofition, & on dirait que Wan Eyck avait fous fes yeux ces deux peintures quand il fit le croquis de fon magnifique Ripofo, fi fouvent copié & imprimé. Dans cette belle œuvre, la Vierge eft affife fous un arbre & tient fon divin fils ; Jofeph, affis derrière elle, femble dormir ; autour d'eux huit anges danfent en cercle, tandis que d'autres, placés fur des nuages, font de la mufique. Dans une autre œuvre de Lucas Granack, la Vierge & l'enfant font affis fous un arbre, au bord d'une fontaine dans laquelle des anges lavent du linge ; Jofeph s'approche conduifant l'âne.

Il eft dit qu'après l'inftallation de la fainte famille à Matarea, Jofeph pourvut à fes befoins en exerçant fon état de charpentier, ce qui autorife Albert Durer à le préfenter un tablier devant lui, une hache à la main, occupé à couper une planche ; Marie, affife dans un coin, file fa quenouille & foigne fon fils qui dort dans un berceau. Autour de ce groupe font plufieurs anges dont les uns ramaffent des copeaux & les mettent dans des corbeilles, d'autres s'amufent felon leur goût, d'autres font à genoux autour du berceau & femblent veiller fur l'enfant.

Dans un même fujet, par le Titien, l'enfant eft couché fur un couffin pofé à terre, la Vierge eft à genoux devant lui, Jofeph s'appuie fur fon bâton auquel eft fufpendue une beface. Dans un autre, du même artifte, deux anges à genoux offrent des fruits aux faints voyageurs; dans le fond, un petit ange donne à boire à l'âne.

Les légendes difent encore que non-feulement des anges accompagnaient la fainte famille, mais qu'ils lui préparaient la tente pour le repos de la nuit. Ce qui explique l'œuvre du Pouffin, dans laquelle la Vierge & l'enfant repofent fous un rideau fufpendu aux branches d'un arbre & foutenu par des anges, tandis que d'autres leur offrent des fruits. Dans les Ripofo, la localité eft rarement exprimée, cependant le Pouffin en offre deux exemples; dans l'un, la fainte famille eft affife fur les marches d'un temple égyptien; fur le fond du tableau on aperçoit un fphinx & une pyramide; dans l'autre, un garçon éthiopien offre des fruits à l'enfant Jéfus.

Préfenter Jofeph endormi, tandis que la Vierge & l'enfant veillent, eft une idée contraire aux légendes & en oppofition au rôle naturel de chacun; mais la poéfie s'accommoderait très-bien d'une compofition dans laquelle l'enfant & Jofeph dormant, la Vierge veillerait; & l'idée ferait plus poétique encore fi l'enfant, dans les bras de fa mère, femblait veiller fur fes bons parents endormis & prier pour eux.

Dans un Ripoſo par Rembrandt, la ſainte famille prend le repos de la nuit; une lanterne eſt ſuſpendue à une branche d'arbre. Un imitateur a complété ſon idée &, d'après lui, la Vierge & l'enfant dormant, ſaint Joſeph montre le poing à l'âne qui ſe diſpoſe à troubler leur repos par ſon braiment.

Le ſujet qui nous occupe, pouvant être varié à l'infini, ne ſaurait être limité à une idée fixe, ni circonſcrit par des règles quelconques. Pourvu que l'artiſte repréſente la ſainte famille en repos, dans une des circonſtances qu'il eſt ſi facile de ſuppoſer, en donnant carrière à l'imagination, ce ſera toujours un Ripoſo; le mérite artiſtique ſera alors dans le naturel de la ſituation, de l'attitude des perſonnages & des acceſſoires que l'idéal lui fournira. Auſſi le *Guide de la peinture* ne preſcrit-il aucune compoſition particulière & laiſſe-t-il un champ libre à la compoſition de l'artiſte.

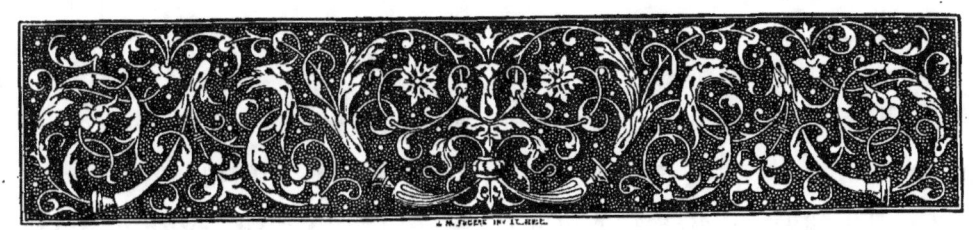

XX.

Retour d'Egypte.

ASSONS fous filence le détail des misères, des privations & des fouffrances qu'eut à endurer la fainte famille fur la terre de Mefraïm. L'imagination peut fe les repréfenter, mais l'art ne peut les traduire, auffi n'en a-t-il retracé que de rares épifodes.

On eft peu d'accord fur la durée du temps que la fainte famille paffa en Egypte. Les uns l'y font refter fept ans; d'autres, deux. L'art, fans s'arrêter à un âge précis, paffe fur la difficulté & préfente Jéfus à fon retour de l'exil, tantôt fous l'afpect d'un enfant de fept ans, tantôt fous celui d'un enfant de quatre ans, marchant à côté de fes parents qui le tiennent par la main.

Dans une peinture attribuée à Francifco Vanni, Jéfus eft un petit enfant de trois à quatre ans, portant un petit panier rempli d'outils de charpentier. Dans ce sujet, la cause de la fuite & du retour est presque toujours indiquée par trois ou quatre cadavres d'enfants martyrisés, parsemés sur la route, comme en fournit un exemple le tableau de Domenico Feti, à Vienne.

Dans une belle peinture que l'on voit à Paris, Rubens a exprimé un retour, malgré que bien des personnes y voient une fuite. L'enfant Jésus marche entre Joseph & Marie, qui porte un grand chapeau de paille. L'âge que l'extérieur de l'enfant indique ne peut laisser de doute sur l'intention de l'artiste, non plus que sur le titre qu'on doit donner à sa représentation.

L'histoire, ni aucune légende ne faisant mention du retour de la sainte famille dans la Judée, l'art s'est peu attaché à cette circonstance qui n'offrait aucune idée neuve à exprimer. Toutes les fois qu'il s'en est occupé, c'est toujours Marie, Joseph & l'enfant Jésus qui forment le groupe ; rarement on y introduit des anges, & cette lacune est une faute, à notre avis, car il n'est pas plus admissible que la sainte famille pût mieux se passer en revenant qu'en allant, des services que lui rendaient ces messagers célestes. L'enfant Jésus était, il est vrai, alors sorti des langes, mais il était très-jeune encore & ses parents n'étaient devenus, dans l'exil, ni plus riches ni plus robustes.

Nous pensons qu'on peut introduire, dans un retour d'Egypte, les mêmes circonstances, les mêmes accessoires qui ont trouvé place dans une fuite, y admettre des anges rendant divers services aux saints voyageurs. L'âge seul de Jésus, enfant de quatre à cinq ans, suffira pour déterminer le titre de la peinture.

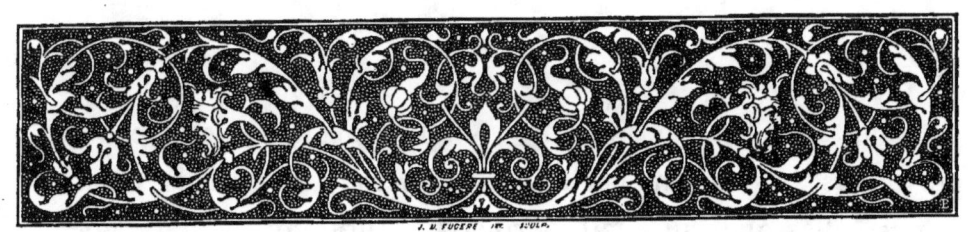

XXI.

Saintes Familles.

LE voile impénétrable que jette le filence de l'E-vangile fur l'intérieur de la fainte famille, une fois rentrée à Nazareth, a réduit l'art à fe borner à la repréfentation de cette trinité terreftre de faintes perfonnes, auxquelles on joint parfois quelques-uns de leurs parents ou d'autres faints perfonnages bien connus par leur piété envers l'enfant Jéfus, ou défignés par la dévotion des donateurs des tableaux.

Depuis le retour d'Egypte jufqu'au commencement de la vie publique du Chrift, près de vingt-cinq ans fe font écoulés & il ne ferait pas moins intéreffant pour tout le monde, qu'édifiant pour les chrétiens de connaître quelques-unes des circonftances qui ont marqué ce laps de temps.

L'art a fait, dans ce but, tout ce qu'il lui était poffible. Il a repréfenté, fous le titre de Sainte Famille, non-feulement les trois perfonnes qui en ont fait effentiellement partie; mais encore toutes celles qu'il lui était permis de fuppofer avoir eu avec elles des relations de bienveillance & de politeffe; il a dit, mais toujours par fuppofition, tout ce que l'idéal a pu imaginer de plus naturel, de plus fimple, foit dans les rapports de l'enfant Jéfus avec fa mère & faint Jofeph, foit dans ceux de faint Jean avec le Chrift, foit dans les jeux naïfs de l'Enfant-Dieu.

Avant d'entrer dans l'examen de quelques-uns de ces nombreux tableaux qu'on intitule communément Saintes Familles, faifons remarquer une diftinction importante qui exifte entre ce qu'on doit appeler une Sainte Famille, & ce qu'on nomme ordinairement un groupe dévot, groupe conventionnel & de circonftance.

C'eft toujours un groupe dévot quand les faints perfonnages font placés en rapport avec les adorateurs qui font partie de la compofition du tableau ou avec les fpectateurs.

Une Sainte Famille proprement dite, eft un groupe domeftique, alors que les faints perfonnages n'ont de rapport direct qu'entre eux par une de ces actions qui expriment les relations familières qu'on peut fuppofer exifter entre des perfonnes d'une même parenté. Les Italiens ont marqué cette diftinction en donnant au groupe dévot le nom de *Sacra converfazione*, & au groupe domeftique, celui de *Sacra famiglia*.

Si la Vierge s'occupe de fon fils éveillé ou endormi, c'eft une action domeftique, c'eft une Sainte Famille. Mais fi, par exemple, faint Jean défigne l'enfant Jéfus, voulant dire : « Voilà l'agneau de Dieu qui ôte les péchés du monde », la fcène change de caractère, c'est un sujet de dévotion; saint Jean prend alors le titre de Précurseur, s'adressant à nous spectateurs, pour nous faire remarquer le Sauveur du monde. Si saint Joseph à genoux, présente des fleurs à l'enfant Jésus & que Marie le regarde avec tendresse, comme dans une des œuvres de Raphaël, c'est un acte d'hommage qui exprime l'affection de saint Joseph pour le divin enfant, & les relations mutuelles qui existent entre les trois personnages, c'est une Sainte Famille. Si Marie ou Joseph présentent l'enfant à l'adoration des spectateurs, ou bien si le Père-Eternel & le Saint-Esprit, entourés d'anges, planent dans le ciel, suivant une belle œuvre de Murillo, que l'on voit dans la galerie nationale de Londres, c'est une *Sacra converfazione*, une représentation corporelle de la Sainte-Trinité, c'est un groupe idéal & dévot, & l'introduction de Joseph & de Marie, dans une proximité si immédiate avec les personnes divines, est un des caractères des écoles théologiques de l'art moderne.

Toutes les fois que de saintes personnes y figurent, comme saint François, sainte Catherine, le groupe devient idéal & dévot. Quant aux anges, leur présence ne change en rien le caractère de la représentation, car ils peuvent être admis dans toutes les circonstances.

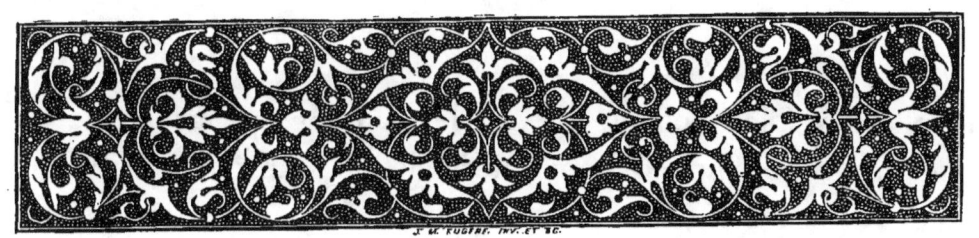

XXII.

Saintes Familles à deux perſonnages.

E plus ſimple groupe de famille ſe réduit à deux perſonnes. Il préſente alors ſimplement les relations qui exiſtent entre la mère & l'enfant. C'eſt ce ſujet qu'expriment ces antiques madones intronifées, mais que les peintres modernes ont bien autrement exécutées en faiſant appel à d'autres idées. Les peintres anciens n'avaient pour but que de maintenir à Marie ſon glorieux titre de Mère de Dieu, les modernes expriment la même idée, en montrant l'humanité du Fils réunie à ſa divinité.

Dans ce ſujet, ſe trouve l'expreſſion de la première, de la plus ſainte relation ſociale, une mère qui préſente ſon ſein à l'enfant que Dieu lui a donné, & la repréſentation de Marie allaitant ſon fils a été ſouvent reproduite comme ſymbole théologique de la foi proclamée par le concile d'Ephèſe : « Nous appellerons Dieu l'enfant que Marie allaite » ; pendant cinq cents ans, cette fimple action maternelle fut l'expreffion vifible d'un article de foi, & l'on peut dire que les peintres du XVIe & du XVIIe fiècle n'ont voulu repréfenter que la croyance de l'Eglife, par l'acte le plus important de la maternité & de la morale ; auffi quelques unes de ces peintures ont-elles reçu pour titre : *Le premier devoir d'une mère*. Aucune n'eft tombée du pinceau de Raphaël ; mais dans un de fes deffins, achevé par Marc-Antoine, il eft repréfenté avec grâce & délicateffe.

Goethe donne une belle defcription d'une peinture fur ce fujet par le Corrége, que l'on voit à Saint-Pétersbourg, où l'attention de l'enfant eft partagée entre le fein de fa mère & des fruits que lui offrent des anges. Cette œuvre porte pour titre : *Sevrage de l'enfant Jéfus*. Si le Corrége n'eft pas le premier qui ait traité cette idée, il eft du moins à la tête de tous fes collègues italiens qui l'ont produite dans un fimple ftyle domeftique. Il fut imité par les élèves des écoles lombardes & rarement on voit un exemple plus exquis que le groupe maternel par Solario, au Louvre, intitulé : *La Vierge à l'oreiller vert* d'après la couleur du couffin fur lequel eft couché l'enfant. Ce fujet n'eft pas rare dans les écoles allemandes & flamandes du XVIe fiècle. Les peintres bolonais du fiècle fuivant en ont laiffé de beaux exemples ainfi que les peintres naturaliftes efpagnols, italiens & flamands. Parmi eux Auguftin Carrache & Van Dyck tiennent le premier rang & Rubens, qui a le tort d'avoir fubftitué fa femme & fon fils à la Vierge & à l'enfant Jéfus, s'eft élevé par le fentiment à tout ce que l'art a pu exprimer.

Dans d'autres peintures, les relations entre la mère & l'enfant font rendues de mille manières & varient à l'infini ; tantôt la mère contemple fon cher nourriffon, l'embraffe ou preffe fa joue contre celle de fon fils ; tantôt ce dernier joue avec une rofe, une pomme, un oifeau ; tantôt il préfente à fa mère les emblèmes myftiques de fa fin future, convertis en jouets. Dans ces compofitions, un ou deux anges peuvent trouver place, fans fortir de la réalité. Dans plufieurs œuvres, des anges jouent avec l'enfant Jéfus, aux pieds de fa mère, & dans une peinture par Cambiafo Luc, Marie, affiftée d'un ange, apprend à fon fils à marcher.

Une œuvre qui fe fait remarquer eft celle de Francia, que poffède la galerie de Munich. Elle repréfente le Sauveur enfant couché fur l'herbe au milieu de rofes & d'autres fleurs ; la Sainte Vierge, debout devant lui, les mains jointes, regarde fon divin fils, dans une extafe d'amour & de ferveur dont rien ne femble capable de la faire fortir.

Dans cette claffe de Saintes Familles, nous ne pouvons oublier la belle œuvre du Corrége, *fa Vierge au panier*. Marie eft affife tenant l'enfant Jéfus fur fes genoux, le contemplant avec la plus tendre expreffion de raviffement maternel. Le divin enfant dirige fes regards vers fa mère & au fond on aperçoit faint Jofeph. On donne communément à ce tableau le nom de Sainte Famille ; la préfence de la corbeille à ouvrage, qui eft fur le devant de la peinture, en fait une fcène domeftique, dont Allegri a fans doute puifé l'idée dans les rapports de fon époufe avec fon fils.

Quelquefois des anges préparent le berceau de l'enfant ou le contemplent endormi & l'abritent fous leurs ailes. D'autres fois, Marie se penche vers le coussin sur lequel repose son fils & semble plongée dans la méditation des destinées merveilleuses du Sauveur.

Dans un exemple, attribué à Lebrun, l'enfant Jésus, sur les bras de sa mère, tient un chapelet. Ce sujet n'est pas rare en Espagne, où saint Dominique prêcha longtemps l'Evangile & où il institua le Rosaire. La plus belle composition d'une famille à deux personnages est celle où Marie s'occupe d'un ouvrage manuel, tandis que son fils, placé dans un berceau, dort à ses côtés. Dans sa *Storia della Pittura*, Rossi parle d'un groupe attribué à Giottino, des premiers temps de l'école italienne, représentant Marie travaillant à une petite tunique, tandis que l'enfant, non vêtu, assis à ses pieds, joue avec un oiseau; des anges planent au dessus de leurs têtes.

Toutes ces variétés de composition, exprimant l'action ou le sentiment de la mère & du fils, sont fréquemment accompagnées de personnages accessoires. Ceux qu'on y remarque le plus souvent sont saint Jean-Baptiste, saint Joseph, sainte Anne, Joachim, Elisabeth & Zacharie.

C'est dans cet ordre de Saintes Familles, comme groupe idéal & dévot, que nous croyons devoir placer le chef-d'œuvre d'Albert Durer, que possède le musée de Lyon. Ici la Vierge & son fils reçoivent les vœux de Maximilien & de Catherine. Les anges, qui sont nombreux, ne sortent point de leurs fonctions de messagers du ciel. Les autres personnages n'ajoutent rien au sujet de la peinture; ils contribuent seulement à l'effet du tableau par la variété des costumes, par l'expression des figures & par le contraste des couleurs. Mais toutes les beautés qu'on remarque fur cette toile font encore furpaſſées, à notre avis, par la manière délicate dont l'artiſte s'y eſt pris pour dire aux auguſtes fup- pliants que leurs prières étaient exaucées; il les fait couronner de fleurs par Jéſus & Marie. Là eſt toute la poéſie du tableau; & cette idée, qui a vraiſemblablement dominé dans la penſée de l'artiſte, ſi on en juge par les acceſſoires, a été ſi heureuſement rendue, qu'il n'a pas craint de ſe peindre lui-même dans ſon œuvre & de s'y nommer; circonſtance qui en rehauſſe encore le prix. Nous n'avons pas, du reſte, la prétention d'analyſer cette peinture & d'en faire remarquer toutes les beautés. C'eſt une œuvre de maître & c'eſt tout dire.

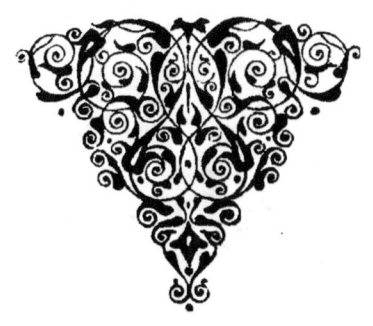

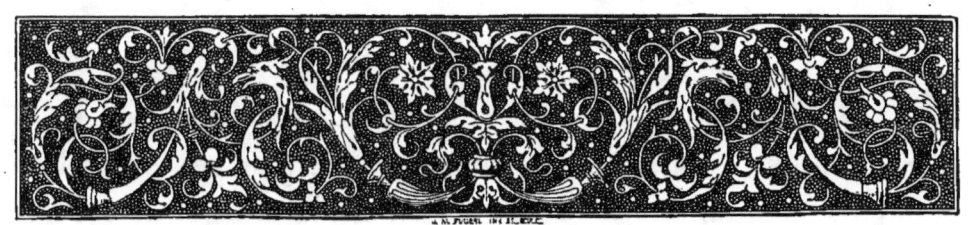

XXIII.

Saintes Familles à trois perſonnages.

LE groupe de trois perſonnages que l'on repréſente le plus ſouvent ſe compoſe de la Vierge, de l'enfant Jéſus & du petit ſaint Jean.
Un des premiers exemples en ce genre eſt une œuvre de Botticelli, dans laquelle Marie, tenant ſon fils, ſe penche pour que le petit ſaint Jean puiſſe careſſer l'enfant Jéſus, mais les plus parfaits ſont ceux par Raphaël, intitulés *Madone au Chardonneret*, *Belle Jardinière* ou *Madona del Giglio*, dans leſquels les perſonnages ſont à demi-taille.

La galerie nationale de Londres poſſède de Pérugin une madone avec l'enfant Jéſus, dont nous ne pouvons ne pas dire un mot. La Vierge eſt à mi-corps ; elle tient l'Enfant-Dieu qui eſt debout & qui joue avec les treſſes des longs cheveux blonds de ſa mère. A gauche & auſſi à mi-corps, eſt le petit ſaint

Jean, les mains jointes & les yeux pieusement levés. Ce tableau, une des plus anciennes œuvres de ce peintre, est faible comme exécution, mais l'expression en est simple & touchante.

Le sujet du Christ endormi est admirablement varié par l'introduction du petit saint Jean. Tantôt c'est la Vierge qui soulève le voile qui couvre Jésus endormi pour le faire voir au petit Précurseur qui se tient à genoux, les mains jointes & en adoration. Tantôt Marie pose un doigt sur ses lèvres, en regardant saint Jean comme pour lui dire de faire silence afin de ne pas troubler le repos de son nourrisson. Un très-bel exemple en ce genre est celui d'Annibal Carrache. En Italie des groupes semblables sont intitulés *Il Silenzio*, & en France, *Le Sommeil de Jésus*.

Le plus souvent, le groupe de trois personnages se compose de Marie, de son fils & de saint Joseph, comme seuls importants dans le sujet. Ce groupe, si fréquemment représenté par les écoles modernes, date à peu près de la fin du xve siècle & l'introduction de Joseph est due au poëme que publia Gerson, un des membres du concile de Constance, à la louange de l'époux de Marie, le présentant comme l'exemple de toutes les vertus. Sixte IV ayant institué une fête en l'honneur du protecteur de l'Enfant-Dieu, les églises & les chapelles ne tardèrent pas à se remplir de peintures représentant la sainte famille, composée de Marie, de Jésus & de Joseph ; celui-ci tantôt debout, appuyé sur son bâton, tantôt assis dans une attitude de religieuse contemplation, ses outils étant quelquefois près de lui. Dans les anciennes peintures, son manteau est toujours couleur safran & sa tunique d'un gris sale.

Dans les repréſentations de la Vierge & de ſon fils, comme ſujet de dévotion, la préſence de Joſeph eſt facultative, mais elle eſt de rigueur dans celles de la ſainte famille domeſtique, car elle eſt alors naturelle, & lorſqu'il eſt queſtion d'une action importante, ſaint Joſeph eſt rarement oublié.

On a de ce groupe de bien beaux exemples : dans une compoſition bien connue, par Raphaël, la Vierge découvre l'enfant qui ſemble ſe réveiller & qui lui tend ſes petits bras en ſouriant ; Joſeph le regarde avec une admiration pleine de tendreſſe. Dans une autre du même maître, l'enfant eſt aſſis ſur les genoux de ſa mère ; Joſeph, en adoration, préſente des fleurs au divin nourriſſon qui tend ſes petites mains pour les ſaiſir. Annibal Carrache, exprimant la même idée, remplace les fleurs par des ceriſes ; mais bien préférable eſt encore la compoſition paſtorale du Titien, où Marie eſt aſſiſe ſous des arbres, Joſeph appuyé ſur ſon bâton, Jéſus au milieu d'eux & le petit ſaint Jean s'approchant, portant dans le pan de ſa robe des ceriſes que vient ſans doute de lui donner une femme qu'on voit dans le fond, occupée à cueillir de ce fruit. Cette œuvre eſt intitulée un *Ripoſo*, mais la préſence de ſaint Jean ſeul & celle du ceriſier au lieu du dattier lui donnent une tout autre ſignification.

Une charmante peinture par Tiſio dit Garofalo, préſente Joſeph careſſant l'enfant ; Marie, aſſiſe près d'eux, tient un livre dans lequel elle ſemble avoir lu.

Dans un groupe par Murillo, Joſeph eſt debout tenant l'enfant preſſé contre ſon ſein ; Marie aſſiſe à terre, près du berceau, tend les bras pour recevoir ſon fils & le coucher ; au fond eſt un établi de charpentier.

Une magnifique peinture par Rembrandt, si connue sous le titre de *Ménage du menuisier*, représente un intérieur rustique ; Marie assise, tient sur ses genoux le livre des Ecritures ; elle se détourne & soulève le rideau qui cache le divin enfant endormi ; Joseph travaille & des anges, qui planent au dessus, semblent veiller sur la sainte famille. Ce qu'on admire le plus dans cette œuvre, c'est la simplicité & le naturel du sentiment & des actions.

Tout le monde connaît la jolie petite peinture d'Annibal Carrache, si souvent reproduite par le burin, intitulée *le Petit Raboteur*. Ici est Joseph polissant une planche ; Jésus, charmant garçon de six à sept ans, est près de l'établi, regardant l'ouvrage, & Marie, assise un peu à l'écart, travaille à l'aiguille. Nous sommes loin d'approuver le reproche qu'on fait à l'auteur du caractère subordonné qu'il a prêté à Marie. Nous pensons, au contraire, que la Vierge est dans une situation que tout spectateur doit trouver convenable.

Il existe des Saintes Familles à trois personnages, où l'on voit sainte Anne occuper la place de saint Jean & de Joseph. C'est un anachronisme qui n'a de raison d'être que dans le désir de varier le sujet le plus possible, même aux dépens de la vérité historique, ou dans la dévotion que l'on porte à la mère de la Vierge. Un des premiers exemples en ce genre est celui par Léonard de Vinci, dans lequel la Vierge, assise près de sainte Anne, se penche vers l'enfant Jésus qui joue avec un agneau. Si ce travail est louable par la beauté & le mérite de l'exécution, il ne l'est point assurément par l'idée de la composition.

Le musée du Louvre renfermait autrefois un tableau, par

Douven, intitulé *la Vierge aux cerises*, qui trouve ici sa place, comme Sainte Famille à trois personnages. Cette œuvre, décrite & appréciée par M. Emeric David, ne peut être, dit ce savant critique, comparée ni aux chefs-d'œuvre du Titien, ni à ceux de Raphaël. La pensée même de peindre saint Joseph offrant un bouquet de cerises à l'enfant Jésus, n'était pas neuve ; Annibal Carrache l'avait déjà exprimée. Mais le peintre flamand, qui a visé principalement à faire briller son coloris, a choisi une action plus vive, plus enfantine & jeté plus de richesse dans sa composition. Dans son œuvre, c'est saint Joseph qui tient, suspendue à sa main, la branche où sont attachés les fruits attrayants, & qui, en se jouant, les présente au fils de Marie. L'enfant, couché auprès de la Vierge, s'efforce de saisir le rameau. Semblables à des boules de corail, déjà quelques-uns de ces fruits brillent dans ses mains blanches & potelées. Son corps entièrement nu, le sein de Marie éclatant de blancheur, le voile blanc, rayé d'azur, qui ne le couvre qu'à moitié, le ton pourpré des cerises, la vaste draperie bleue sur laquelle est posé l'enfant, les teintes brunes & roussâtres des vêtements du patriarche, tout forme un ensemble harmonieux & gai. Les masses sont bien disposées, le coloris est aussi doux à la vue, aussi suave, que la composition est agréable & intéressante. La figure de la Vierge n'est pas tout à fait assez jeune ; mais tout porte à croire que c'est un portrait.

Pour nous qui n'avons pas le coup-d'œil de l'académicien auquel nous empruntons cette note, ce n'est pas le défaut de dessin que nous critiquerions, mais la nudité du sein de la Vierge qu'une décence, trop rigoureuse peut-être, ne fait jamais tolérer dans les œuvres qui concernent la Mère de Dieu, & que l'élève de Van der Werff eût si facilement pu déguiser sous le voile, tout en conservant à son œuvre l'effet du contraste des couleurs.

Une autre Sainte Famille à trois personnages, non moins remarquable par le fini du travail, non moins admirable par les idées qu'elle exprime, est celle par Bourdon & que possède le Louvre.

La composition est la Vierge, assise, appuyée contre une colonne en ruines qui indique la chute des temples & des idoles des fausses divinités du paganisme, à la venue du Christ qui est l'auteur de toute vérité. L'enfant Jésus, assis sur les genoux de sa mère & le petit saint Jean-Baptiste, serrant dans ses bras une colombe qu'il présente à Jésus. L'Enfant-Dieu se penche avec empressement & avance sa petite main pour la saisir. Une colombe, deux jeunes enfants qui la caressent, dont l'un repose auprès du sein qui le nourrit, sont de douces images qui ne peuvent que rappeler à l'esprit ces paroles de l'Evangile : *Soyez simples comme des colombes.* La Vierge, en considérant le jeu des deux enfants, sourit avec peine ; la tête appuyée sur une de ses mains, elle semble se livrer à de tristes réflexions. « Tendres enfants, paraît-elle dire, heureux aujourd'hui, quel sera votre sort dans l'avenir ? Ah ! jouissez d'un bonheur trop peu durable. » On dirait même que les temps futurs se dévoilent à ses yeux. Un ange que l'on aperçoit dans les nuages, l'air triste, les yeux tournés vers le ciel auquel il paraît obéir, apporte une couronne qui doit être la récompense des longues douleurs de la mère & de celles de son fils. Telles sont les pensées que ce tableau révèle & qui le rendent plus célèbre que l'exécution.

Une Sainte Famille, qu'on attribue généralement à Léonard de Vinci, offre une idée bien particulière, unique à l'artiste qui l'a conçue. Ne sachant quelle combinaison imaginer pour traiter d'une manière originale un sujet qui a déjà fourni la matière de tant de chefs-d'œuvre, Léonard a eu la pensée de peindre la Vierge soutenant son fils & assise elle-même sur les genoux de sainte Anne. L'idée exprimée dans cette œuvre est aussi neuve que poétique. Ecartant la pensée du lien conjugal, l'artiste a voulu dire que la Vierge est devenue mère du Christ, sans perdre l'innocence & la naïveté de son enfance. Fille simple & timide, la jeune Marie semble n'avoir jamais quitté le sein de sa Mère; elle joue avec l'enfant Jésus & elle est, en quelque sorte, une enfant elle-même. L'action de Jésus correspond à cette idée principale : l'enfant divin monte sur un agneau qui s'incline & se prête à ses doux efforts. Dans cette œuvre tout rappelle la candeur & l'innocence : sainte Anne, la Vierge, Jésus, & même l'être symbolique, qui est son image, offrent les mêmes sentiments. Si de l'exposé de la pensée de l'auteur, laquelle, abstraction faite de l'anachronisme qu'elle présente, mérite des éloges, on passe à l'exécution, on a aussi à louer l'expression d'amour & de joie qui se remarque sur le visage de Marie & que son fils lui inspire, sa pose élégante & noble, le caractère de la tête de sainte Anne, la grâce & l'énergie que présentent les membres de l'enfant Jésus; mais à côté de ces beautés, dit Emeric David, se trouvent des défauts qui annoncent clairement que si Léonard de Vinci est l'auteur de la composition, il ne l'est pas de l'exécution.

Avant de passer à un autre ordre de Saintes Familles, disons un mot du *Benedicite* de Lebrun, qu'on voyait autrefois dans l'églife de faint Paul à Paris. Cette œuvre donne affurément de l'auteur une tout autre idée que fon Immaculée Conception, que nous avons fignalée. Son tableau fe compofe de Jéfus, jeune encore, fur le point de prendre fon repas, de la Vierge affife non loin de fon fils & de faint Jofeph debout, dans l'admiration, mais à une certaine diftance. L'expreffion que l'artifte a donnée à chaque perfonnage eft vive & intéreffante. On ne trouve pas, dans la tête du Sauveur, le caractère que le pinceau de Raphaël y aurait imprimé ; mais elle fe fait admirer par un air de candeur, par une fineffe & un efprit qui ont auffi quelque chofe de divin, & il eft facile de voir, dans les regards du myftérieux enfant, le tranfport religieux qui l'anime. En commençant fa prière, fon *Benedicite*, il a rapproché fes mains ; il ne les joint pas entièrement. L'idée du Dieu qu'il invoque, l'amour qu'il porte à fon père qu'il prie de bénir fa nourriture, abforbe toutes les puiffances de fon âme. La Vierge regarde fon fils avec un fentiment mêlé d'admiration, d'amour & de refpect ; elle femble prête à l'adorer. Saint Jofeph paraît dans le raviffement, & fur fa figure fe lit l'expreffion d'une amitié tendre. La fcène eft calme & cependant pleine de feu & de fentiment ; c'eft une des œuvres les plus méritantes du peintre français.

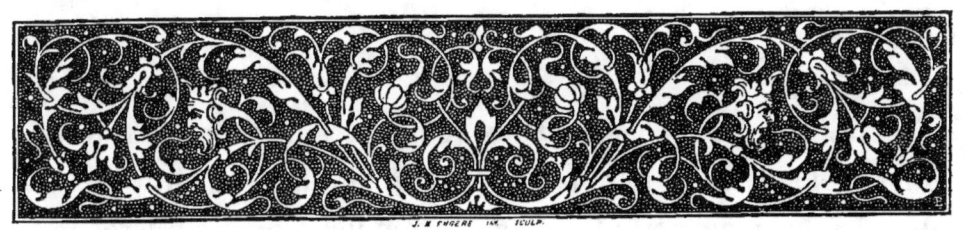

XXIV.

Saintes Familles à quatre, à cinq & à fix perfonnages.

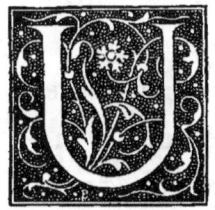N quatrième perfonnage qu'on introduit fouvent dans les Saintes Familles, compofées de Jéfus, Marie & Jofeph, eft le petit faint Jean. Raphaël en fournit un exemple dans fa *Madona del Paffeggio*. Palma Vecchio en fournit un fecond dans lequel faint Jean préfente un agneau, tandis que Jéfus, affis fur les genoux de fa mère, tend les bras à faint Jofeph en adoration devant lui. Nicolas Pouffin paraît avoir eu une telle prédilection pour ce groupe qu'il l'a reproduit plus de dix fois avec certaines variations. Mais les groupes les plus fréquents fe compofent ordinairement de Jéfus & de fa mère, de faint Jean & de fainte Elifabeth : les deux mères & les deux fils. Quelquefois les deux enfants jouent enfemble ou fe careffent, tandis que les deux mères les contemplent avec admiration ou femblent s'entretenir

de la destinée de chacun d'eux. Une action favorite & très-convenable est celle où Elisabeth, présentant son fils, lui apprend à joindre les mains & à se mettre à genoux, comme s'il reconnaissait le divin Sauveur dans son petit cousin. Ce qui n'échappe jamais au spectateur dans cette peinture, c'est le contraste établi d'un côté par la représentation de sainte Elisabeth comme une matrone âgée, au regard sérieux, & celle de la Vierge remplie de jeunesse, de douceur & de dignité ; de l'autre, par l'expression différente des deux enfants : Jésus, au teint clair, aux membres délicats ; le Précurseur au teint plus sombre, aux membres plus robustes, comme étant un peu plus âgé, & élevé avec moins de privations peut-être ; distinctions que n'oubliera jamais un grand peintre, mais qu'il fera connaître non-seulement par l'extérieur, mais encore par la dignité supérieure du Christ & de sa mère dans l'action représentée.

Lorsque saint Joseph figure dans une composition comme cinquième personnage, il complète le groupe domestique ; l'introduction de Zacharie, comme sixième, élargit le cercle de la vie & des affections humaines. On a alors l'expression de l'enfance, de la jeunesse, de la maturité & de la vieillesse ; & de leur union, sur un même plan, naît ce contraste qui flatte tout à la fois l'œil par l'effet, l'esprit par le degré de parenté qui fait trouver toute naturelle la réunion de tous ces personnages dans un même lieu.

Il est rare de trouver des Saintes Familles composées de plus de six personnages ; celle de Lorenzo de Pavie de 1513, que l'on voit au Louvre, & celle de Perugino (Dominique), qui orne le musée de Marseille, ne peuvent être classées que parmi les œuvres d'imagination repouffées par la théologie & qui n'ont eu qu'une très-courte vogue. Nous resterons donc à ces œuvres qu'on peut réellement appeler des Saintes Familles, nous bornant à celles qui offrent un intérêt tout particulier, soit par la célébrité de leurs auteurs, soit par leur beauté spéciale.

On peut avancer que la composition strictement domestique commença avec Raphaël & le Corrége, deux grands maîtres qui présentèrent les exemples les plus parfaits de la tendresse & de la grâce dans la conception des plus doux sentiments de parenté dans l'action, & l'enfance sous la forme la plus aimable.

Quant à la manière de les traiter en style simple & familier qui fut à la mode au XVIIe siècle, les œuvres de Guido, de Rubens & de Murillo tiennent le premier rang.

Dans une des Saintes Familles par Raphaël, Marie est assise se penchant vers son fils qui semble s'élancer de son berceau pour recevoir les caresses de sa mère. Elisabeth présente saint Jean ; Joseph contemple le groupe, & deux anges admirables d'expression sèment des fleurs. OEuvre célèbre que l'on supposait avoir été faite pour François Ier, mais qui était destinée à Lorenzo Médicis, duc d'Urbin.

Dans celle du Corrége, Marie tient l'enfant sur ses genoux, le contemplant avec amour. L'introduction d'une corbeille à ouvrage de femme a fait surnommer son œuvre *la Vierge au panier*. C'est du reste un exemple parfait de ce sentiment de douce & joyeuse maternité qui était le propre & le caractère principal du Corrége.

Dans celle de Betti Bernardin, dit le Pinturicchio, qu'on voit à Paris, Marie & Joseph sont assis ensemble dans un point de vue ; à côté d'eux font des pains & un petit baril de vin, un peu en avant, Jéfus & faint Jean, marchent en fe donnant le bras, l'un tient un livre, l'autre un vafe ; ce qui femble indiquer qu'ils allaient à une fontaine.

Dans celle d'Andrea del Sarto, Marie, affife à terre, tient l'enfant Jéfus ; le petit faint Jean eft dans les bras de fa mère ; Jofeph eft derrière. Cette peinture & en général toutes les Saintes Familles du même auteur peuvent être citées comme des œuvres de fine exécution, mais défectueufes par le caractère ; aucun fentiment, aucune action ne relient les perfonnages entre eux, ni même avec les fpectateurs.

Dans la Sainte Famille de Michel-Ange, que l'on voit à Florence, fe remarque tout ce qu'on ne voudrait pas y voir. La conception n'eft ni religieufe ni domeftique, elle eft exagérée & offenfive en tout point & rien ne rachète la groffièreté du caractère & la dureté du coloris. Mais, on voit, dans la Cafa Buonarotti, une frefque attribuée à Michel-Ange, dont le fujet eft aujourd'hui bien déterminé : c'eft la manifeftation de la paternité divine. Marie eft affife au centre, foutenant fur fes genoux la tête de fon fils affis à terre. Le petit faint Jean tient une croix & regarde fixement l'enfant Jéfus. Un homme s'avançant paraît demander à Marie : « A qui eft cet enfant. » Marie, repouffant Jofeph & regardant le ciel, femble répondre : « Il n'a point de père fur la terre, mais il en a un dans le ciel. » Cinq autres perfonnages fe tiennent derrière ; tout le groupe eft très-fignificatif.

Dans l'œuvre d'Albert Durer, la fainte famille eft affife fous un arbre, Jéfus eft fur le point de s'élancer des bras de fa mère dans ceux de sainte Anne; Joseph est derrière, le chapeau à la main, & le vieux Joachim, assis à gauche, contemple le groupe.

Dans une autre, par le même auteur, Marie semble se lever de sa chaise; l'enfant se penche vers un petit ange qui lui présente une fleur, & qui en porte d'autres dans sa tunique. C'est une ancienne, mais belle gravure allemande.

Dans celle de Pippi, dit Jules Romain, intitulée *la Vierge au bassin*, regardée comme un chef-d'œuvre & qu'on voit à Dresde, l'enfant est debout dans une cuvette; le jeune saint Jean-Baptiste lui verse de l'eau sur le corps, tandis que Marie le lave; Elisabeth, qui est a côté, tient un linge; saint Joseph est derrière & contemple le groupe. Le Baptême, qui est ici symbolisé, est une signification mystique facile à découvrir.

Celle par Nicolas Poussin présente Marie assistée des anges lavant & habillant son fils.

La Sainte Famille de Salimbeni, qu'on voit à Florence, offre un intérieur. Marie & Joseph s'occupent de l'enfant; sainte Elisabeth file; plus avant saint Jean apporte dans sa tunique deux petits chiens dont la mère lui saute sur les épaules. Rien ne manque à cette œuvre au point de vue de l'art; elle serait parfaite sans la présence des animaux qui exclut toute vénération religieuse.

Dans une des Saintes Familles de Murillo, Marie emmaillote son enfant pendant que des anges exécutent des chants divins.

Celle de Rubens présente Marie assise à terre, tenant son enfant avec une expression d'admirable amour maternel, pendant que le petit Jésus la regarde avec tendresse. La main droite du Sauveur repose sur une croix que lui présente saint Jean, qui est lui-même présenté par sa mère. Rien ne manque, l'expression naturelle, les poses domestiques, la beauté de l'exécution, tout décèle le grand maître, c'est l'œuvre de Rubens.

Hopfer David présente Marie assise sous le portique d'un bâtiment, lisant attentivement ; du côté opposé, sainte Anne tend les bras vers le petit Jésus qui est assis entre elles deux ; un ange, sur le seuil d'une porte qui forme le fond, contemple le groupe.

Notre tâche serait trop grande si nous voulions dire tout ce que l'art a raconté de la vie intérieure de Marie. Il s'est plu à entrer dans les moindres détails ; notre but est d'en présenter le canevas ; nous laissons à d'autres le soin de le broder.

Cependant nous ne pouvons résister au désir de faire connaître à nos lecteurs un des chefs-d'œuvre de Raphaël que Philippe IV, roi d'Espagne, surnomma *la Perle* & dont nous empruntons le détail presque mot à mot à Emeric David, dans ses *Chefs-d'œuvre de la Peinture*.

« La scène, dit ce savant observateur, est dans le genre gracieux. Le petit saint Jean, relevant de ses deux mains la peau velue qui lui sert de vêtement, présente des fruits à l'enfant Jésus dans cette espèce de corbeille. Prêt à les saisir, Jésus, assis sur les genoux de sa mère, se retourne vers elle, en souriant, comme pour lui communiquer sa joie. Marie, qui le retient de la main droite, porte l'autre main sur l'épaule de sainte Anne & dirige en même temps un regard affectueux vers le jeune Précurseur. Anne, à genoux, un coude appuyé sur la cuisse gauche de sa fille, se livre à la méditation, en considérant les deux enfants. Le berceau se trouve au devant de la Vierge qui pofe un pied de chaque côté. Dans cet enlacement du groupe, Marie, étroitement unie à ce qu'elle possède de plus cher, exprime à la fois fa tendreffe pour fon fils, fa mère & le fils de fa coufine. Un ingénieux agencement pittorefque eft devenu un moyen d'expreffion, d'autant plus touchant qu'il paraît pris fur la nature même.

« Belle, douce & modefte, déjà la Vierge appartient au ciel autant qu'à la terre. Sur fon vifage pudique s'impriment, fans fe confondre, les fentiments différents qui l'animent. Elle chérit faint Jean; mais fon amour n'eft point celui d'une mère; elle y affocie des idées de fupériorité & de protection : en retenant fon fils avec une tendre follicitude, elle femble dire au Précurfeur : Tu n'es point fon égal.

« Le caractère que Raphaël a donné généralement à l'enfant Jéfus eft une des inventions les plus poétiques de ce grand peintre. Le type eft celui d'un Hercule enfant. Les extrémités font toutefois plus déliées, & les contours plus fins. On voit dans les mouvements, comme dans les traits de cet être extraordinaire, une furabondance de forces qu'accompagne une grâce inexprimable. Tel eft ici le divin enfant.

« Malgré le choix de fes formes, faint Jean eft loin de la beauté du Sauveur. La différence qui diftingue ces deux enfants eft la même dans toutes les *Saintes Familles* de Raphaël : l'un des deux paraît toujours le fils d'un homme, l'autre toujours le fils de Dieu.

« Le coftume de la Vierge nous offre la fimplicité élégante que Raphaël n'oublie jamais. Les treffes de fes cheveux & le voile qui defcend de fa tête en ondoyant, font ajuftés avec autant de grâce que de dignité.

« Le coloris, quoique légèrement obfcurci par le temps, conferve une vigueur, une fineffe & une harmonie raviffantes.

« Chef-d'œuvre de goût, ce tableau enfin renferme tous les genres de perfection propres au fujet, & la critique la plus févère y découvrirait difficilement quelque négligence. La compofition, le deffin, l'expreffion, la couleur, offrent dans toutes les parties, un mérite à peu près accompli & qui juftifie parfaitement le nom que lui donna le roi artifte. »

Nous croyons avoir fuffifamment développé & expliqué le fujet des faintes familles & de tous les groupes qui peuvent recevoir ce titre, pour que nos lecteurs puiffent fe rendre compte des peintures nombreufes qui apparaiffent fous cette forme. Nous pafferons rapidement fur quelques fcènes de la vie du Chrift, dans lefquelles l'apparition de la Vierge n'eft qu'acceffoire.

Lorfque les actes de la vie du Sauveur, racontés par l'art, lui font exclufivement perfonnels, la préfence de la Vierge importe peu; mais quand ils entrent dans les événements de la vie de Marie, fa repréfentation devient effentielle, & c'eft ce qui a lieu dans ce fujet : *Jéfus au milieu des docteurs.*

Le but de l'artifte n'eft pas toujours ici de peindre feulement la manifeftation de la fageffe de Jéfus, dans les queftions & les réponfes qu'il adreffe aux docteurs, mais fouvent d'exprimer le premier des myftères douloureux de la vie de la Vierge. De là, la diftinction que l'art a mife dans la repréfentation de cette fcène.

Dans toutes les peintures primitives, elle se rapporte essentiellement à la Vierge, c'est le premier des mystères douloureux du Rosaire. Dans ce thème, l'enfant Jésus est assis dans le temple; les docteurs feuillettent leurs grands livres; quelquesuns admirent le jeune docteur; Marie & Joseph sont devant Notre Seigneur; la Vierge est sur le point de lui adresser son tendre reproche. Marie est donc ici le personnage important, tout l'intérêt se porte sur elle; mais, dans quelques peintures modernes, elle s'efface en quelque sorte; on ne la voit qu'au fond du tableau; elle disparaît même entièrement lorsque la scène, faisant partie de la vie du Sauveur, le présente au spectateur dans l'initiative de ses fonctions divines.

Dans une peinture par Jean Nanni, que l'on voit à Venise, le sujet est sorti des deux points de vue que nous venons d'indiquer & l'idée en est tout à fait mystique. Le jeune Rédempteur est assis dans le centre; ses mains sont élevées; il est entouré de plusieurs docteurs juifs; devant lui sont les quatre grands docteurs de la foi chrétienne qui illustrèrent l'Eglise depuis le IVe jusqu'au VIe siècle. Ceux-ci tiennent leurs livres & montrent Jésus, en le regardant comme la source de leur sagesse. C'est cette composition, admirable de poésie, que des critiques modernes appellent une erreur chronologique.

Bornons-nous aux représentations qui se rattachent à notre titre, celles qui présentent Marie paraissant devant son fils. Le premier exemple que nous en ayons est attribué à Giotto. Dante cite la conduite de la Vierge dans cette circonstance comme un exemple parfait de patience & de douceur; un autre exemple, par Simon Menni, dans une collection anglaise, est conçu dans le même esprit. Dans l'œuvre de Tisio, sur le même sujet, Marie ne réprimande pas son fils ; elle est debout devant lui & l'écoute, les deux mains croisées sur la poitrine. Une grande composition de Pinturicchio présente les docteurs jetant leurs livres devant eux comme saisis d'étonnement. Marie & Joseph entrent d'un côté.

On voit encore paraître la Vierge dans quelques peintures de la mort de Joseph ; la présence de Marie auprès du mourant est toute naturelle ; mais son rôle est ici tout à fait secondaire, & n'entre pas assez dans l'histoire de sa vie pour que nous nous y arrêtions.

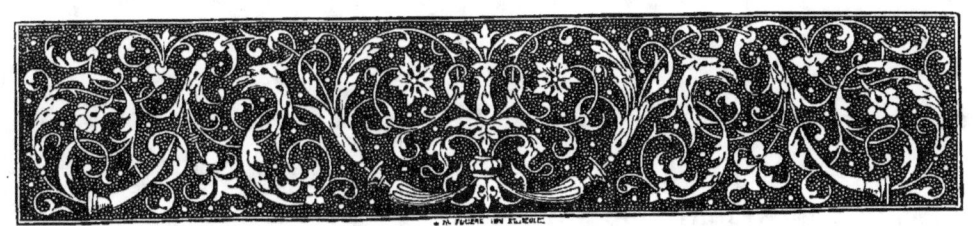

XXV.

Noces de Cana.

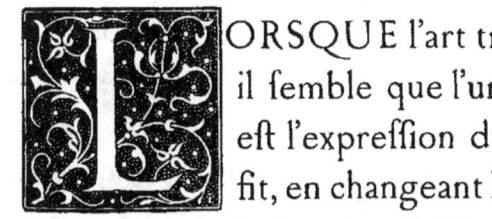ORSQUE l'art traite le fujet des Noces de Cana, il femble que l'unique but qu'il doit fe propofer eft l'expreffion du premier miracle que Jéfus y fit, en changeant l'eau en un vin délicieux. Sous ce point de vue feulement, il fait partie de l'Evangile, c'eft-à-dire de la vie publique de Jéfus-Chrift; mais l'art ne doit pas oublier que l'Ecriture dit que ce fut à la prière de fa mère que Jéfus voulut bien opérer ce miracle; Marie ne peut donc être oubliée parmi les nombreux perfonnages qui figurent dans cette fcène; elle doit même y occuper une des places d'honneur, & comme cette circonftance fait partie de fa biographie, nous ne pouvons la paffer fous filence. Nous renvoyons au *Manuel de l'Art grec*, publié par Didron, pour les règles à fuivre dans l'ordonnance de cette compofition. Remarquons feulement que la préfence

de Joseph est toute particulière à l'art grec ; car on le voit rarement dans les œuvres sur ce sujet des écoles modernes. Si on veut y introduire quelques apôtres, Pierre, André, Jacques & Jean peuvent y trouver place.

Comme sujet à part, les Noces de Cana furent d'abord populaires dans l'école vénitienne & ne tardèrent pas à se répandre en Lombardie & en Allemagne, au commencement du XVII° siècle.

Une des plus belles représentations que nous connaissions est une fresque par Luini, dans l'église de San Maurizio à Milan. Elle appartient aux religieuses & il est à présumer qu'elle a pour elles une signification mystique, se rapportant au Spofalizio divin; c'est du moins ce qu'annonce l'ordonnance du sujet. L'épouse forme le personnage le plus important ; elle est assise dans le centre, revêtue d'une robe blanche ; on croit voir en elle une jeune novice sur le point de faire sa profession, & il est présumable que c'est là toute la signification du tableau. L'époux est à ses côtés ; le Christ & la Vierge sont assis l'un près de l'autre & semblent converser. Un homme présente une coupe de vin. Le nombre des personnages n'est que de douze, invités & serviteurs compris. Il est à regretter que l'introduction d'un chien & d'un chat, qui semblent attendre les débris du festin, vienne dénaturer le caractère de la scène.

Les fameuses Noces de Cana du Louvre, attribuées à Paolo, sont trop connues pour que nous ayons besoin d'entrer dans aucun détail. Cette immense peinture, qui n'a pas moins de trente-six pieds de long sur vingt de haut, & qui était destinée à garnir un côté du réfectoire du couvent de San Giorgio Maggiore de Venise, n'a d'autre mérite que de présenter le portrait de personnages importants, tant au nombre des invités que parmi les musiciens & parmi ceux qui remplissent, dans la scène, un rôle très-ordinaire. L'objet principal du tableau, le miracle accompli, n'y occupe qu'une place secondaire. Comme œuvre en ce genre, celle par Paul Véronèse, dans la galerie de Dresde, nous paraît préférable. Le directeur du festin, levant son verre, semble dire : « *Eh quoi ! vous avez réservé le bon vin pour cette heure !* » Dans celle qui est à Milan, la Vierge se tourne vers les serviteurs comme pour leur commander : « *Faites tout ce que mon fils vous dira.* »

Ici se perd en quelque sorte le fil de l'histoire de la Vierge, & depuis les noces de Cana jusqu'au crucifiement, l'Ecriture gardant un profond silence sur les actes de sa vie privée, l'art a été forcé de poser ses palettes & ses pinceaux, pour ne les reprendre que de loin en loin, afin de saisir quelques traits de cette vie si intéressante pour lui, & dans lesquels l'idéal, plutôt que la vérité, lui a servi de guide. En effet, à force de recherches, on découvre encore quelques œuvres où la Vierge apparaît non comme personnage important, mais supposé. Dans les sculptures des stalles d'Amiens, qui remontent au XVIe siècle, on voit Jésus dans une maison prêchant à ses disciples, & la Vierge, avec quelques autres personnages, se montre à travers la porte, circonstance qui nous paraît tout à fait hasardée & être le fruit d'une idée peu conforme à la vénération & à la considération que Jésus portait à sa mère, laquelle méritait certainement d'occuper une autre place que celle que l'artifte lui donne dans fon œuvre. Parmi les frefques d'Angelico da Fiefole, dans le cloitre de Florence, eft une transfiguration dans laquelle paraît auffi la Vierge en compagnie de faint Dominique, mais tous deux comme perfonnages fecondaires.

Dans une autre férie, la Vierge à genoux, à côté de la table du dernier fouper, femble participer à la fainte communion des apôtres; mais de telles verfions doivent être confidérées comme dépendantes du caprice de l'artifte ou du befoin de remplir fa toile ; car elles ne font autorifées ni par les légendes ni par l'Evangile.

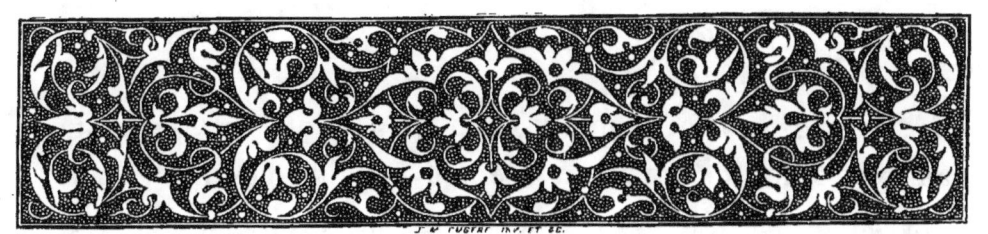

XXVI.

Lo Spasimo.

JUSQU'AUX œuvres qui portent ce titre, adopté par l'art, les peintres ont été à leur aise, n'ayant à exprimer que des sentiments de bonté, de douceur, d'amour maternel ; tous ont trouvé la tâche facile, & il n'est pas rare de trouver, parmi les œuvres artistiques qui forment l'histoire de la mère de Dieu, des peintures qui font plaisir, quoique tombées du pinceau d'artistes peu connus.

Mais raconter les scènes douloureuses de la passion du Rédempteur dont Marie se trouva témoin, exprimer au physique les déchirements que ce cœur si tendre dut éprouver dans ce drame déicide, ces sujets n'appartiennent qu'à des artistes capables de sentir & de comprendre l'étendue d'une douleur que l'esprit ne peut saisir ; aussi en compte-t-on peu qui aient osé entreprendre une tâche si ardue.

L'Evangile de faint Jean dit, chap. XVII, que le Chrift fit, avant de les quitter, un adieu folennel à fes difciples. Il eft donc préfumable qu'il n'alla pas à la mort, fans avoir, en quelque forte, préparé fa mère à cette terrible féparation, par toutes les confolations que fa nature fupérieure, fa piété tendre & célefte pouvaient lui fournir.

L'art du XVIe fiècle a voulu raconter cette féparation de Jéfus & de fa mère, & nous devons dire qu'il s'en eft acquitté d'une manière à faire paffer dans l'âme des fpectateurs une partie de la douleur qui perça le cœur de cette bonne mère, dans ce moment terrible.

Une des plus anciennes compofitions en ce genre eft celle d'Albert Durer, que poffède la ville d'Anvers. Marie femble s'affaiffer, accablée par la douleur. Elle eft foutenue par deux femmes; les mains jointes, & les yeux pleins de larmes, elle regarde fon fils qui, debout devant elle, une main tendue & la regardant avec compaffion, femble lui donner fa dernière bénédiction.

Paul Véronèfe a illuftré l'école vénitienne par fon œuvre en ce genre que l'on voit à Florence. Les difpofitions font à peu près les mêmes que celles d'Albert Durer, mais avec tout le beau de l'expreffion naturelle & pleine de fentiment qui diftingue fon école.

Il eft à regretter que, dans fa belle œuvre, Carotto di Verona ait commis une inconvenance, qui heureufement n'a point eu d'imitateurs, en plaçant le Chrift à genoux aux pieds de fa mère, lui demandant fa bénédiction, par allufion fans doute à ce qui fe pratiquait chez les patriarches; mais la diftance qui exifte entre un dieu & une femme, quel que foit le degré de la vertu & de la fainteté de cette dernière, aurait dû tenir l'artifte loin de l'idée d'une pareille difpofition de fon fujet.

La fcène de la paffion de Notre Seigneur a fourni encore trois circonftances dont l'art s'eft emparé & dans lefquels la Vierge paraît comme principal perfonnage. Une remarque qu'on ne peut omettre, c'eft la préfence des trois femmes qui font toujours près d'elle, prenant une grande part à fon immenfe affliction & que l'on croit être Marie-Madeleine, Marie, femme de Cléophas & Marie, mère de Jacques & de Jean. Une quatrième intervient quelquefois, c'eft Marthe, fœur de Madeleine. Ces femmes, avec la Vierge, forment un groupe de cinq perfonnages, qui figurent généralement dans les fcènes évangéliques tirées du drame lugubre de la paffion de Jéfus-Chrift.

Ces incidents & plus fpécialement le portement de croix, *il Portamento del Croce*, & le crucifiement font partie du Rofaire, & c'eft principalement fous ce point de vue que nous devons les étudier, toutes les fois que l'art en a fait fon fujet.

La proceffion au Calvaire fuivit un chemin qui conduit de la porte de la ville au lieu deftiné au crucifiement, chemin qui a été fanctifié comme *Via dolorofa*. La Vierge mère & les autres femmes allèrent fe placer près du fommet du Golgotha, pour être témoins des événements. Au moment où la Vierge vit fon fils enfanglanté, traîné par les bourreaux, tombant fous le poids de fa croix, elle tomba elle-même à terre, ce qui fit inftituer les fêtes lugubres de la femaine de la Paffion, intitulées en France *Notre-Dame du Spafme*, & en Italie, *la Madona Spafimo*, ce qui donne le titre à quelques-unes de ces repréfentations, dans lefquelles l'affliction de Marie eft la partie prédominante de cette fcène tragique.

Dans quelques-unes, Marie près de s'affaiffer fous le poids immenfe de fa douleur, eft foutenue par faint Jean ou par les faintes femmes; fouvent elle eft debout, les mains jointes & femble paralyfée par l'excès de fa douleur; d'autres fois, elle tend les bras vers fon fils qui, levant les yeux fur elle & fur les autres femmes, leur dit : « *Filles de Jérufalem, ne pleurez pas fur moi, mais fur vos péchés.* » C'eft ce moment que choifit Raphaël dans cette compofition fublime, qui eft fi célèbre fous le titre *del Spafimo di Sicilia*, ainfi nommée parce qu'elle avait été faite pour le grand autel de l'Olivetan ficilien à Palerme, églife dédiée à la *Madona del Spafimo*. C'eft la même que l'on voit à Madrid, où elle fut portée par ordre de Philippe IV. Dans ce chef-d'œuvre, les cinq femmes, formant une partie importante de la peinture, en occupent le devant à droite. L'expreffion des traits de la Vierge tendant les bras à fon fils, avec un regard plein d'angoiffes, a toujours été citée comme un des grands exemples du pouvoir tragique de Raphaël.

Il eft maintenant bien reconnu que l'attitude du Chrift fut fuggérée par la gravure contemporaine de Martin Schoen; mais, la prééminence donnée au groupe des femmes, la grâce pathétique, l'action donnée à chacune d'elles & l'habileté parfaite que l'on remarque dans la diftribution n'appartiennent qu'au grand maître.

L'œuvre de Martin Schoen, de l'école allemande, préfente la Vierge & les faintes femmes dans le fond du tableau, fe preffant dans un creux du chemin, entre deux rochers, d'où elles virent passer la triste procession. La composition de Lucas Van Heydem offre une disposition toute contraire. Dans son œuvre, la procession semble s'éloigner, & le devant du tableau est occupé par deux personnages : Marie pleine d'angoisses, soutenue par saint Jean.

Lorsque, arrivé sur le Calvaire, Jésus est mis en croix & élevé entre le ciel & la terre, sa mère est à ses pieds, prête à recevoir le dernier souffle de vie de ce fils dont elle voudrait alléger les souffrances qu'elle ressent si fortement. Elle est debout, *Stabat Mater*, pour montrer la force de son caractère & la grandeur de sa foi. Elle regarde son fils avec une expression de douleur sublime, ou bien elle penche sa tête, joignant les mains en signe de résignation parfaite. Dans cette position, c'est la *Mater dolorosa*, l'Eglise personnifiée, pleurant ce grand sacrifice.

Lorsque le crucifiement est traité comme un événement historique, la position & les sentiments prêtés à Marie sont totalement différents, mais également fixés par les traditions de l'art, nous devons admettre qu'elle fut présente, car saint Jean assure qu'en cette occasion, sa constance & sa foi surpassèrent sa douleur & que son courage héroïque l'a élevée au dessus des autres femmes & des disciples craintifs.

Ce n'est cependant pas à ce point de vue que se sont attachés les peintres modernes; ils représentent Marie debout, mais dans une attitude accablée, comme si elle allait perdre connaissance. Elle est soutenue dans les bras des deux Marie, quelquefois assistées de saint Jean; habituellement Marie-Madeleine embrasse le pied de la croix. Tel a été le traitement de ce grand sujet jusqu'au commencement du XVIe siècle.

Quelques artistes tenant peu compte de la force de caractère & de la grandeur de la foi de Marie, l'ont présentée prosternée à terre, défaut dans lequel ne sont jamais tombés Cimabuë, Giotto, Cavallini, Angelico, Masaccio, Andrea Montegna.

Dans un crucifiement par Martin Schoen, la Vierge, soutenue par saint Jean, embrasse le pied de la croix, & prend la place de Madeleine. Dans la composition d'Albert Durer, elle semble s'affaisser d'une manière si naturelle qu'on dirait que ses membres refusent de la porter.

Le Tintoret nous a donné un exemple de la Vierge prosternée à terre; son groupe au pied de la croix est très-dramatique, plein d'expression, mais contraire à la dignité. Dans son œuvre, Marie est étendue à terre; saint Jean soutient un de ses bras, l'autre est autour du cou d'une femme également couchée près de la Vierge. Les yeux de Marie sont fermés comme si elle était perdue dans sa douleur. Marie-Madeleine & une autre femme regardent la croix du Sauveur; un peu plus avant, une femme à genoux est enveloppée dans un manteau qui lui voile la figure.

On trouve rarement exprimé le moment où Jésus recommande sa mère à son disciple bien aimé. Albert Durer semble cependant avoir voulu le rendre, car dans son œuvre, la Vierge, debout, s'appuie sur saint Jean qui la soutient; tous les deux regardent Jésus en croix, qui a la face tournée de leur côté.

La descente de croix & la déposition sont deux scènes tout à fait distinctes. Dans la première, selon les anciennes formules, la Vierge doit être debout, car ici comme dans le crucifiement, elle doit faire partie de l'action principale. Une vieille légende rapporte que quand Joseph d'Arimathie & Nicodème eurent arraché les clous des mains de Notre Seigneur, saint Jean les emporta pour les soustraire à la vue de la Vierge, & que pendant que Nicodème arrachait le clou des pieds, Joseph d'Arimathie soutenait le corps, mais de manière que la tête & les bras pendissent en avant. Aussitôt, Marie saisit ses mains, les couvre de baisers, mais elle s'évanouit en voyant tout ce que les Juifs avaient fait souffrir à son fils.

La première circonstance de cette légende que l'art ait saisie, c'est celle où Marie embrasse les mains de Jésus, c'est celle qui fut adoptée par les Grecs & par les Italiens qui les imitèrent : Cimabuë, Giotto, Nicolas Poussin & beaucoup d'autres depuis le XIIIe siècle jusqu'au XVe. Les peintres modernes présentent Marie s'affaissant sous le poids de sa douleur. Dans un retable par Cigali, elle est assise à terre & semble s'écrier : « Fut-il jamais une douleur égale à la mienne ! » La couronne d'épines est à ses pieds. Cette œuvre, toute belle qu'elle soit, est surpassée encore par le groupe de la fameuse descente de croix, chef-d'œuvre de Volterrano, que l'on voit à Rome, dans lequel l'expression du corps inanimé de la Vierge étendue à terre & de l'angoisse de ses traits mourants n'a jamais été surpassée. Dans l'œuvre de Rubens que possède Anvers, aussi véritable chef-d'œuvre, Marie, debout, soutient les bras de son fils, tandis qu'il est descendu de la croix ; mais ses traits & son maintien sont les moins expressifs de cette peinture où tout annonce le talent du grand maître.

Dans une jolie gravure attribuée à Albert Durer, ne figurent que trois personnages, Joseph d'Arimathie qui détache de la croix le corps de Jésus & Marie qui le reçoit dans ses bras.

Cette représentation, espèce de *Mater dolorosa*, est peu ordinaire, on peut même la regarder comme exceptionnelle, à moins qu'on ne veuille y voir un groupe incomplet.

La déposition est le moment qui suit la descente de croix, où le corps inanimé du Sauveur est déposé à terre ou sur les genoux de sa mère, tandis que saint Jean & les saintes femmes se lamentent autour de lui. La forme idéale & dévote de cette scène dépend tout entière de la piété, comme l'institution de ces fêtes qui nous rappellent la part que Marie a prise aux souffrances de son fils. A ce point de vue, les exemples en sont fréquents & il n'est point rare de voir des tableaux présentant la Vierge assise tenant, sur ses genoux, le corps inanimé de son divin fils. La statuaire a souvent produit ce sujet, sur le bois, sur le marbre & sur la pierre. On admire & on admirera toujours à Rome le marbre que Michel-Ange a fouillé pour lui faire reproduire la fameuse déposition qui fera sa gloire immortelle.

Lorsque cette scène sort de l'idée dévote, elle ne peut que devenir historique & prendre la forme dramatique. Alors elle se compose de quatre, cinq & six personnages. Le groupe principal est toujours formé de Jésus mort, & de sa mère qui le tient sur ses genoux, ou qui se penche sur lui, contemplant ses traits inanimés avec une ineffable expression d'amour & de douleur. Le plus souvent Marie s'évanouit & cette insensibilité amenée par la douleur produit un effet qu'on ne peut trouver que naturel.

C'est ainsi que les peintres grecs ont presque toujours représenté cette scène ; les Italiens les ont imités jusqu'au XIIIe siècle, & même deux des sommités artistiques de la Renaissance, Raphaël & Annibal Carrache.

L'œuvre de Raphaël, connue fous le nom de *Pieta*, porte huit perfonnages : le corps mort du Chrift, la Vierge évanouie dans les bras des deux Marie, Madeleine qui foutient les pieds du Chrift, tandis que Marthe foulève le voile de la Vierge comme pour lui donner des foins; faint Jean eft debout, les mains jointes, & Jofeph d'Arimathie regarde le trifte groupe avec un mélange de douleur & de pitié.

Dans la compofition par Annibal Carrache, connue fous le nom des *Trois Marie*, faint Jean & Marthe font omis; l'attention de Madeleine eft fixée fur le Sauveur mort; les autres faintes femmes font occupées de la Vierge qui eft évanouie. Si on compare ces deux œuvres, on trouve dans la feconde beaucoup plus de naturel & autant de pathétique que dans la première ; mais celle-ci l'emporte par les formes & la grâce poétiques qui adouciffent & relèvent l'effet tragique.

Outre Jofeph d'Arimathie, on voit quelquefois auffi Nicodème ; comme dans la belle dépofition par Perugino & dans celle non moins remarquable d'Albert Durer.

Laurenzetti a introduit dans la fienne Lazare, que Jéfus avait reffufcité & l'a placé debout près de fa fœur Marthe. Wan Dyck donne à Marie le trifte office de fermer les yeux de fon fils. Rubens lui fait arracher une épine de fon front mutilé.

Dans quelques exemples, la Vierge ne foutient pas fon fils, mais elle eft à genoux près de lui, les mains jointes, le contemplant avec un air plein de trifteffe profonde & de réfignation.

L'enfeveliffement du Chrift eft une fcène en dehors du cadre de notre titre, mais comme la Vierge y figure quelquefois, nous devons en parler. Elle y eſt accompagnée des autres femmes qui avaient ſuivi avec elle toutes les péripéties de la paſſion. On la voit tantôt évanouie, comme dans l'art grec, tantôt ſuivant, en verſant d'abondantes larmes, le cortége de ſon fils que ſes diſciples portaient au ſépulcre. Raphaël en a donné un bel exemple que l'on voit au palais Borghèſe, & Titien en a fourni un non moins beau, qu'on admire au Louvre. Quelquefois Madeleine ſoutient la mère du Sauveur; quelquefois celle-ci eſt iſolée & regarde avec douleur ſon divin fils dépoſé dans la tombe.

Comme expreſſion de la mère de pitié ou de douleur, on a multiplié les peintures de la dépoſition, ſurtout à cauſe de la dévotion au Roſaire, dans lequel elle prend rang de myſtère douloureux; ſouvent même on en a fait des *ex-voto* pour les perſonnes qui avaient à regretter la perte de quelques membres de leur famille. Dans un exemple de dépoſition votive par Giottino, le Chriſt mort eſt étendu ſur un linceul blanc; ſa ſainte mère le baiſe; Madeleine, à genoux, les mains jointes & les cheveux flottants, eſt aux pieds du Chriſt, dont Marie Salomé & Marthe embraſſent les mains. La troiſième Marie eſt aſſiſe à droite, les cheveux épars, accablée de douleur. Dans le centre & au fond du tableau, ſaint Jean ſe penche ſur le groupe; ſes traits expriment une profonde douleur. A la gauche, Joſeph d'Arimathie tient un vaſe de baume; Nicodème eſt près de lui; à droite de ſaint Jean eſt une jeune fille à genoux, au riche coſtume florentin, qui, les bras croiſés ſur ſa poitrine & le regard douloureux, contemple le corps du divin Sauveur. Santo Remigio, patron de l'égliſe où fut placé cet *ex-voto*, poſe la main paternelle fur l'épaule de la jeune fille & femble la prendre fous fa protection. A côté d'elle est une religieufe bénédictine. Ces deux femmes font fans doute celles pour lefquelles la peinture fut faite & dédiée.

Il est vraifemblable que l'expédition des croifades en Palestine entretint longtemps la ferveur de la piété envers la *Mater dolorofa*. Ce que la vaillante épée de Godefroy avait défendu, le cifeau & le burin de l'artifte voulaient le reproduire, & la piété, qui vit de tout ce qui lui rappelle le fentiment d'une divinité fouffrante pour l'humanité, ne pouvait trouver un meilleur aliment que dans la peinture des fcènes les plus dramatiques de la paffion de Jéfus : fon portement de croix, fon crucifiement, fa dépofition & fa mife au fépulcre. Ces événements, tout pathétiques qu'ils font, n'ont cependant de l'intérêt bien fouvent pour les maffes populaires que par la préfence de la Vierge.

Qu'on peigne, en effet, Jéfus en croix entre les deux larrons; qu'on le montre dépofé, le corps meurtri & mutilé par fes bourreaux; qu'on le repréfente porté au fépulcre, l'efprit & le cœur reftent quelquefois indifférents; on dirait que cela ne nous regarde pas; que tous ces événements n'ont eu lieu que parce qu'ils devaient être. Mais qu'à cette repréfentation, on joigne celle d'une femme jeune encore, d'une vierge, d'une mère, la plus tendre, la plus digne d'être mère, la mère d'un Dieu, auffitôt l'efprit & le cœur s'uniffent pour s'apitoyer, pour pleurer. Il y a tant de mères qui ont eu à éprouver des douleurs finon égales, du moins femblables à celles de Marie!...

En terminant tout ce que nous avons obfervé fur les peintures de ce drame lugubre, difons encore un mot de quelques œuvres en ce genre, mais toutes particulières, de l'art moderne. Dans une peinture par Guercin, la Vierge & faint Pierre pleurent la mort de Jéfus. Marie, les mains jointes fur fes genoux, perdue dans une douleur profonde, pleure amèrement fon fils; Pierre, dans une fublime trifteffe, pleure auffi fon Seigneur & fon maître qu'il fe reproche fans doute d'avoir renié. Cette peinture ferait parfaite fi au fentiment énergique qu'elle exprime fe trouvait unie l'élévation poétique qui caractérifait l'artifte.

Louis Carrache a laiffé un groupe femblable dans le *duomo* de Florence. Dans l'œuvre de Tiarini, la *Madre addolorata* eft affife & tient la couronne d'épines; Madeleine eft à genoux devant elle, & faint Jean eft debout à fon côté. Ces deux derniers perfonnages expriment la fympathie la plus grande & la plus profonde vénération.

Du haut de la croix, Jéfus avait recommandé fa mère à faint Jean, fon difciple bien-aimé. L'art n'a pas oublié cette circonftance qui lui a infpiré une de fes plus belles compofitions religieufes. Dans un retable, attribué à Taddeo Gaddi, Marie & faint Jean font debout fur le devant. Celui-ci tient une des mains de la Vierge dans fes deux mains, comme pour la confoler, avec l'expreffion de la plus tendre & de la plus refpectueufe vénération, & femble l'inviter à le fuivre dans fa maifon qui doit être déformais fa demeure; le Chrift, debout au milieu d'eux, pofe une de fes mains fur l'épaule de chacun. C'eft un fujet nouveau, mais remarquable par le fentiment.

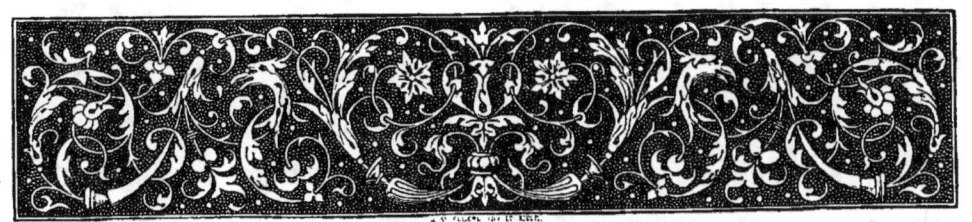

XXVII.

Première apparition à Marie de Jéfus reffufcité.

L'INTERET qu'on attache à une mère fi malheureufe, la tendre dévotion que portent les chrétiens à celle qui pouvait vraiment dire : « O vous, qui paffez, arrêtez & voyez s'il fut jamais une douleur femblable à la mienne », ont fait fuppofer, malgré le filence de l'Evangile, que Jéfus ne laiffa pas fans confolation celle qui avait tant fouffert à caufe de lui, & que, comme fils, il était de fon devoir de la réjouir par fa préfence lorfqu'il le pourrait. Auffi, une tradition légendaire, dont faint Ambroife fait mention, était généralement acceptée au IVe fiècle, favoir, que le Chrift vifita fa mère de fuite après fa defcente aux limbes & même avant de fe montrer à Madeleine dans le jardin.

On raconte que Marie, s'étant retirée dans fa demeure, refta longtemps feule avec fa douleur; mais pleine d'efpérance, attendant l'effet des promeffes que fon fils avait faites de reffufciter. Devant elle, le livre des Prophètes était ouvert, & en priant, elle difait : « Tu as promis, ô mon fils chéri, que tu reffufciteras le troifième jour. Avant-hier, c'était le jour des ténèbres, fais qu'aujourd'hui foit le jour de la gloire & de la vérité. » Et pendant qu'elle parlait, voici qu'un brillant cortége d'anges, portant des palmes & radieux de joie, entrent, l'entourent & s'agenouillent en chantant la triomphante hymne pafcale : *Regina cœli, lætare, alleluia*. Alors, le Chrift, couvert en partie d'un vêtement blanc, portant à la main gauche l'étendard de la croix & accompagné des patriarches & des prophètes qu'il venait d'arracher des enfers, fe préfente à Marie qui, toute troublée, n'en peut croire fes yeux : « Eft-ce bien toi, ô mon fils bienaimé », & elle tomba à fes genoux. Jéfus, la relevant, la raffura tendrement &, lui montrant fes bleffures, lui dit : « Les portes de l'enfer font fermées, celles du ciel font déformais ouvertes, réjouiffez-vous. » Puis, Jéfus quitta fa mère pour aller fe montrer à Madeleine qui avait auffi un fuprême befoin de confolation.

L'art s'eft attaché à rendre cette pieufe croyance du moyenâge. Dans ce fujet, la Vierge eft ordinairement à genoux ; le Sauveur, l'étendard de la croix à la main, eft debout devant elle &, lorfqu'on y introduit les patriarches délivrés, ce font généralement Adam & Eve, les auteurs de la chute, ou bien Abraham & David, les aïeux du Chrift & de la Vierge. Dans les plus anciennes peintures fur ce thème, les patriarches font omis. Dans un exemple par Guido, un ange porte l'étendard de la victoire, Adam & Eve font derrière le Sauveur. Goethe cite un exemple par Guercino, comme un modèle de l'expreffion de l'affection naturelle de Jéfus pour fa mère. Marie eſt à genoux devant fon fils, le contemplant avec un amour ineffable. Celui-ci la regarde avec un air triſte & calme, comme fi, dans fon âme, le fouvenir des fouffrances de fa mère furpaffait celui des douleurs de la mort, & que la réfurrection n'a pas encore pu diffiper.

Une autre peinture en ce genre, qui orne la galerie Lichtentein à Vienne, préfente le Sauveur reffufcité debout devant fa mère, à laquelle il montre la page d'un livre ouvert fous fes yeux, lui difant fans doute : « Ne voyez-vous pas que ceci était écrit. » Derrière Jéfus eſt faint Jean l'évangéliſte, portant une coupe & la croix. Un des Carrache a laiffé fur ce fujet un exemple qu'on voit à Cambridge, dans la collection de Fitzwilliam. L'Albane l'a auffi traité ; mais fa compofition n'eſt, de l'avis de plufieurs critiques, qu'un exemple de tout ce qu'il y a de plus faux & de plus ridicule, par conféquent non à imiter.

La popularité à laquelle arriva cette fcène dans l'école de Bologne vient fans doute de ce qu'elle entrait dans le Rofaire comme le premier des myſtères glorieux, ce qui la rendait principalement du goût des Dominicains, grands patrons des Carrache à cette époque.

Elle femble du reſte avoir été fouvent traitée comme fujet de vitraux & de fculptures, car on en voit de beaux exemples dans l'églife de Brou.

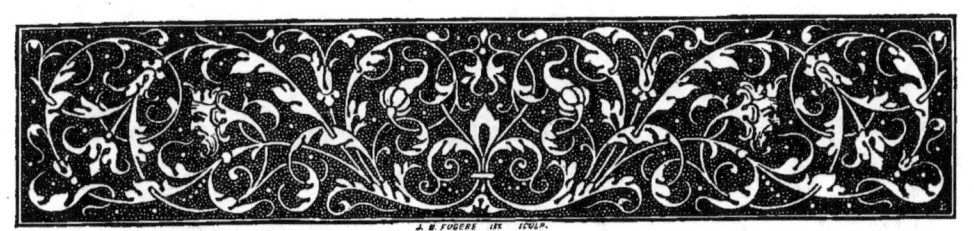

XXVIII.

Afcenfion.

E fujet principal de la fcène de l'Afcenfion eft le Sauveur qui rentre dans fa gloire, après l'accompliffement des prophéties; mais la Vierge eft prefque toujours au nombre des fpectateurs; elle y eft même fouvent accompagnée des faintes femmes.

Il eft en effet bien naturel de fuppofer que la mère voulut affifter au triomphe de fon fils, comme elle avait affifté à fes humiliations & à fes fouffrances. Toutes les anciennes légendes la repréfentent, en cette occafion, les mains jointes, les yeux fixés fur Jéfus s'élevant fur les nuages & lui difant : « O mon fils, fouviens-toi de moi, quand tu feras dans ton royaume; ne me laiffe point longtemps fur cette terre où mon cœur n'a plus rien à aimer. »

Dans la compofition par Giotto, qui orne la chapelle de

l'Arène de Padoue, Marie est de beaucoup le personnage prédominant. Dans les peintures plus modernes, elle est introduite avec les autres femmes, agenouillée d'un côté ou placée dans le centre au milieu des apôtres, comme dans l'œuvre si connue du Pérugin.

A la petite Sainte-Sophie de Salonique, dans la coupole, est peinte en mosaïque sur fond d'or, une ascension qui peut servir de modèle pour les grandes compositions. La Vierge, ayant un ange à sa droite & un à sa gauche, est accompagnée des douze apôtres debout. Chacun de ces quinze personnages est séparé par un grand olivier. En haut, dans le fond, Jésus-Christ, placé au milieu d'un cercle ou d'une auréole, monte au ciel entre deux anges.

Nous ne terminerons pas cet article sans dire un mot de la belle ascension par Trémolière, de 1737, que possède l'ancienne église des Chartreux de Lyon. Cette œuvre, remarquablement belle sous le rapport de la disposition & de l'attitude des personnages, présente aussi la Vierge parmi les apôtres assistant au triomphe de leur maître. Ceux-ci, les yeux fixés sur Jésus s'élevant majestueusement, expriment par leur physionomie, toute la surprise & l'admiration que leur cause un spectacle auquel ils étaient loin de s'attendre. Deux anges, placés près de Jésus, déjà dans l'espace, semblent leur dire : « Voyez-le, il monte par sa propre puissance. » Mais ce qui frappe le plus dans ce tableau, c'est l'air à la fois triste & joyeux que l'artiste a su donner à la Vierge, qu'il a mise au premier plan, sur la gauche, à genoux, les mains jointes, dans l'attitude de la prière, on pourrait même dire de la supplication, les yeux amoureufement fixés fur fon fils, auquel elle femble exprimer le regret de le perdre & la joie de le voir entrer dans fa gloire, achetée au prix de tant de travaux & de fouffrances. Par cette expreffion de Marie, que nous trouvons fublime, on pourrait prefque dire que l'artifte a manqué fon but, car on ceffe bien vite de s'occuper du fujet principal du tableau quand les yeux ont une fois rencontré la Vierge rendue fi intéreffante.

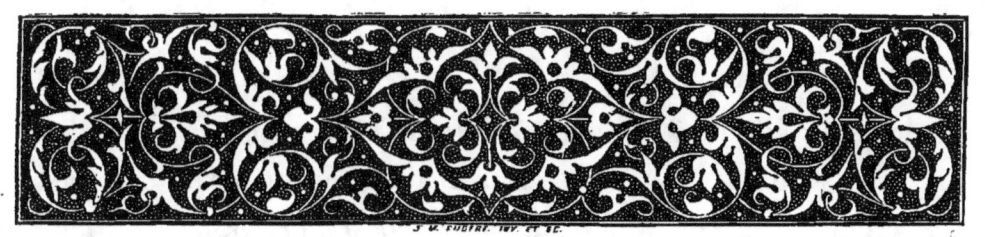

XXIX.

Defcente du Saint-Efprit.

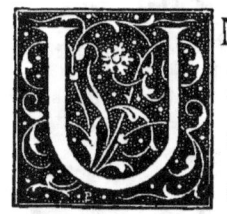NE opinion jadis conteſtée, mais enſuite généralement adoptée, place Marie dans le cénacle au nombre des perſonnes qui, avec les diſciples, reçurent le Saint-Efprit. Le Saint-Efprit eſt en effet appelé par les Ecritures le conſolateur. Or, qui avait un plus grand beſoin que Marie de ce don, de cette faveur céleſte, ſi elle n'avait nullement beſoin de cette ſageſſe ſurnaturelle, ni de cette intelligence ſuprême dont elle avait été primitivement dotée.

Le ſentiment général & la conviction des artiſtes du xve ſiècle furent que ſi Marie était préſente à la réunion du cénacle, elle devait y occuper la place principale, comme reine des apôtres. Voilà pourquoi on la voit ſouvent ſur le devant du tableau ou au centre, ſur un ſiége, ou placée ſous un dais;

quelquefois elle tient un livre comme la *Mater sapientiæ* & elle reçoit les effusions divines, les yeux baissés, ou regardant comme si elle était inspirée, & chantant le *Veni, sancte Spiritus*. Rien dans cette représentation ne peut autoriser l'introduction de la colombe, le Saint-Esprit se manifestant sous la forme de langues de feu.

On peut donc regarder comme peu conforme aux règles de l'art la descente du Saint-Esprit qui forme le fond de l'autel de la chapelle intérieure de la maison des Chartreux de Lyon, que peignait J.-F. Amand, en 1764. Le Saint-Esprit, en forme de colombe, se montre dans une gloire, au dessus des langues de feu qui tombent sur les apôtres & sur la Vierge.

Si Marie n'a pas dans cette œuvre une place distinguée & prééminente, elle est du moins au premier plan, assise dans une attitude humble & digne. Son costume simple semble répondre par la nuance de sa tunique & de son manteau, au goût particulier de la Vierge pour les couleurs naturelles.

Les têtes des apôtres sont remarquables par l'expression & par la correction du dessin, & cette œuvre, quoique entachée du défaut capital que nous avons signalé, mérite l'attention des connaisseurs.

Une des plus anciennes œuvres sur ce thème que nous ayons est celle de Saint-Marc de Venise, dans la grande coupole, peinte en mosaïque sur fond d'or. Des rayons de flammes partent du centre de la coupole & viennent s'arrêter sur la tête des apôtres & de la Vierge..

Après la descente du Saint-Esprit, commence la vie secrète & retirée de la Vierge. L'histoire & les légendes se taisent sur tout ce qui fe paffa, par rapport à elle, dans l'intervalle qui fépare la fcène du cénacle de celle de fa mort.

On croit qu'à la première perfécution qui éclata à Jérufalem, Marie, conduite par faint Jean, fe retira à Ephèfe & qu'elle y fut fervie par la fidèle & affectionnée Madeleine. On dit auffi qu'elle habita quelque temps fur le mont Carmel, dans l'oratoire érigé par le prophète Elifée & qu'elle devint ainfi la patronne des Carmélites, fous le vocable de Notre-Dame du Mont Carmel, mais les œuvres artiftiques bafées fur ces hypothèfes, s'il en exifte, nous font totalement inconnues & ne peuvent être que dans les cloîtres des ordres religieux.

Il eft auffi dit, & l'art a reproduit, que les apôtres, avant de fe féparer, firent à Marie un adieu folennel & reçurent d'elle fa bénédiction. Aucun artifte diftingué n'a rendu ce fujet; mais il a été peint au XVIᵉ fiècle, car on en trouve la preuve dans l'églife de Sainte-Marie in Capitolio à Cologne & une autre, par Biffoni, dans San Giuftino de Padoue.

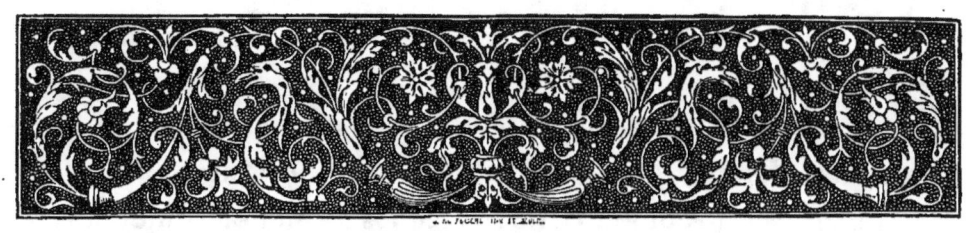

XXX.

Mort de la Vierge.

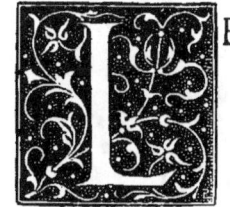E vague dans lequel l'Ecriture laiſſe la piété des fidèles envers Marie a permis un libre cours aux ſuppoſitions de ce qui peut être arrivé, par rapport à ſa mort, à ſa ſépulture, à ſa réſurrection, à ſon aſſomption & à ſon couronnement dans le ciel; & malgré que la plupart de ces hiſtoires légendaires ſoient apocryphes & ne ſoient jamais entrées comme articles de foi dans la croyance de l'Egliſe, il eſt certain que l'art s'en eſt ſervi pour y puiſer le ſujet d'une foule de peintures qui ſont comme un témoignage de l'affection que les populations ont toujours portée à la mère de Dieu & dont l'enſemble forme le plus beau ſpectacle que l'art ait jamais retracé.

Dans pluſieurs endroits, on voit la ſcène mortuaire de Marie jointe à celles de ſa réſurrection & de ſon aſſomption, ne formant qu'un ſeul tableau ou faiſant comme deux pendants néceſſaires. La première n'eſt alors que la tranſition obligée à ſa béatification & celle-ci un acheminement à ſon couronnement. Mais, ſéparées ou réunies, ces deux ſcènes forment les ſujets admirables qui fourniſſent aux artiſtes le lugubre majeſtueux, le ſublime idéal de la joie.

Pour bien comprendre les reliques précieuſes que les écoles primitives nous ont laiſſées ſur ces ſujets, il eſt néceſſaire de rapporter les légendes qui en ont fourni le thème & dont l'Egliſe a toléré l'expreſſion.

« Marie, dit la légende, continua d'habiter dans la maiſon de ſaint Jean, ſur la montagne de Sion, paſſant ſes jours à viſiter les lieux qui avaient été ſanctifiés ſoit par le baptême & les ſouffrances de ſon divin fils, ſoit par ſa ſépulture, ſa réſurrection & ſon aſcenſion; mais, ſon tombeau était le lieu de ſes plus fréquentes viſites. Toutes ſes démarches n'avaient point pour but de chercher le vivant parmi les morts, mais de ſe conſoler & de ſe le rappeler.

« Un jour, le cœur de la Vierge fut ſaiſi d'un déſir inexprimable de voir ſon fils; elle s'affligea & verſa d'abondantes larmes de ce que ſon exil ſe prolongeait ſi longtemps. Voici qu'un ange revêtu de lumière parut devant elle &, la ſaluant, lui dit : « Salut, ô Marie, tu es bénie par celui qui a apporté le ſalut à Iſraël; je t'apporte une branche de palmier cueillie dans le Paradis, ordonne qu'elle ſoit portée devant toi au jour de tes funérailles, car dans trois jours ton âme quittera ton corps pour entrer dans la gloire du ciel où ton fils attend ton arrivée. » Marie, répondant, dit : « Si j'ai trouvé grâce devant ſes yeux, dis-moi quel eſt ton nom; permets qu'à l'heure de ma mort, les apôtres soient réunis autour de moi, afin qu'en leur présence je rende mon âme au Seigneur. Je te prie encore que mon âme, une fois sortie de mon corps, ne soit point effrayée par aucun esprit de ténèbres & qu'il ne soit permis à aucun mauvais ange d'avoir pouvoir sur moi. — Mon nom est le Grand & le Merveilleux; ne doute point que les apôtres soient réunis auprès de toi en ce jour; car celui qui, dans le temps, transporta par les cheveux le prophète Habacuc de Juda à Jérusalem, peut facilement réunir les apôtres & ne crains point le méchant esprit; n'as-tu pas écrasé sa tête & détruit sa puissance ? »

« Ayant ainsi parlé, l'ange retourna au ciel & de chaque feuille de la branche de palmier, qu'il laissa, s'échappait une lumière aussi éclatante que celle des étoiles du matin. Marie, profitant de cette lumière, prépara son lit de mort & attendit que l'heure fût venue. Au même moment, Jean qui prêchait à Ephèse, saint Pierre qui était à Antioche, ainsi que tous les autres apôtres qui étaient dispersés dans différentes parties du monde, furent soudainement enlevés par un pouvoir surnaturel & se trouvèrent devant la porte de l'habitation de Marie. Quand elle les vit tous rassemblés autour d'elle, elle rendit grâces au Seigneur, plaça la palme entre les mains de saint Jean & le pria de la porter devant elle à l'heure de sa sépulture. Alors Marie, s'agenouillant, fit sa prière au Seigneur son fils; les apôtres prièrent avec elle, puis elle s'étendit sur sa couche & se prépara à la mort. Jean pleura amèrement. A la troisième heure de la nuit, au moment où Pierre était à la tête de son lit, Jean à ses pieds, & les autres apôtres à l'entour, il se fit tout à coup un grand bruit, la chambre fut remplie du parfum le plus doux & Jésus lui-même apparut accompagné d'une foule innombrable d'anges, de patriarches & de prophètes venant au devant de leur reine ; tous entourèrent le lit de Marie en chantant des hymnes de joie. Jésus dit à sa mère : « Lève-toi, ma bien-aimée, viens avec moi, mon épouse, reçois la couronne que je t'ai destinée. » Marie répondit : « Mon cœur est prêt, car il a été écrit que j'obéirai à ta volonté. » Les anges & les esprits bienheureux qui accompagnaient Jésus entonnèrent alors des chants d'allégresse. L'âme de Marie quitta son corps & fut reçue dans les bras de Jésus qui la porta dans le ciel. Les apôtres la regardèrent partir, disant : « O la plus prudente des Vierges, souviens-toi de nous quand tu seras arrivée dans ta gloire. Les anges, qui la reçurent dans le ciel, chantèrent ces paroles : « Quelle est celle qui vient du désert, s'appuyant sur son bien-aimé ; elle est plus belle que toutes les filles de Jérusalem. »

« Mais le corps de Marie resta sur la terre & trois vierges s'apprêtèrent à le laver & à le couvrir d'un linceul ; une gloire de lumière nuageuse entoura sa forme, de sorte que, quoiqu'on les touchât, aucun œil mortel ne vit à découvert ses membres chastes & sacrés.

« Alors les apôtres placèrent respectueusement le corps dans une bière, &, Jean portant la palme, s'acheminèrent vers le sépulcre, tandis que Pierre & les autres apôtres chantaient l'*in exitu Israel de AEgypto*, accompagnés par les anges.

« Les Juifs entendirent ce chant mélodieux ; le grand prêtre, saisi de fureur, mit la main sur la bière, dans l'intention de la renverser, mais ses bras furent soudainement desséchés & il ne put plus les remuer. Etant saisi de crainte, il pria Pierre de lui venir en aide Pierre lui dit : « Aie foi en Jéſus-Chriſt & en ſa Mère & tu ſeras guéri », & il en fut ainſi. Alors ils pourſuivirent leur route & dépoſèrent la Vierge dans une tombe de la vallée de Joſaphat.

« Le troiſième jour après ſa ſépulture, Jéſus dit aux anges : « Quel honneur dois-je accorder à celle qui a été ma mère ſur la terre & qui m'a mis au monde ? » Tous répondirent : « Seigneur, ne ſouffrez pas que ce corps, qui a été votre temple & votre demeure, ſoit ſoumis à la corruption, mais placez-le à vos côtés, ſur un trône. » Jéſus conſentit & l'archange ſaint Michel conduiſit l'âme de la Vierge vers ſon corps & le Seigneur dit : « Lève-toi, ma Colombe, car tu ne reſteras pas dans l'obſcurité de la tombe », & auſſitôt Marie ſe leva glorieuſe & monta au ciel entourée des anges & reçue par toute la cour céleſte qui chantait : « Quelle eſt celle qui s'élève comme le matin, belle comme la lune, claire comme le ſoleil & auſſi terrible qu'une armée avec ſes bannières. » (Cant. IV.)

« Mais ſaint Thomas, étant abſent, ne voulut point croire à la réſurrection de la Vierge, pas plus qu'il n'avait ajouté foi à celle du Chriſt. Il déſira que la tombe fût ouverte & on la trouva remplie de lys & de roſes ; alors Thomas, levant les yeux, vit la Vierge qui s'élevait corporellement, entourée d'une auréole de lumière, montant lentement vers les demeures céleſtes &, pour raſſurer ſa foi, Marie lui jeta ſa ceinture, la même qui eſt conſervée juſqu'à ce jour dans la cathédrale de Prato. Outre les apôtres, cette réſurrection eut pour témoins Denis l'aréopagite, Timothée, les ſaintes femmes, Marie Salomé, Marie de Cléophas & une fidèle ſervante du nom de Servia. »

L'art, s'emparant de cette légende, en a reproduit jusqu'aux moindres détails & y a trouvé le sujet de sept compositions différentes que voici :

1° L'ange, portant la palme, annonce à Marie sa mort prochaine. On peint ordinairement l'ange Gabriel; mais ce fut plutôt Michel, l'ange de la mort.

2° La Vierge fait ses adieux aux apôtres.

3° Mort de la Vierge.

4° Sépulture de la Vierge.

5° Portement de la Vierge au sépulcre.

6° Sa résurrection & son assomption : Marie s'élève vers le ciel triomphante & glorieuse.

7° Couronnement de la Vierge dans le ciel où elle prend sa place à côté de son Fils.

Dans l'art primitif & particulièrement dans les sculptures gothiques, deux ou plusieurs de ces sujets sont réunis. Souvent la scène de la mort & celle de la sépulture forment le bas d'une représentation, lorsque l'assomption & le couronnement en composent la partie supérieure. C'est ce qu'on remarque sur le portail de Notre-Dame de Paris, sur celui de la cathédrale d'Amiens & de plusieurs autres.

L'ange annonçant à Marie sa mort prochaine est un sujet qui a été rarement traité; lorsqu'on le rencontre, Marie est assise ou debout & l'ange, à genoux devant elle, porte la palme étoilée cueillie dans le Paradis. Dans une fresque à Orvièto & dans le bas-relief par Orcagna, au Campo Santo de Pise, l'ange entre en volant chez Marie, tenant la palme. Dans le *Predella* de Lippi, frère Philippe, l'ange, à genoux, présente, au lieu de palme, un cierge que Marie reçoit avec une grâce majestueuse. Saint Pierre est debout derrière elle. Jean Schoeuffelein, de l'école allemande, a aussi donné un exemple de cette scène.

Dans le vieux style byzantin, la mort de la Vierge est souvent intitulée son sommeil, *Sonno della Madonna*. Car une ancienne croyance, rejetée plus tard comme hérétique, voulait que Marie n'eût point connu la mort comme les autres hommes, mais qu'elle s'endormît seulement jusqu'au moment de son assomption. C'est pourquoi, dans les anciennes peintures, on ne voit pas tant une scène, un événement qu'une espèce de cérémonie mystérieuse, car alors ce n'est pas la mort de la Vierge ou la Vierge mourante, mais son sommeil, en attendant l'heure de sa sépulture; tandis que dans les peintures modernes, on trouve la scène de sa mort avec tous ses accessoires poétiques & dramatiques. Soit dans un sens, soit dans un autre, ce sujet a été généralement traité depuis le premier âge de l'art chrétien jusqu'au XVIIe siècle. Dans les anciens exemples qui dérivent des écoles grecques, cette représentation est simple, solennelle & mystique, se rapportant beaucoup à la légende & aux formules posées par le manuel grec. Dans une de ces peintures, à la collection du palais de Kensington, la couche ou le cercueil de Marie est au centre du tableau; la Vierge est étendue, recouverte d'un manteau & d'un voile, ayant les yeux fermés & les mains croisées sur sa poitrine. Les douze apôtres sont autour de sa couche, dans une attitude de douleur, des anges tiennent des cierges; derrière le corps de la Vierge est le Christ sur la tête duquel plane un glorieux séraphin; Jésus tient l'âme de la Vierge sous la forme d'un enfant nouveau-né; debout & sur le côté, font Denis l'aréopagite & faint Timothée, évêque d'Ephèfe, revêtus de leur robe épifcopale ; devant & pour frapper les bras du grand prêtre qui avait voulu profaner la bière, eft l'archange faint Michel. Cette circonftance ne fe remarque cependant guère que dans les peintures byzantines, car dans la légende italienne, traduite par l'art, les mains du profane fe deffèchent au fimple contact de la bière. Dans cette œuvre tout eft fimple, folennel & naturel ; c'eft un exemple parfait du génie byzantin. On voit un exemple femblable au mufée chrétien du Vatican.

Une autre peinture qui date du commencement du xive fiècle environ & qui orne la collection de M. Brombey de Wooften, préfente la Vierge couchée fur un drap brodé, refpectueufement foutenu par des anges ; aux pieds & à la tête, d'autres anges tiennent des cierges ; Notre Seigneur, qui tend les bras, reçoit l'âme de Marie ; devant font faint Jean à genoux & faint Pierre qui lit l'office des morts ; les autres apôtres font derrière lui ; trois femmes paraiffent dans cette fcène. Cimabuë a donné ce même fujet & la ville d'Affife eft en poffeffion de fon œuvre. Dans un exemple par Giotto, fe remarquent deux beaux anges à la tête & deux autres aux pieds, tenant le drap mortuaire fur lequel Marie eft étendue. On admire au mufée de Sienne ce même fujet traité par Angelico & un autre, très-pathétique, par Taddeo Bartholi.

L'ufage de préfenter le Chrift debout, près de la couche de fa mère & recevant fon âme, fe maintint jufqu'au xve fiècle, avec quelques déviations de la difpofition originale ; mais la manière des modernes de traiter ce fujet eft tout à fait différente.

Ce fommeil myftérieux, ce paffage apparent d'une vie à une autre devient, pour les modernes, une fcène mortuaire fans fes accompagnements lugubres &, même en évitant les incidents furnaturels, les Italiens ont toujours donné beaucoup de grâce à cette repréfentation, furtout fi nous en jugeons par la belle frefque de Ghirlandajo, dans Santa Maria Novella de Florence.

La compofition par Albert Durer fe fait remarquer par la beauté & la fimplicité de l'expreffion, par la grandeur & le calme dans l'arrangement ; tout y décèle le naturel. Dans le centre eft un bois de lit fur lequel Marie eft couchée, en face des fpectateurs ; fes yeux font fermés ; faint Pierre, vêtu en évêque, eft à gauche & place un cierge dans la main de la mourante ; un autre apôtre tient l'afperfoir, avec lequel il répand de l'eau fainte fur la Vierge ; un troifième lit l'office des morts ; au premier plan eft un prêtre qui tient une croix, un autre encenfe ; les autres apôtres font dans une attitude de dévotion & de douleur.

Une autre peinture du même maître, & qu'on voit dans la galerie de Fries, à Vienne, réunit, d'une manière remarquable, tous les incidents légendaires & furnaturels aux plus belles, aux plus grandes réalités. On la croit faite pour l'empereur Maximilien, comme un tribut offert à la mémoire de fa première femme, l'intéreffante Marie de Bourgogne. La difpofition du lit eft la même que dans l'œuvre précédente, feulement les pieds font vers les fpectateurs. Les traits de la Vierge mourante font ceux de la ducheffe ; à droite, fon fils, qui fut plus tard Philippe d'Efpagne, repréfente faint Jean & tient un cierge ; les autres apôtres font à l'entour. Derrière eft faint Pierre, fous le coſtume d'évêque, liſant dans un grand livre; c'eſt le portrait de Georges Zlatkonia, évêque de Vienne, ami & conſeiller de Maximilien; derrière l'évêque & repréſentant un des apôtres, eſt Maximilien lui-même, la tête baiſſée, accablé de douleur. On aperçoit trois eccléſiaſtiques qui entrent par une porte, munis d'une croix, d'un encenſoir & d'eau bénite. A la tête du lit, paraît le Chriſt qui reçoit l'âme de ſa mère ſous la forme d'un petit enfant qui joint les mains & plus haut, dans la gloire céleſte, on aperçoit ſa réception & ſon couronnement dans le ciel; ſur un parchemin, au deſſus de la tête de Marie, on lit : « *Surge, propera & veni.* » Parmi les anges qui planent dans les airs, trois portent des rouleaux de parchemin ſur leſquels ſont écrits les trois textes des cantiques : « *Quæ eſt iſta, quæ progreditur*, &c. » Cette peinture, qui porte la date de 1518, renferme quelque choſe de très-touchant comme mémorial.

La peinture qu'on admire à Munich, attribuée à Jean Schoeder, eſt en effet bien remarquable par ſa réalité & par ſon coloris. Les têtes en ſont pleines de caractère; on remarque ſurtout celle de la Vierge avec ſes yeux à demi fermés, comme ſur le point de rendre ſa belle âme à Dieu; mais on regrette d'y voir la repréſentation de Moïſe & d'Aaron placés ſur un autel, près du lit de la mourante. Cette idée de l'artiſte eſt inexplicable.

Mais la Vierge n'eſt pas toujours repréſentée morte ou mourante; quelquefois, elle ſe prépare à la mort, ou elle eſt en prières auprès de ſa couche, les apôtres ſont autour d'elle. Dans une belle œuvre de Martin Schoen, elle eſt à genoux, ſoutenue dans les bras de ſaint Jean, tandis que ſaint Pierre tient le livre des Evangiles; quelquefois elle eſt aſſiſe ſur ſon lit, parcourant le livre des Saintes Ecritures que faint Pierre tient ouvert devant elle.

Dans une peinture de Colas della Matrice, la mort de la Vierge eft traitée dans un ftyle tout myftique & dramatique. Enveloppée d'un manteau bleu femé d'étoiles d'or, la Vierge eft étendue fur fa couche; faint Pierre, fous le coftume de cardinal, lit l'office des morts; faint Jean, tenant la palme, pleure amèrement. Devant, & à genoux, font les trois grands dominicains, comme témoins du myftère religieux : faint Dominique eft dans le centre à gauche, fainte Catherine de Sienne & faint Thomas d'Aquin font à droite; dans un compartiment au deffus eft l'affomption.

Si on examine les exemples italiens des écoles modernes qui ont fupprimé les acceffoires légendaires, on en trouve d'un mérite réel, d'une élégance particulière. C'eft à ces titres que fe recommandent les œuvres fur ce fujet, par Louis Carrache, par Domenicchio & par Carlo Maratti, lefquelles font traitées finon avec beaucoup de fentiment poétique & religieux, du moins avec une grande dignité.

Mentionnons, en terminant, l'œuvre en ce genre par le Caravage, à caufe de fon hiftoire & de fa célébrité. On a toujours dit de lui qu'il peignait comme un brutal, parce que brutal il était; mais, dans fon genre, il avait du génie. Il devint même à la mode à Rome pendant quelque temps, patronifé par des perfonnages religieux éminents. Il peignit, pour l'églife de la Scala in Traftevere, un tableau de la mort de la Vierge, lequel eft un précieux exemple d'expreffion vive & naturelle, comme il eft le type du grotefque & de l'inconvenance. Au lieu d'être voilée, Marie est étendue sur sa couche, les cheveux épars ; les gros traits accentués, les grandes proportions du corps annoncent une bonne matrone du Trastévéré. Les apôtres sont debout ; un ou deux s'enflent les joues à force de pleurs ; saint Pierre se met les poings dans les yeux pour comprimer ses larmes ; une femme assise sur le devant pleure amèrement. Rien ne peut être ni plus grossier ni plus vulgaire. Les ecclésiastiques pour lesquels cette œuvre était faite refusèrent de mettre ce tableau dans leur église & le repoussèrent. Il fut acheté par le duc de Mantoue, & avec le reste de la collection de ce prince, il passa en la possession de l'infortuné Charles Ier d'Angleterre. Après la dispersion des peintures qui formaient le musée de ce roi, ce tableau prit le chemin du Louvre où il est actuellement.

La scène du portement du corps de la Vierge au sépulcre est assez rare. Un exemple qu'en a fourni Taddée Bartholi se fait remarquer par l'expression des sentiments religieux qui sont le caractère prédominant de ce peintre. Une gravure, attribuée au Bonasone, tirée d'une série de la vie de la Vierge de Parmignano, présente les apôtres portant le corps de la Vierge sur leurs épaules, à travers un terrain rocheux par lequel ils semblent descendre dans la vallée de Josaphat. Louis Carrache a aussi laissé à Rome une œuvre sur ce thème.

Dans les anciennes peintures, la scène de la sépulture de la Vierge diffère peu de celle de sa mort. Pour ne pas les confondre, il faut observer que si le Christ est debout, près du corps inanimé, tenant dans ses bras l'âme de Marie, c'est la mort qui eſt repréſentée; mais ſi dans le centre de la peinture ſe trouve un ſarcophage, ſi le corps eſt étendu ſur un linceul retenu par des anges ou par des apôtres, c'eſt la ſépulture. Angelico nous a laiſſé un bel exemple de cette ſcène. Dans ſon tableau, la Vierge eſt couchée comme une perſonne qui dort, ſur un linceul blanc ſoutenu par des apôtres qui ſe préparent à la dépoſer dans un tombeau de marbre; ſaint Jean porte la palme étoilée & ſemble s'adreſſer à un individu revêtu de la robe & de la calotte doctorales, lequel repréſente ſans doute Denis l'aréopagite; au deſſus, dans le ciel, l'âme de la Vierge, entourée d'anges, eſt reçue dans le paradis.

Il eſt facile de diſtinguer, dans les anciennes peintures, ſi l'artiſte a voulu repréſenter l'aſcenſion de l'âme de Marie au ciel ou l'aſſomption du corps. Dans le premier ſens, au moment où l'âme s'échappe du corps, Jeſus-Chriſt, en perſonne, debout devant la couche ou à la tête du lit mortuaire de ſa mère, la reçoit & l'admet à partager avec lui ſon bonheur ſuprême; c'eſt une aſcenſion de l'âme; tandis que dans l'aſſomption du corps, nous aſſiſtons au moment où l'âme étant réunie au corps, celui-ci ſe lève à la parole du Chriſt, *Surge*, & prend ſon eſſor vers le ciel, accompagné de perſonnages dont le nombre & l'eſpèce varient à l'infini, ſuivant le goût, l'idée ou la volonté des artiſtes ou des deſtinataires.

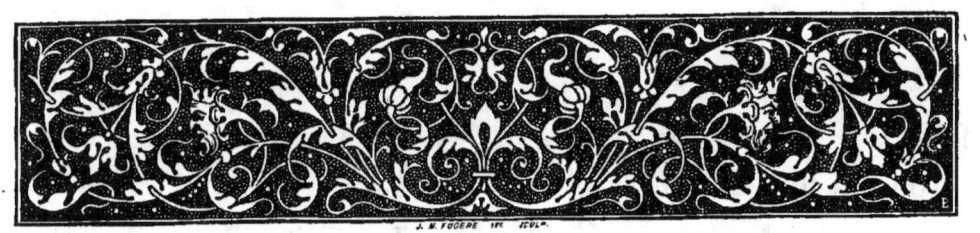

XXXI.

Affomption de la Vierge.

E toutes les fcènes de la vie de la Vierge, aucune n'a été plus populaire, plus multipliée par toutes les branches de l'art & plus admirablement bien traitée que fon entrée en poffeffion du féjour bienheureux que lui avaient mérité les fublimes vertus qu'elle a pratiquées & les mérites infinis de fa vie, fi intimement liée à celle du Rédempteur. Sous le titre d'affomption, cette dernière circonftance devint l'expreffion vifible d'un acte de foi univerfel & comme tel, on la trouve en peinture dans toutes les églifes, fur les autels, fur les vitraux; en fculpture, au deffus des portes, dans les retables, dans des chapelles ou oratoires; enfin partout où la religion a élevé un édifice à Dieu, l'affomption ou le couronnement de la mère de fon fils s'y rencontre.

Les populations ont tant de fympathie pour une idée qui leur fait voir monter au ciel, pour y être à jamais heureuse, cette mère qu'on a si souvent vue la plus malheureuse des mères, qu'elles ne s'en lassent jamais. Aussi que de fois l'art n'a-t-il pas eu à la reproduire. Dans ce sujet tout plaît à l'œil & à l'esprit.

Une tombe ouverte & vide n'a plus rien de sombre, rien qui attriste, & l'esprit se porte naturellement à la pensée de la résurrection future. Une femme, jeune & belle, entourée des esprits célestes, montant au ciel, est pour l'œil un sujet à la fois agréable & pieux qui laisse dans l'âme on ne sait quoi de suave & dans l'esprit le désir d'avoir un jour le même bonheur.

La terre & ses maux, la mort & la tombe restent ici-bas; l'esprit pur de la plus sainte des femmes, entouré de son tabernacle immaculé, accompagné d'harmonies angéliques, soutenu sur les ailes des séraphins & des chérubins, s'élevant dans les cieux pour aller rejoindre son fils bien-aimé & se réunir à lui pour toujours, voilà la scène admirable qui s'offre à l'art & qui lui permet de développer tout le génie & toute la splendeur dont il est capable, sans craindre de jamais outrepasser son sujet.

Ici un libre cours est donné à l'imagination. Quel que soit le genre des personnages dont la toile doit se couvrir, tous peuvent y trouver place, soit comme spectateurs, soit comme aidant ou accompagnant le triomphe de Marie.

Cette scène peut aussi être traitée sous deux points de vue.

Dans le premier, elle est purement idéale & dévote; c'est l'expression simple du dogme de foi: *Assumpta est Maria in cœlum.* Alors, la Vierge est vue montant au ciel au milieu d'une auréole de gloire, souvent couronnée ou voilée, les mains jointes, sa robe blanche tombant sous ses pieds & entourée d'un grand nombre d'anges ; dans ce sens, c'est un fait, un événement de sa vie.

Dans le second, elle revêt tout à fait la forme mystique, mais toujours dévote ; c'est purement une vision imaginaire que l'art entoure de tout ce qui peut flatter la vue, alimenter la piété & satisfaire les besoins du cœur.

C'est sous ce point de vue qu'elle peut être employée comme ex-voto.

Dans toutes les anciennes peintures, la robe est toujours blanche, souvent parsemée d'étoiles & la Vierge semble fendre les airs en montant vers le ciel ; les anges entourent l'auréole de gloire dans laquelle est placée la mère de Dieu. Telles sont les dispositions que la sculpture présente au dessus des portiques des églises qui lui sont dédiées, comme à Florence. Quelquefois, elle est assise sur un trône entouré de lumière & supporté par des anges, comme au dessus du portique du Campo-Santo de Pise.

Mais il y a peut-être de la hardiesse à dire que ce sont des assomptions ; on peut tout aussi bien les prendre pour des formes idéales exprimant la glorification de la Vierge, parfaitement traduite par *l'Incoronata*, où Marie a revêtu le caractère de l'immortalité. Rien dans ces œuvres n'annonce, en effet, qu'elle quitte la terre ; tandis que dans les vraies Assomptions, on trouve le plus souvent une tombe vide, les apôtres désolés, fixant leurs regards vers le ciel où elle s'élève, comme l'aurore, de la nuit du tombeau.

L'Eglise, n'ayant jamais déterminé de quelle manière eut lieu l'assomption, quelles furent les circonstances qui l'accompagnèrent, a laiffé a l'art un champ vafte dans lequel il s'eft donné toute liberté. Cependant, la compofition ordinaire, d'après le *Guide de la peinture*, eft celle-ci : Un tombeau ouvert & vide. Les apôtres dans l'étonnement. Au milieu d'eux Thomas, tenant la ceinture de la Vierge & la leur montrant. Au deffus d'eux, dans les airs, la Sainte Vierge enlevée au ciel fur des nuages. Une variante qu'on introduit quelquefois, c'eft Thomas fur les nuages, à côté de la Sainte Vierge & recevant de fes mains une ceinture. La compofition de quelques artiftes eft celle-ci : en bas une tombe ouverte, vide ou remplie de fleurs, au milieu, la Vierge planant dans l'efpace, &, dans le haut, le ciel ouvert; mais à ces difpofitions prefque générales, les artiftes ont ajouté des acceffoires plus ou moins nombreux, dont quelques-uns ajoutent à l'idée, tandis que d'autres en rehauffent l'effet.

Dans l'œuvre de Giunta Pifano, des premières années du XIIIe fiècle, le Chrift & la Vierge s'élèvent enfemble, affis & portés fur le même nuage, entourés d'anges. Un des bras du Chrift eft placé autour du corps de fa mère. Cette idée, qui repofe du refte fur le fens du cantique chap. VIII « Quelle eft celle qui s'élève du défert, appuyée fur fon bien-aimé », n'a rien que de naturel. Quoi de plus fimple que de fuppofer que le Chrift voulut defcendre à la rencontre de fa mère!

Dans celle d'Andrea Orcagna, de 1359, la Vierge eft affife fur un trône magnifique qui eft enlevé par quatre anges, tandis que deux autres font entendre des fons mélodieux. Au deffous de la Vierge eft faint Thomas qui, les mains tendues, reçoit la ceinture; au bas du tableau eft le fépulcre.

Dans la sculpture qui orne la porte du sud du Duomo de Florence, la tombe est omise, mais saint Thomas n'a pas été oublié, sans doute à cause de l'enthousiasme qu'inspirait à cette époque la *Sacratissima cintola della Madonna*.

Dans l'Assomption de Thadeo Bartoli, de 1413, qu'on voit à Berlin, l'artiste a choisi le moment où l'âme de Marie est réunie à son corps. Elle est revêtue d'une robe étoilée & dans l'attitude d'une personne qui se lève d'une position de repos, ce que l'artiste a admirablement exprimé, car elle semble en partie être enlevée sur les ailes des anges nombreux qui l'entourent, en partie être attirée par le pouvoir attractif du Christ qui plane au dessus d'elle & qui prend, dans ses mains, les mains jointes de sa mère. La tendre ivresse exprimée sur la figure de la Vierge, la spirituelle & douce dignité qui est empreinte sur celle du Christ sont tout à fait admirables & fixent la peinture dans le cœur & dans la mémoire des spectateurs comme une des plus belles compositions religieuses. Il est vraisemblable que cette action du Christ, qui tient dans ses mains celles de sa mère, a eu pour origine quelque modèle grec, car on la remarque sur bien d'autres peintures allemandes & italiennes, mais nulle part si bien & si heureusement exprimée que l'a fait le peintre de Sienne.

Un grand retable, de 1430, attribué à Domenico Bartoli, présente Marie, assise sur un trône, entourée de chérubins & d'un grand nombre d'autres anges adorant ou jouant sur des instruments; les mains de la Vierge sont jointes en signe de prière; sa tête est voilée & couronnée; elle est revêtue d'une robe blanche parsemée de fleurs d'or. A travers le ciel ouvert, on aperçoit le Chrift, jeune & fans barbe (à l'antique), les bras étendus vers fa mère & entouré des bienheureux; au deffous, mais dans le lointain, eft le tombeau entouré des apôtres; faint Thomas tient la ceinture.

Dans l'œuvre de Ghirlandajo, de 1475, la Vierge eft debout, revêtue d'une tunique étoilée & d'un grand voile blanc; fes mains font jointes; elle s'élève foutenue par quatre féraphins.

Celle d'Albert Durer préfente les apôtres autour du tombeau vide, regardant Marie qui s'élève dans le ciel, où elle eft reçue par fon fils; deux anges font à fes côtés.

Dans l'Affomption de Raphaël, de 1516, la Vierge eft affife dans le centre d'un croiffant; fes mains font jointes; un ange, à chaque côté d'elle, tient une torche allumée; au bas, on aperçoit le maufolée vide & onze apôtres. La conception de cette œuvre eft gracieufe & aimable, mais particulière à fon temps; on regrette que le génie de ce grand maître ne l'ait pas mieux infpiré en y introduifant les deux anges qui tiennent des torches, lefquels donnent à toute la fcène l'air d'une apothéofe païenne.

Dans celle attribuée à Gaudenzio Ferrari, de 1525, Marie, en robe blanche parfemée d'étoiles, s'élève droite dans les airs; fes bras font tendus, mais non élevés; fes traits ont une expreffion de douce joie; elle femble dire ces paroles, qui lui font attribuées : « Mon cœur eft prêt. » Plufieurs anges font autour d'elle; quelques-uns tiennent des cierges, un autre préfente à faint Thomas le bout de la ceinture; on aperçoit au deffous la tombe vide & les autres apôtres.

Mais voici l'œuvre capitale en ce genre, la plus remarquable peut-être, du moins la plus impofante : nous parlons de la fameufe Affomption dont l'immortel Corrége a orné la coupole du grand Duomo de Parme, en 1530. L'efpace étant immenfe, l'artifte a été obligé de donner à fon œuvre des proportions gigantefques qui ne diminuent en rien l'effet, vu l'éloignement des fpectateurs.

Dans la partie la plus élevée de la coupole, là où la lumière tombe à flots, le Chrift femble fe précipiter au devant de fa mère qui, repofée fur des nuages, entourée d'une multitude d'anges, tend les bras vers fon fils; un rayon de joie fe répand fur l'enfemble de ce vafte travail. Autour du Dôme, comme s'ils fe tenaient fur un balcon, font placés les douze apôtres. Rien ne peut égaler l'effet de cette œuvre, & quand on penfe aux difficultés que l'artifte a dû rencontrer, on fe fent forcé de la confidérer comme un prodige d'audace, de force & de génie.

L'Affomption du Titien, à Venife, paffe pour une peinture célèbre, non égalée dans fon genre; nous ajouterons, qu'elle eft peu en rapport avec les anciennes traditions de l'art. Dans cette œuvre, la Vierge, entourée d'un flot de lumière, eft enlevée avec une telle rapidité que fon voile & fes vêtements en font dérangés; fes pieds font découverts, circonftance que repouffe l'art antique; fes vêtements, au lieu d'être blancs, font bleus & cramoifis; fes bras font étendus; fes traits n'annonçent pas la jeuneffe. Mais, quelque chofe de fublime dans leur expreffion de joie, c'eft le groupe admirable des petits anges qui l'entourent; les apôtres font au deffous; à vrai dire, l'enfemble de cette peinture & la fplendeur du coloris en font un enchantement pour les fens & pour l'imagination.

Dans celle de Palma Vecchio, de 1575, la Vierge, contrairement à toutes les autres, regarde la terre ; elle détache sa ceinture pour la donner à saint Thomas qui est au dessous avec les autres apôtres. Cette œuvre est restée inachevée.

Celle d'Annibal Carrache offre une particularité dont l'art peut être satisfait, mais que le bon goût repousse en raison de l'attitude donnée à Marie. Dans son œuvre, la Vierge, au milieu d'une foule d'anges soutenus par des nuages, est placée en travers du tableau, les bras étendus ; au dessous est la tombe de marbre blanc sculpté, avec onze apôtres dont un, d'un air étonné, tire du sépulcre une poignée de roses.

Son cousin Augustin paraît avoir été plus heureux, car on place son Assomption au rang des plus belles œuvres.

La mode de varier la pose de la Vierge, introduite dans les écoles modernes, a souvent donné lieu à des excès regrettables. On cite une Assomption de Lanfranc, dans laquelle Marie fend les airs comme un nageur fendrait l'eau, ce qui lui donne une attitude plus que désagréable.

Si parmi le nombre d'Assomptions que peignit Rubens, il s'en trouve quelques-unes qui sont peu solennelles, peu pathétiques, du moins conduisent-elles toutes la pensée vers une vie nouvelle. La plus belle de ses œuvres sur ce sujet, comme composition scénique, est celle du musée de Bruxelles, quoiqu'on puisse lui préférer encore celle qui orne la galerie des souverains d'Angleterre. Dans l'une & l'autre de ces deux peintures, la Vierge sous un aspect majestueux, couverte de draperies blanches & bleues, s'élève, les bras étendus, entourée d'une troupe d'anges ; au bas du tableau sont les apôtres & les saintes femmes ; quelques-uns des apôtres fuivent Marie du regard, les autres expriment leur furprife à la vue des fleurs qui femblent éclore dans le maufolée vide. Les couleurs des draperies, la pofe des perfonnages très-naturelle, tout concourt à faire de ces peintures des modèles à imiter.

Il n'eft pas néceffaire, fans doute, de parler de l'œuvre du Pérugin qui orne le mufée de Lyon, tout le monde la connait, & fi le maître de Raphaël s'eft laiffé furpaffer par fon élève, ce n'eft point par l'expreffion du fentiment, furtout fi on en juge par fa belle Affomption qui eft confervée dans l'académie de Florence.

Le Guide a toujours excellé dans la repréfentation de la Vierge, mais fuivant le goût & le genre de fon temps & des écoles de fon époque. Ses Madones ont une efpèce d'élégance aérienne qui les rend très-attractives, mais elles reffemblent trop à des nymphes. Cependant on conçoit de ce maître une idée plus avantageufe quand on a vu fa grande Affomption qui figure dans la galerie de Munich. Quant à celle qu'on voit à Bridgewater, ce n'eft qu'une Immaculée Conception qu'on prend fouvent pour une Affomption.

Le Pouffin, de l'école françaife, a auffi fait le triomphe de Marie; fon œuvre, marquée au coin du génie, fe diftingue de celle de tous les autres maîtres par le moment choifi pour la repréfentation. Toutes les Affomptions que nous venons d'analyfer préfentent le fait au moment où il commence, en quelque forte, à s'accomplir. La vue des apôtres, d'une tombe vide, tout y rappelle la terre d'où eft partie cette reine des anges pour aller prendre poffeffion de fon royaume, quelques-uns la préfentent comme déjà au fein du paradis, recevant des mains du

Tout-Puiſſant la couronne qui lui était dès longtemps préparée. Le Pouſſin a pris le milieu entre ces deux points, mais il a mis dans ſa compoſition toute la nobleſſe, tout le feu qu'on était en droit d'attendre de ſon génie, dit Emeric David. Il nous montre la Vierge au milieu des airs, entourée d'une foule d'anges qui, en l'adorant, la tranſportent comme un léger fardeau. Les apôtres, le tombeau, qui aurait rappelé ſa nature mortelle, ont diſparu.

Le groupe eſt déjà loin de la terre qu'on aperçoit à peine, & encore loin des cieux dont on ne fait qu'entrevoir la divine clarté. Ce moment, choiſi par notre peintre, réunit tout l'intérêt que peuvent inſpirer, dit notre ſavant obſervateur, le ſouvenir du monde que la Vierge a abandonné & l'idée des cieux où elle eſt ſur le point d'atteindre. Bien des peintres ont placé Marie aſſiſe ſur des nuages que des anges environnent. Combien le Pouſſin a été mieux inſpiré quand il l'a placée debout, levant vers le ciel ſes mains & ſes regards, paraiſſant s'élancer vers ſon éternelle demeure! Autant la penſée de ce tableau eſt heureuſe, autant l'exécution en eſt ſavante. Quelle vérité dans l'action de toutes les figures, dans l'aſcenſion du groupe, dans les effets du vent qui ſemble la ſoulever! quelle ſérénité ſur le viſage de la Vierge! comme les têtes des anges ſont belles! quels nobles contours, quelle grandeur, quelle fierté, quelle fineſſe dans leurs traits céleſtes! quelle chaleur dans l'expreſſion de l'amour & de la crainte religieuſe dont ils ſemblent pénétrés! Le coloris, obſerve très-bien Emeric David, n'offre pas les teintes éclatantes qu'un goût difficile pourrait exiger dans un pareil ſujet; mais il préſente des couleurs douces, riches, variées qui ne manquent point de vivacité, & qui font entre elles dans un parfait accord. Dans ce tableau, que le Pouſſin a terminé avec le plus de ſoin, on peut admirer également & le peintre & le poëte.

Comme bien d'autres ſujets religieux, une aſſomption peut, par ſes acceſſoires, prendre un caractère purement dévot. Elle ceſſe alors d'être un fait, un événement, mais elle devient une viſion, un myſtère. Il exiſte de magnifiques œuvres en ce genre; nous allons en indiquer quelques-unes.

La première que nous choiſiſſons eſt un exemple florentin primitif, de 1500 environ. Marie eſt debout & s'élève dans une belle attitude; deux anges la couronnent, d'autres la ſoutiennent, d'autres encore font entendre des ſons mélodieux qu'ils tirent de divers inſtruments de muſique; les apôtres & la tombe ſont au deſſous, ſur un côté ſe montrent ſaint Ambroiſe & ſaint Auguſtin, derrière ceux-ci ſaint Côme & ſaint Damien. En introduiſant ces perſonnages, Borgognone, auquel elle eſt attribuée, montre aſſez que ſon œuvre eſt un *ex-voto*, peut-être contre la peſte. Cette peinture eſt du reſte curieuſe, belle & expreſſive.

Dans un ſecond exemple, de cinquante ans plus ancien, Marie aſſiſe, élégamment vêtue de blanc, avec un ornement bleu clair dans ſes cheveux, s'élève dans une auréole de gloire, ſoutenue par ſix anges. Dans le bas eſt le tombeau garni de fleurs; ſur le devant, ſaint François & ſaint Jérôme ſont agenouillés.

Dans un autre, par Granacci, de 1530, la Vierge, montant dans la gloire, préſente ſa ceinture à ſaint Thomas qui eſt à genoux. De chaque côté, comme témoins, ſont ſaint Jean-Baptiſte, patron de la ville de Florence; ſaint Laurent, patron de Laurenzo Médicis; & les deux apôtres, ſaint Barthélemy & ſaint Jacques.

Dans celle d'Andrea del Sarto, de 1550, Marie, vêtue de blanc, eſt aſſiſe au milieu d'un nuage vaporeux. De chaque côté ſont des anges ; au bas du tableau on voit la tombe & les apôtres, groupe beau & ſolennel. Preſque au premier plan, ſont ſaint Nicolas & l'intéreſſante Marguerite de Cortone. Si la tête de la Vierge n'était point celle de la femme du peintre, cette œuvre ne laiſſerait rien à déſirer.

Parmi les toiles remarquables que poſſède le muſée de Lyon, nous n'aurons garde d'oublier la fameuſe Aſſomption par le Guide, laquelle tient par ſon mérite, une des premières places dans cette galerie. Marie, radieuſe & triomphante de la mort, dit la notice, eſt enlevée au ciel par des anges ; une foule de ſéraphins environnent ſon auréole & la contemplent dans ſa gloire.

Quant à l'œuvre de Nuvolone, qui fait auſſi partie de la même galerie, quoiqu'on lui donne le titre d'Immaculée Conception, nous n'héſitons pas à la placer au nombre des Aſſomptions. Tout, dans cette peinture, indique que c'eſt ce dernier ſujet que le peintre a voulu exprimer ; nous ajouterons même que ſon mérite, comme compoſition ſur ce thème, eſt peu conteſtable. Ici, la Vierge, couronnée par des anges, eſt portée dans les cieux par des ſéraphins ; or, ſi ce n'eſt pas une Aſſomption, on pourrait à juſte titre demander à l'artiſte : Que va-t-elle faire au ciel ? puiſque, à peine conçue, elle n'a pas encore rempli la miſſion que l'Eternel lui deſtine & qui doit lui mériter la couronne que tout porte à penſer qu'elle va recevoir.

Terminons par l'Aſſomption que Trémolière a laiſſée, en 1737, dans l'égliſe des Chartreux, de Lyon, faiſant pendant à ſon Aſcenſion dont nous avons déjà parlé.

Cette œuvre s'écarte peu de la compofition ordinaire du fujet : fur la terre, le tombeau vide, entouré d'apôtres, mais encore garni du linceul blanc dont fut enveloppé le corps de Marie. Dans l'efpace, la Vierge, vêtue d'une tunique blanche & d'un voile bleu, les mains croifées fur fa poitrine, les yeux affectueufement fixés au ciel, terme de fon voyage; s'élevant doucement portée par des anges dont les traits expriment la joie. Si l'artifte eft refté, pour cette partie de fon tableau, dans les limites de l'ordinaire, du moins a-t-il le mérite d'être auffi refté dans celles des convenances & de la vérité.

Tout l'intérêt de cette œuvre fe porte fur un apôtre, faint Thomas, fans doute toujours incrédule, qui, ayant ôté le linceul qui couvrait le fépulcre, y plonge avidement fon regard fcrutateur comme pour s'affurer par lui-même du fait de la réfurrection de Marie, dont femble s'entretenir un des douze qui, appuyé fur le tombeau, converfe avec faint Pierre, tandis que les autres apôtres accompagnent du regard la Vierge dans fon affomption.

Une particularité, unique peut-être à cette œuvre, eft un petit ange, planant dans l'efpace, entre la Vierge qui s'élève, & le tombeau qu'elle vient de quitter, & tenant à la main un bouquet de rofes faifant allufion fans doute à celles dont la légende rapporte que le tombeau fut rempli.

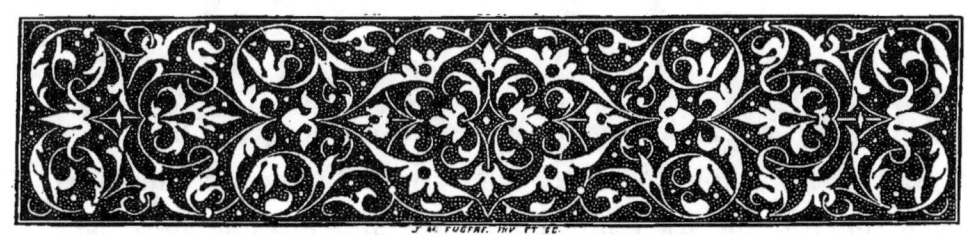

XXXII.

Couronnement de la Vierge dans le ciel.

N dirait que c'eſt avec regret que l'art a vu épuiſer les magnifiques ſujets que la biographie de Marie, de cette femme angélique, lui a fournis. Après avoir retracé tant & tant de fois & de pluſieurs manières, toutes les ſcènes que lui prêtaient l'Ecriture & les hiſtoires légendaires, il a encore voulu dire d'elle ce qu'aucun œil mortel n'a vu, ce qu'aucun eſprit humain n'a pu raconter, ce qu'aucune plume n'a pu tracer, mais ce qu'on peut juſtement ſuppoſer, ſon couronnement dans le céleſte ſéjour. Il s'eſt élevé, par l'idéal, juſqu'aux pieds du trône de l'Eternel, & là, il lui a ſemblé voir le cérémonial de l'entrée de Marie dans ſon royaume, de ſon introniſation, & c'eſt ce qu'il a retracé ſur quelques toiles qu'on intitule : *Couronnement de la Vierge*.

Nous avons fait remarquer que, dans quelques œuvres, cette

fin glorieuſe de l'hiſtoire de Marie ne forme qu'un ſeul ſujet avec ſon aſſomption. Mais il convient de diſtinguer, comme l'art l'a fait quelquefois, ſon couronnement ſcénique & ſolennel d'avec l'*incoronata* myſtique, qui eſt le triomphe de l'Egliſe allégorique, un thème purement dévot ; tandis que le couronnement ſolennel eſt la concluſion entière de la vie de la Vierge.

Dans ce dernier ſens on a, non-ſeulement la cour céleſte, les champs argentés du paradis, peuplés d'eſprits immortels, la perſonnification ſublime du Chriſt glorifié, repréſenté comme viſion, mais encore le triomphe de la créature humaine, de l'humble femme élevée à l'immortalité & à la royauté du ciel, de la terre, des mers & de l'univers entier.

La terre, ſon ſépulcre & ſon linceul, nous montrent que, comme ſon fils, elle eſt entrée dans la gloire par la ſombre porte de la mort & qu'elle n'a obtenu la félicité qu'après avoir parcouru les ſentiers de la douleur. Son fils, à côté duquel elle eſt aſſiſe, a daigné eſſuyer ſes larmes en plaçant ſur ſa tête la couronne que lui ont value ſes nombreuſes & ſublimes vertus. Le Père éternel la bénit, le Saint Eſprit rend témoignage, les chérubins & les ſéraphins la reçoivent & la ſaluent comme leur reine.

Dans l'*Incoronata*, la compoſition préſente preſque toujours, comme expreſſion dévote, non-ſeulement les eſprits celeſtes, les patriarches, les martyrs, les pères & les docteurs de l'Egliſe, mais encore les ſaints patrons & les adorateurs.

Ce dernier ſujet ſe rencontre ſouvent dans les peintures primitives & dans les retables. Le ſujet du couronnement ſcénique & ſolennel eſt plus rare ; cependant il entre, comme le dévot, dans l'ornementation des églises & des musées ; en voici quelques exemples :

Dans l'abside du Duomo, à Spolette, on voit, au bas, la mort de la Vierge, dans le genre habituel byzantin, traité dans le style italien, Jésus recevant l'âme de la Vierge, & au dessus son couronnement. Ici, la Vierge est à genoux, revêtue d'une robe blanche, parsemée de fleurs d'or, & le Christ, qui représente le Père éternel, la couronne reine du ciel.

Albert Durer termine sa belle série de la vie de la Vierge par une composition bien remarquable. Sur la terre est le mausolée vide ; les apôtres, à l'entour, regardent avec admiration les régions supérieures. Aucune allusion n'est faite à la ceinture ; au dessus, la Vierge plane dans l'espace, ayant l'arc-en-ciel sous ses pieds ; elle est couronnée par le Père & par le Fils & la colombe est placée au dessus de sa tête.

On voit, au Vatican, le Couronnement de la Vierge attribué à Raphaël. Il est certain que ce maître en dessina le carton & commença le retable des religieuses du Mont-Luci, près de Pérouse ; mais il paraît aussi hors de doute que la peinture, telle qu'elle est, fut toute faite par ses élèves : Jules Romain & Jean François Penni. Dans cette œuvre, on trouve la tombe au dessous, remplie de fleurs, entourée des douze apôtres ; Jean & son frère Jacques, un peu sur le devant, regardent le ciel ; saint Pierre est derrière eux &, plus dans le fond, est saint Thomas tenant la ceinture. Le trône est placé dans le ciel où la Vierge, douce & belle, est assise avec son fils, les mains jointes, la tête voilée & les yeux humblement baissés ; elle se penche légèrement pour recevoir la couronne d'or que Jésus eſt ſur le point de mettre ſur ſa tête. La colombe eſt omiſe, mais huit ſéraphins, aux ailes reſplendiſſantes des couleurs de l'arc-en-ciel, planent au deſſus de la Vierge. A droite, un ange magnifique joue du tambourin, à gauche, un autre, non moins beau, joue du violoncelle &, au milieu d'un déluge de lumière, une foule d'eſprits céleſtes rempliſſent le fond.

Le couronnement de la Vierge change quelquefois de titre & prend celui de Vierge glorieuſe; ſous cette dernière appellation nous n'aurons garde d'oublier le chef-d'œuvre de Rubens, qu'a fourni au muſée de Madrid la riche collection de l'Eſcurial. Ici, la Vierge eſt entourée & adorée d'un groupe de quinze perſonnages parmi leſquels on diſtingue ſaint Pierre & ſaint Paul, patrons du peintre & pluſieurs autres bienheureux des plus célébrés. Ce tableau, où Rubens a rajeuni le ſujet favori des Francia, des Pérugin, des Cima da Conegliano & de pluſieurs maîtres antérieurs à Raphaël, eſt traité en petites proportions; mais tout y eſt digne du peintre d'Anvers. Arrangement des groupes, force & délicateſſe de la touche, couleur, effet, tout eſt merveilleux, magique.

Un des points de la vie de la Vierge que l'art s'eſt principalement complu à reproduire, c'eſt ſon couronnement par ſon fils. C'eſt le type habituel de l'Egliſe triomphante. Le Chriſt couronnant Marie, c'eſt le Chriſt couronnant l'Egliſe qu'elle repréſente.

Dans toutes les plus anciennes œuvres ſur ce ſujet, c'eſt le Chriſt ſeul qui place la couronne ſur la tête de ſa mère, aſſiſe ſur le même trône, à ſa droite. Quelquefois la compoſition ne préſente que ces deux figures; quelquefois auſſi apparaiſſent le Père éternel qui les contemple & le Saint Esprit, en forme de colombe, qui plane au milieu d'eux. Dans les exemples modernes, la Vierge est assise entre le Père & le Fils, tous deux sous la forme humaine, tous deux tenant la couronne sur la tête de Marie & le Saint Esprit planant au dessus d'eux. Dans quelques exemples, la Vierge est aux genoux de son fils qui lui pose la couronne sur la tête; autour d'eux, sont des anges chantant en chœur; souvent à la foule des anges, se joignent un grand nombre de patriarches, de saints, de martyrs, de pères de l'Eglise & d'autres bienheureux.

Parmi les nombreuses citations que nous pourrions faire de ce sujet ainsi traité, nous choisissons les plus anciens, parce qu'ils ont dû servir de modèle aux modernes.

Il existe en mosaïque un groupe bien singulier en ce genre. La Vierge est intronisée avec son fils; elle est assise à sa droite, à la même hauteur & tout à fait comme son égale; le Christ la tient entrelacée dans ses bras, sa main droite repose sur l'épaule de la Vierge, de sa main gauche il tient un livre ouvert sur lequel est écrit : *Veni, electa mea;* la Vierge porte une magnifique couronne que son fils lui a sans doute posée sur la tête. Marie porte aussi un livre ouvert sur lequel on lit: *Sa main droite sera au dessus de ma tête & il m'enlacera de sa main gauche;* le Christ n'a que le nimbe autour de la tête. La Vierge est évidemment ici le type de l'Eglise triomphante & glorifiée, ayant vaincu le monde. La signification de cette composition est toute dans le livre des révélations : « à celui qui vaincra, j'accorderai de siéger avec moi sur mon trône. » Quoique mal exécutée, cette mosaïque que l'on voit à Rome, ne remonte pas au delà du xiie siècle & est unique dans son genre, comme peinture & comme décoration d'église.

Dans une autre mosaïque, in Santa Maria Maggiore, représentant aussi, peut-être pour la première fois, le couronnement de Marie, le sujet est traité avec la plus grande simplicité. Le Christ & la Vierge, de grandeur colossale, sont assis sur le même trône royal, au milieu d'un cercle de gloire. Le fond du tableau est bleu parsemé d'étoiles d'or. De la main droite, le Christ place la couronne sur la tête de sa mère, de la gauche, il tient un livre ouvert avec ce texte habituel : *Veni, electa mea.* La Vierge se penche légèrement en avant, ses mains sont jointes en signe d'adoration. De chaque côté de la gloire se trouvent neuf anges, représentant les neuf chœurs de la hiérarchie céleste. Derrière ceux-ci, & à droite, sont saint Pierre, saint Paul, & saint François; à gauche, sont les deux saints Jean & saint Antoine de Padoue. Toutes ces figures sont très-petites, en comparaison de celles du Christ & de la Vierge; mais, plus petites encore sont celles du pape Nicolas IV & du cardinal Giacomo Colonna, sous les auspices desquels la mosaïque fut exécutée en 1288, par Jacopo della Turrita, religieux Franciscain. Sur le devant des groupes, coule le fleuve du Jourdain, symbole du baptême & de la régénération; sur ses rives est le cerf, emblème de l'aspiration religieuse. Sous le groupe central est cette inscription : *Virgo assumpta est.* Toutes les parties, tous les détails de cette œuvre sont admirablement bien traités & ce qui lui donne plus d'intérêt encore c'est d'être, sans doute, le premier exemple de la glorification de saint François & de saint Antoine de Padoue, qui avaient été canonisés environ quarante ans auparavant.

La mosaïque par Gaddo Gaddi, au dessus de la grande porte de la cathédrale de Florence, diffère de la précédente en ce que pendant que le Christ, de sa main gauche, pose la couronne sur la tête de Marie, il la bénit de sa droite; il semble même, pour cela, avoir déposé sa propre couronne, car elle est placée près de lui. L'attitude de la Vierge est aussi toute particulière.

Nous n'avons pas besoin de parler du Couronnement de la Vierge par Simone Memmi, que l'on voit au Louvre; tout le monde le connaît. Il n'a, du reste, rien de bien remarquable qui puisse intéresser l'art, si ce n'est son ancienneté, & nous aurions trop à faire si nous voulions entrer ici dans le détail de toutes les peintures, de toutes les verrières qui ont retracé, exprimé le couronnement de la Vierge.

Dans un petit retable, par Giotto, le Christ & la Vierge sont assis ensemble sur un même trône. De ses deux mains, le Christ place une couronne de diamants sur la tête de Marie, qui se penche légèrement en avant; les mains de cette dernière sont croisées sur ses genoux. Des anges agenouillés se tiennent devant le trône, les uns avec des encensoirs, les autres avec des présents.

Dans un second retable, par le même artiste, le Christ porte une riche couronne de pierreries; il est assis sur un trône; la Vierge, les mains jointes, est à genoux devant lui; ils sont entourés d'un grand nombre d'anges, tenant des instruments de musique.

Dans le Couronnement, par Piero Laurati, les figures du Christ & de la Vierge, assis sur le même trône, ressemblent en expression & en sentiment, à celles de Giotto; les anges sont diſtribués autour du trône & le traitement en eſt totalement typique.

L'une des plus célèbres & des plus belles peintures d'Angelico da Fieſole, c'eſt ſon Couronnement de la Vierge, actuellement au Louvre, mais qui était primitivement au deſſus du grand autel de l'égliſe du couvent de Saint-Dominique à Fieſole, dans lequel Angelico fut élevé & fit ſa profeſſion de moine. La compoſition en eſt conçue comme s'il s'agiſſait d'une grande cérémonie royale; les êtres qui y figurent ont une phyſionomie & une grâce vraiment céleſtes. Le Rédempteur, couronné lui-même, portant un manteau d'hermine d'un roi terreſtre, eſt aſſis ſur un trône, ſous un dais gothique; il tient la couronne des deux mains & la place ſur la tête de la Vierge, qui eſt à genoux devant lui. Elle a dans ſes traits une beauté délicate, jointe à une expreſſion de divine humilité. Sa face, vue de profil, eſt cachée en partie par un voile tranſparent qui retombe ſur une robe cramoiſie, ſur laquelle eſt une tunique bleue. De chaque côté eſt un chœur d'anges, vêtus de tuniques éblouiſſantes, faiſant entendre de céleſtes harmonies, en regardant avec admiration le groupe principal. Plus bas, à droite, ſont dix-huit, à gauche vingt-deux perſonnages des principaux patriarches, apôtres, ſaints & martyrs, parmi leſquels ſe trouvent ſaint Dominique & ſaint Pierre. Au bas de cette grande compoſition eſt une bordure formée de ſept compartiments contenant, au centre, une *Pieta* & de chaque côté trois petits ſujets tirés de la biographie de ſaint Dominique. La beauté ſpirituelle des têtes, les teintes délicates des coloris, le charme ineffable, répandu ſur tous les traits, donnent à cette œuvre un effet magique dont on ne pourrait ſe rendre compte si on ne savait que Fra Angelico da Fiesole était l'artiste par excellence pour rendre les sujets pieux.

En souvenir de cette gracieuse conception italienne, a été fait, par un peintre que l'on croit allemand & dont le nom nous est inconnu, le Couronnement qui orne la collection de Walenstein (*Kensington Palace*) en Angleterre. Ici la Vierge est couronnée par la Trinité. Marie, les bras croisés sur la poitrine, vêtue d'une draperie bleue, est agenouillée devant un trône demi-circulaire, sur lequel sont assis le Père & le Fils, tandis que le Saint Esprit, sous forme de colombe, aux ailes déployées, plane au dessus d'eux. Le Père, sous une figure respectable, porte la tiare & tient le sceptre; les traits du Christ expriment la satisfaction; de sa main droite, il tient une croix de cristal; de la gauche, il tient une couronne qu'il va déposer sur la tête de la Vierge. Le trône, d'or, est garni de pierres précieuses. Au bas sont divers compartiments renfermant un grand nombre de saints & de martyrs, parmi lesquels sont les bienheureux les plus populaires en Flandre & en Bourgogne. Ces deux œuvres, sorties de pinceaux étrangers l'un à l'autre, sont également remarquables par le fini, la beauté du coloris & la délicate élégance des traits. Cependant l'artiste italien semble l'emporter par la grâce & la beauté harmonieuse & divine de ses têtes.

La peinture & la sculpture ne sont pas les seules branches de l'art qui se sont occupées du couronnement de la Vierge, la ciselure, qui fait partie des beaux arts, a aussi voulu payer son tribut à la reine du ciel en reproduisant son triomphe. On conserve, à San Giovanni de Florence, une paix sur laquelle est représenté le couronnement de Marie par son divin fils, en préfence des faints & des anges. Ce vafe facré, forti des mains de Mafo Finiguerra, préfente plus de trente figurines d'un deffin exquis & d'un caractère parfait. L'empreinte ou gravure de ce beau travail eft du refte confervée à la bibliothèque impériale à Paris.

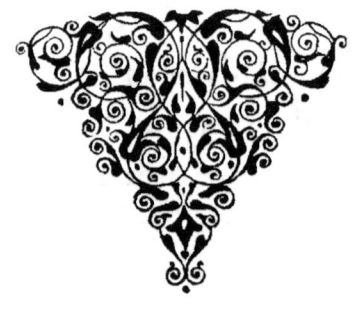

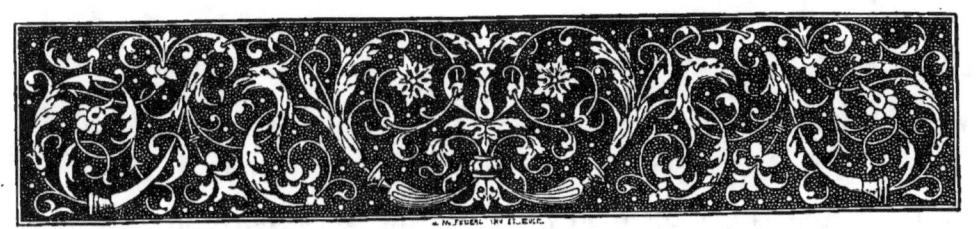

XXXIII.

Symboles & attributs donnés à Marie.

OUS avons retracé, à grands traits, l'hiftoire de la mère de Dieu, racontée par les beaux-arts; continuons notre œuvre par quelques mots fur les différents fymboles ou attributs que les artiftes placent à côté de fa perfonne, comme pour indiquer tous les titres, toutes les appellations, tous les honneurs que la piété s'eft plu à lui donner & qu'il leur eft impoffible de rendre autrement que par un langage fymbolique conventionnel.

Commençons par ceux qui font empruntés aux litanies de la Vierge & à certains textes des cantiques. Ces fymboles, que dans tous les âges, l'Eglife lui a donnés, accompagnent fréquemment, au xve & au xvie fiècle, fes repréfentations, exaltent fa glorification & même, au xviie fiècle, furent introduits dans l'Immaculée Conception.

Le Soleil & la Lune. — Texte des cantiques appliqué à Marie

par ce paſſage de l'Apocalypſe : « Une femme vêtue du ſoleil, ayant la lune à ſes pieds & ſur ſa tête une couronne de douze étoiles. » De là cet éclat du ſoleil autour de ſa perſonne, &, à ſes pieds, le croiſſant de la lune.

L'Etoile. — Ce ſymbole, brodé très-ſouvent ſur le voile de la Vierge ou ſur une des épaules de ſon manteau bleu, eſt preſque devenu une marque diſtinctive des œuvres des plus grands peintres. La *Madonna della Stella* eſt une œuvre qui rappelle le plus expreſſif des titres de Marie : l'étoile de la mer, qui n'eſt autre que l'interprétation de ſon nom juif מרים (*Mirjam*), mais elle eſt auſſi l'étoile de Jacob, l'étoile du matin, l'étoile fixe.

Lorſque, au lieu d'une ſeule étoile ſur ſon voile ou ſur ſes vêtements, on en voit douze, l'alluſion eſt celle du texte de l'Apocalypſe déjà cité & le nombre des étoiles rappelle celui des apôtres.

Le Lis. — Je ſuis le lis de la vallée (Cantique). Comme emblème de la pureté, le lis eſt introduit dans l'Annonciation; il doit être ſans étamines. Avec les madones intronifées, il eſt placé dans les mains des anges, mais ſurtout dans les tableaux d'artiſtes florentins, car le lis eſt l'emblème de la patronne de leur ville, choiſie par leurs concitoyens comme deviſe de la cité ; c'eſt pour cette même raiſon qu'il devint celui de la monarchie françaiſe. Des épines ſont quelquefois entremêlées au lis pour exprimer que la pureté n'eſt pas toujours, ici-bas, exempte de ſouffrances.

La Roſe. — Elle eſt la roſe de Saaron. La roſe eſt dédiée à la Vierge, comme étant l'emblème de l'amour & de la beauté. Souvent un petit bouquet de roſiers ou un jardin de roſes eſt introduit & forme le parterre du tableau. Il en exiſte un bel exemple dans une œuvre de Céſar de Seſto &, un autre, la Madone du Buiſſon de roſes, par Martin Schoen.

Le Jardin fermé. — Cette allégorie eſt empruntée, comme bien d'autres, aux chants de Salomon. Il exiſte des peintures dans leſquelles le jardin, clos de treillages ou de buiſſons de roſes, forme le fond du tableau, dans les Annonciations ou dans l'Immaculée Conception, témoin la belle peinture par Francia. La clôture eſt quelquefois formée de pierres ou de paliſſades, comme dans l'œuvre d'Albert Durer.

La Fontaine toujours pleine, le Puits ſcellé pour toujours, la Tour de David, le Temple de Salomon, la Cité de David, tous attributs auſſi empruntés aux cantiques & donnés à la Vierge, ſont introduits dans quelques tableaux ou ſur des verrières d'égliſe.

La Porte cloſe. — C'eſt une métaphore tirée des prophéties d'Ezéchiel.

Le Cèdre du Liban. — C'eſt une allégorie ſouvent employée à cauſe de la ſtature élevée, de la ſubſtance incorruptible, des parfums & des vertus curatives qui ſont attribuées à cet arbre en Orient & qui expriment la grandeur, la bonté & les vertus de Marie.

La Palme victorieuſe, le Cyprès, l'Olivier, comme ſignes de paix, d'eſpérance & d'abondance, ſont des emblèmes qui conviennent à Marie.

Le Rejeton de Jeſſé. — Quand cet emblème eſt repréſenté comme un branche verte entrelacée de fleurs, il eſt très-ſignificatif.

Le Miroir de juſtice eſt une métaphore empruntée au Livre de la Sageſſe.

Le Livre fermé eſt un ſymbole ſouvent placé dans les mains de la Vierge, dans une Annonciation myſtique. L'alluſion eſt tirée du texte d'Iſaïe décrivant la viſion du Livre fermé, dans lequel ni le ſavant ni l'ignorant ne peuvent lire.

Le Buiſſon qui brûle ſans ſe conſumer eſt introduit par le Titien dans une Annonciation, avec une ſignification myſtique.

Un grand nombre d'autres acceſſoires ſont introduits dans les repréſentations de la Vierge & de l'Enfant, leſquels ſont ſuſceptibles d'interprétations plus générales.

Le Globe, comme emblème de ſouveraine puiſſance, eſt un ſymbole depuis longtemps placé dans les mains du divin enfant.

Quand le Globe eſt ſous les pieds de la Vierge, entouré d'un ſerpent, il figure notre rédemption, le triomphe de Marie ſur le monde déchu, ſa puiſſance ſur le démon.

Le Serpent eſt l'emblème général de Satan, du péché ; mais, ſous les pieds de la Vierge, qui lui écraſe la tête, c'eſt l'interprétation de ces paroles de la Genèſe : *Ipſa conteret caput tuum*.

La Pomme. — C'eſt de tous les attributs le plus ordinaire ; elle fait alluſion à la chute de l'homme. Quand elle eſt dans les mains de l'enfant, elle indique qu'il eſt la réparation du mal cauſé par la pomme ; lorſqu'elle eſt dans les mains de la Vierge, celle-ci eſt déſignée comme une ſeconde Eve.

La Grenade avec ſes graines éparſes était l'ancienne figure de l'eſpérance, mais de l'eſpérance religieuſe. Dans les anciennes peintures, on la voit ſouvent placée dans les mains de l'enfant Jéſus qui la préſente à ſa mère.

Beaucoup d'autres fruits & même des fleurs font introduits dans les œuvres de quelques artistes, selon leur goût & l'idée qu'ils veulent rendre.

Généralement les fruits symbolisent les dons du Saint Esprit : la joie, la paix, l'amour. Toutes les fleurs font consacrées à Marie.

Les épis de blé, placés dans la main de l'Enfant-Dieu, comme l'a fait Louis Carrache, indiquent visiblement le pain eucharistique, comme les raisins symbolisent le vin.

Le Livre. — Lorsqu'il se trouve dans les mains de l'enfant, c'est l'Evangile ou le Livre de la Sagesse. Quand il est dans les mains de la Vierge, on peut lui donner deux significations : s'il est ouvert ou si elle a ses doigts placés entre les feuillets, c'est le Livre de la Sagesse ; s'il est fermé, c'est un symbole particulier à la Vierge.

La Colombe. — Une seule colombe, voltigeant au dessus de la tête de la Vierge, est l'emblème reçu du Saint Esprit. Lorsqu'il s'en trouve sept, ce sont les sept dons du Saint Esprit qui la caractérisent comme la sagesse personnifiée. Des colombes placées près de Marie, quand elle lit ou qu'elle travaille, ou qu'elle est dans le temple, sont l'expression de sa douceur & de sa tendresse.

Les Oiseaux. — Dans les hiéroglyphes égyptiens, l'oiseau est généralement pris pour l'emblème de l'âme de l'homme. Dans les anciennes peintures, il ne peut donc être douteux que l'oiseau ne soit pris pour figurer l'âme ; tandis que, dans les peintures modernes, les oiseaux sont de purs accessoires d'agrément qui servent quelquefois à distinguer les œuvres de tel ou tel peintre, comme la Vierge au Chardonneret, de Raphaël.

Certaines femmes de l'Ancien Teſtament ſont regardées comme des types ſpéciaux de la Vierge.

Eve. — Marie eſt regardée comme la ſeconde Eve, parce que par elle eſt venu le Rédempteur promis. L'arbre de vie & la chute, figurée par la pomme qu'on voit dans la main d'Eve, ſont conſtamment introduits, comme alluſion, dans les peintures de la Madone & comme ornements de ſon trône.

Rachel figure l'idéal de la vie contemplative.

Ruth eſt l'ancêtre de David & par conſéquent de la Vierge.

Judith & Eſther. — Ces deux femmes ſont connues par leur courage qui leur fit braver les plus grands dangers pour délivrer le peuple & procurer le ſalut d'Iſraël, & c'eſt à cauſe de leur caractère ſymbolique, comme emblèmes de la Vierge, que ces femmes illuſtres figurent ſi ſouvent dans les peintures religieuſes.

Dans ſon paradis, Dante repréſente Eve, Rachel, Sara, Ruth Judith, aſſiſes dans le ciel aux pieds du trône de la Vierge &, par un raffinement de galanterie ſpirituelle & poétique, il place ſa Béatrice à côté de Rachel. Dans les belles freſques de l'égliſe de Saint-Apollinaire, à Romagen, ces femmes remarquables ſe tiennent en groupe au pied du trône de Marie.

Quelquefois on introduit des prophètes, ſurtout ceux qui ont annoncé les prérogatives de la mère de Dieu : David, comme ancêtre de Marie ; Iſaïe qui a dit : « Voici qu'une vierge concevra & enfantera un fils » ; Ezéchiel qui fit cette prédiction : « Cette porte s'ouvrira. » A côté des prophètes, on place auſſi les ſibylles. S'il y en a deux, ce ſont Tiburtina, qui montra la viſion à ſaint Auguſtin, & Cuméan, qui prédit à Auguſte la naiſſance du Chriſt.

Les évangélistes apparaissent fréquemment comme accessoires. Les apôtres sont aussi employés pour aider les conceptions théologiques.

Lorsque d'autres personnages sont introduits, ce sont généralement ou des saints protecteurs du pays ou de la localité ou des saints de l'ordre religieux auquel la peinture appartient.

Les anges, assis aux pieds de la Madone, ou jouant de quelques instruments de musique, sont les accessoires les plus convenables, les plus charmants & ceux d'un emploi plus réel, puisque, dans le ciel, le trône de Marie est toujours entouré d'anges qui chantent ses louanges & que, sur la terre, la Vierge est proclamée la patronne spéciale de la musique sacrée.

Dans toutes les anciennes peintures des catacombes & dans les vieilles mosaïques, la Vierge paraît sous les traits d'une femme majestueuse & d'un âge mûr. Dans les scènes, tirées de son histoire précédant son retour d'Egypte, elle devrait être représentée sous les traits d'une vierge de quinze à dix-huit ans. Dans celles qui ont trait à sa vie, après le baptême de Jésus-Christ, elle devrait paraître avoir quarante ou cinquante ans, mais toujours sous un aspect doux, gracieux & nullement empreint des suites des fonctions pénibles de la maternité. Quand on reprocha à Michel-Ange, d'avoir représenté sa *Mater dolorosa* beaucoup trop jeune, l'artiste répondit que la vertu & la sérénité parfaites du caractère de Marie avaient dû conserver sa jeunesse & sa beauté bien au delà de l'époque ordinaire.

Les vêtements de la Vierge, consacrés par l'art, sont une tunique avec de longues manches & par dessus un voile ou manteau bleu.

Dans les peintures hiſtoriques, ſa miſe eſt très-ſimple; mais dans celles qui la repréſentent comme reine du ciel, on lui donne un coſtume qui répond quelque peu à ſa haute dignité. Sa robe, bleue ou blanche, eſt alors parſemée d'étoiles d'or, ſon voile eſt couvert de broderies & ſa tête eſt ornée d'une couronne de pierreries & de fleurs.

Dans les peintures qui la repréſentent allaitant l'enfant Jéſus, le plus grand ſoin doit être donné à cacher le ſein. Dans les écoles eſpagnoles, la plus rigoureuſe cenſure était pratiquée à l'égard de toutes les peintures ſacrées &, pour les figures de la Vierge, le plus grand décorum était requis. Que peut-il y avoir, dit Pacheco, de plus éloigné du reſpect dû à la Vierge, que de la peindre aſſiſe, une jambe placée ſur l'autre, ou bien les pieds nus & découverts?

Dans les peintures grecques, le coſtume de l'enfant Jéſus, placé dans les bras de ſa mère, eſt preſque toujours une tunique blanche. Saint Joſeph porte ordinairement un manteau couleur ſaſran ſur ſa tunique griſe; mais, dans les écoles modernes, ces couleurs ſont ſouvent variées & même totalement changées.

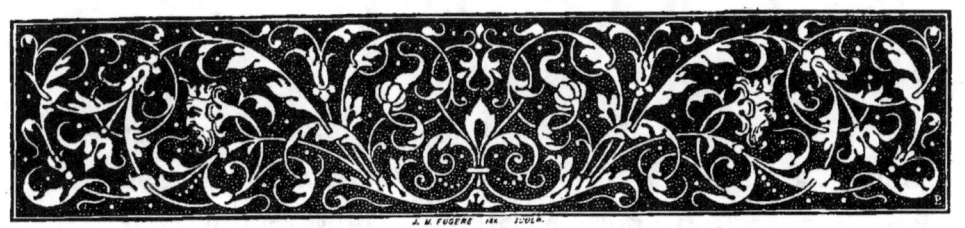

XXXIV.

Titres de Marie. Noms donnés à quelques peintures qui la repréfentent.

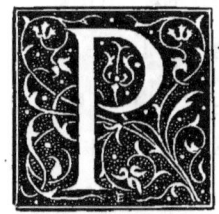ARMI les titres nombreux donnés à la Vierge & par elle aux effigies & aux peintures qui la repréfentent, il en eft un grand nombre qui font infiniment touchants & qui ont puifé leur origine dans les fecours puiffants que les befoins, les infirmités humaines trouvent en elle & que la piété fe plaît à appeler du nom de la grâce qu'elle follicite. Nous avons donc :

Notre-Dame de Bon Confeil, Notre-Dame de Bon Secours, Notre-Dame des Abandonnés, Notre-Dame de Bon Cœur, Notre-Dame de Grâce, Notre-Dame de Miféricorde, le Secours des affligés, le Refuge des pêcheurs, Notre-Dame de Douleur, Notre-Dame de Confolation, Notre-Dame d'Efpérance ; en un mot, il n'eft pas de befoin pour l'efpèce humaine, qui ne trouve dans le cœur de Marie de quoi fe fatisfaire ; auffi est-elle généralement invoquée sous une infinité de noms qui répondent à toutes nos misères, qu'elle s'empresse de soulager.

Pour rendre sa protection habituelle plus sensible, l'art est allé jusqu'à la représenter couverte d'une ample robe, soutenue par des anges, dans les plis de laquelle viennent se placer les nombreux suppliants.

En Espagne, elle est la patronne de l'Ordre de Miséricorde &, à ce titre, elle tient souvent une petite tablette contenant la règle de l'Ordre.

Nous avons encore Notre-Dame de Liberté, Notre-Dame des Fers; sous ces titres, elle est invoquée par les prisonniers; Notre-Dame de Bonne Délivrance, Notre-Dame du Peuple, Notre-Dame des Victoires, Notre-Dame de la Paix, Notre-Dame de la Sagesse, Notre-Dame de Persévérance; &, sous cette invocation, elle est placée dans les écoles, avec un livre à la main comme patronne des étudiants. Sous le titre de Notre-Dame de Délivrance, bien des églises, des chapelles, des peintures, ont été dédiées à Marie après la cessation de la peste ou de quelque autre calamité publique.

D'autres appellations lui sont données encore de circonstances particulières ou accessoires. Elle est dite Notre-Dame du Berceau, représentée par une nativité ou par une adoration de son divin fils; Notre-Dame de la Ceinture, lorsqu'elle est peinte donnant sa ceinture à saint Thomas, ou l'enfant la tenant dans ses mains; Notre-Dame de la Lettre; cette appellation fait allusion à la protection que Marie accorde à Messine, dont les habitants furent honorés, d'après la légende sicilienne, d'une lettre de la Vierge, datée de Jérusalem, l'an de son fils 42.

Sous ce vocable, elle tient une lettre à la main. Elle est dite Notre-Dame des Roses, du titre donné à certaines peintures, dans lesquelles la rose, qui lui est consacrée, se trouve placée dans ses mains ou dans celles de l'enfant.

Elle est aussi appelée Notre-Dame des Fleurs & ce titre lui est principalement donné par les Florentins comme patronne spéciale de leur ville.

Notre-Dame des Epines, lorsqu'elle tient à la main une couronne d'épines, & sous ce vocable, elle est la patronne de Pise. Notre-Dame du Rosaire, avec le cordon de perles mystérieux. Il est douteux qu'il existe aucun exemple du Rosaire placé dans les mains de Marie ou de l'enfant Jésus, avant l'époque de la bataille de Lépante & avant l'institution du saint Rosaire, comme acte de reconnaissance. On a, sous ce titre, deux exemples, l'un, bien remarquable, de Guido, dans la galerie de Bologne; l'autre, plus remarquable encore, par Murillo, dans la galerie de Dulwich.

Notre-Dame du mont Carmel; elle est alors la patronne des Carmélites. On la voit souvent peinte, sous ce titre, tenant à la main de petites tablettes sur lesquelles on aperçoit son effigie & celle de son fils.

Notre-Dame de Bethléem. Sous ce vocable, elle est la patronne des Jéronimites principalement en Espagne & en Portugal.

Notre-Dame des Neiges. Toute une légende romaine se rattache à cette appellation qui a, dit-on, donné naissance à Santa Maria Maggiore à Rome.

Il est rapporté, dans la légende, qu'un certain Giovanni Patricio, étant fans enfant, pria la Sainte Vierge de le guider dans l'emploi qu'il devait faire de fa fortune. La Vierge lui apparut, en fonge, dans la nuit du 5 août 352, & lui dit de bâtir une églife en fon honneur dans l'endroit où il trouverait de la neige le lendemain matin. La même vifion ayant apparu en même temps à fon époufe & au pape Liberius, alors régnant, tous les trois fe rendirent le lendemain fur le mont Efquilin, où, malgré la chaleur de la faifon, une vafte étendue de terrain était miraculeufement couverte de neige, fur laquelle, avec fa croffe, Liberius traça l'emplacement du nouveau temple fous le vocable de Notre-Dame des Neiges, qui fut plus tard changé contre celui de Sainte-Marie-Majeure. L'art a fouvent reproduit cette légende &, ce qu'il y a de bien furprenant, c'eft que les deux plus beaux tableaux confacrés à la *Madona della Neva*, font efpagnols & non romains, faits par Murillo, peu après l'époque où Philippe IV d'Efpagne envoya de riches préfents à Sainte-Marie-Majeure. Une de ces peintures repréfente Giovanni Patricio, fa femme & la Vierge leur apparaiffant, toute refplendiffante de clarté, malgré l'obfcurité de la nuit; dans le fond, on voit le mont Efquilin, tout couvert de neige; l'autre préfente Patricio & fa femme, mais fans vifion de la Vierge, & aux pieds de Liberius, peint fous les traits d'un eccléfiaftique grand & vieux, tel que l'a repréfenté le Titien.

Notre-Dame de Lorette. — Tout le monde connaît l'intéreffante légende relative au tranfport de la maifon de fainte Anne de Nazareth à Lorette.

Notre-Dame del Pilar, proteftrice de Saragoffe. — Une légende efpagnole rapporte que Marie defcendit du ciel fur un pilier d'albâtre & qu'elle apparut ainfi à faint Jacques, prêchant l'Evangile en Efpagne. Ce pilier miraculeux, furmonté d'une ftatue de la Vierge, eft religieufement confervé dans l'églife de Saragoffe. L'art efpagnol a confacré bien des toiles à la reproduction de cette légende & Nicolas Pouffin en a fait le fujet de fon œuvre qu'on admire au Louvre.

Quelques peintures célèbres, dont Marie eft le fujet, font défignées fous des noms particuliers, dérivant de quelques objets fpéciaux dans leur compofition.

On cite : la Vierge au Baldaquin du palais Pitti; la Vierge au Chardonneret; la Vierge à la Chaife; celle au Poiffon, par Raphaël; la Vierge au Panier, du Corrége; la Vierge à la Serviette, de Murillo; la Vierge à l'Oreiller vert, d'Andrea del Salario; la Vierge au Rocher, de Léonard de Vinci; la Vierge aux Cerifes, de Douven; la Vierge à la Rofe, du Parmefan.

D'autres font nommées d'après certaines localités, comme la Madone de Folignio, actuellement au Vatican.

D'autres, du but de leur création comme la *Madona della Vittoria*, par Mantegna, au Louvre, laquelle fut faite à l'occafion de la malheureufe invafion de l'Italie par Charles VIII.

D'autres, enfin, font défignées fous les noms des familles qui les ont poffédées, comme la *Madona della famiglia Staffa*, à Péroufe.

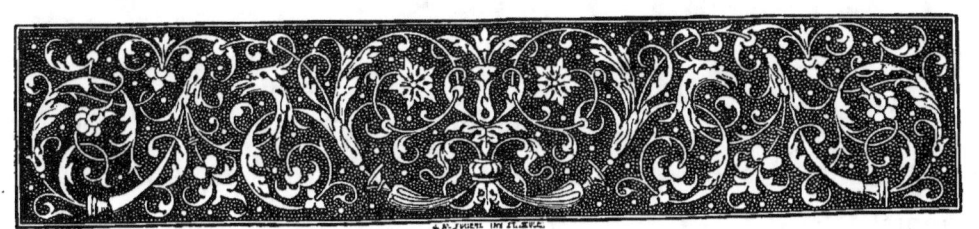

XXXV.

Marie fans Enfant.

ARMI les diverfes & innombrables repréfentations qui ont été faites de la Vierge Marie, il en eft plufieurs qui la préfentent comme un objet de religieufe vénération, par l'idée qui s'attache à fes vertus éminentes, fans qu'aucun figne de fa maternité divine apparaiffe. Sans aucun doute, ce fut comme mère du Chrift qu'elle fut honorée dans l'origine, mais dans les plus anciens monuments de fon culte, les farcophages, les groffières peintures des catacombes & les mofaïques exécutées avant le VIIe fiècle, elle nous eft toujours montrée couverte d'un voile, fans aucun figne caractériftique. Elle eft prefque toujours debout, dans une pofition fubordonnée d'un côté au Chrift, de l'autre à faint Pierre & à faint Jean.

Avec le culte de Marie, qui nous vint de l'Orient, nous vint aussi le type grec &, pendant plusieurs siècles, nous n'en eûmes point d'autre, avec quelque chose du caractère égyptien ou oriental.

Quand on la rencontre seule, sans enfant, sans apôtres autour d'elle, elle se présente à notre esprit, non-seulement comme mère du Christ, mais encore comme la seconde Eve, destinée à engendrer un monde nouveau; comme la femme prédestinée, dès le commencement, pour enfanter le Rédempteur; comme l'épouse mystique des cantiques; comme la fiancée du Saint Esprit; comme la plus glorieuse, la plus pure, la plus clémente, la plus puissante des reines; comme la Vierge des Vierges.

La forme, sous laquelle se révèle la grande & mystérieuse idée de la femme glorifiée & d'une majesté merveilleuse, quoique simple, est une figure féminine d'une beauté aussi parfaite que l'art peut l'exprimer, d'une modestie admirable, d'une bonté extrême, se tenant à genoux devant l'Etre suprême prêt à placer sur la tête de cette femme la couronne de l'immortalité, & les accessoires sont alors le Saint Esprit qui voltige sur sa tête, ou le Christ se tenant derrière elle, dans l'acte de bénédiction.

Elle est souvent debout, les bras croisés ou tendus, dans l'ancienne attitude de la prière, ou les mains tendues en avant, exprimant l'admiration, l'humilité & l'amour religieux.

Elle est vêtue d'une tunique bleue ou blanche, un voile, de même couleur, lui couvre la tête, mais jeté un peu en arrière, de manière à laisser voir une figure ovale, des traits réguliers & parfaits, quelquefois un visage de femme d'âge mûr, un peu sévère ou mélancolique, ainsi fait parce que l'artiste n'a su rien faire de mieux pour peindre la beauté.

La plus ancienne figure, en ce genre, que l'on puisse citer, est la mosaïque dans l'oratoire de San Venanzio, de Latran, œuvre d'artistes grecs, sous les papes Jean IV & Theodorus, tous deux Grecs de naissance & qui gouvernèrent l'Eglise, de 640 à 649. A la voûte de la tribune, au dessus de l'autel, on voit un Christ de demi-grandeur, les mains tendues comme pour bénir; de chaque côté est un ange adorateur; dans le centre & au dessous, est une représentation de la Vierge, d'après le type ancien; elle est debout, les bras étendus, revêtue d'une tunique bleu-foncé, recouverte d'un voile blanc & ayant une petite croix pendue à son cou; accessoire bien remarquable, car il est particulier à cette peinture. A sa droite est saint Paul, à sa gauche est saint Pierre; derrière ce dernier est saint Jean-Baptiste, tenant la croix, & saint Jean l'évangéliste, tenant un livre; puis, derrière eux, viennent saint Dommio, saint Venantius, deux martyrs dalmates dont les reliques furent apportées dans cette chapelle par les ordres de Jean IV.

Semblable, mais d'une date un peu plus ancienne, est une autre effigie de la Madone, au dessus de la chapelle archiépiscopale de Ravenne. Cette mosaïque fut, dit-on, apportée, avec d'autres ouvrages grecs, de l'ancienne tribune de la cathédrale, avant qu'elle fût réparée.

Un autre exemple, qu'on voit aussi à Ravenne, est le bas-relief, qui est sûrement un ouvrage grec, dont l'origine remonte aux premiers siècles du christianisme, qu'on voyait jadis dans l'église de Santa Maria in Porto-Fuori & qui est maintenant dans Santa Maria in Porto.

Dans Saint-Marc de Venise, dans toutes les anciennes basiliques & presque dans toutes les églises de l'Europe, au sud & à l'orient, on trouve des représentations semblables ou d'origine byzantine ou d'imitation du type byzantin.

Le premier exemple que l'on trouve d'un caractère plus animé est peut-être celui que l'on voit dans l'abside de Saint-Jean de Latran. Au milieu est une immense croix, emblème du soleil; de sa base coulent les quatre grands fleuves du Paradis, les quatre évangiles; les fidèles sont représentés par le cerf & la brebis qui boivent de l'eau des fleuves; au dessus de la croix, la nouvelle Jérusalem est représentée de petite grandeur & gardée par des anges; à droite se trouve la Vierge, d'une dimension colossale, elle place une de ses mains sur une figure diminutive agenouillée, sans doute le pape Nicolas IV par qui la mosaïque fut dédiée; l'autre main est étendue en avant & semble recommander le disciple à la miséricorde du Christ.

On rencontre rarement, dans tous les âges de l'art, des effigies de toutes les grandeurs représentant la Vierge, sans son divin enfant dans ses bras, assise sur un trône, honorée comme reine du Ciel ou des anges. On en voit quelques exemples dans les anciennes peintures; mais jamais on n'en a vu sortir des écoles de l'art moderne; le Campo Santo de Pise en offre peut-être le seul exemple dans sa belle madone intronisée, recevant saint Raneri, présenté par saint Pierre & par saint Paul.

Sur la robe dalmatique, conservée dans la sacristie de Saint-Pierre, à Rome, & que l'on signale comme un exemple parfait du plus beau style de l'art byzantin, la broderie de devant représente le Christ, dans un cercle d'or ou gloire, vêtu de blanc, sous des traits de jeunesse, ses regards dirigés sur ceux qui le contemplent, assis sur l'arc-en-ciel ; dans sa main gauche est un livre portant ces mots : *Venez à moi, les bénis de mon père ;* sa main droite est levée comme pour bénir. La Vierge est à sa droite dans le même cercle de gloire ; les traits de Marie sont doux, l'attitude est gracieuse, sa robe est blanche, saint Jean est à sa gauche, mais hors de la gloire.

Dans les peintures représentant la gloire du ciel, le paradis, le jugement dernier, la Vierge qu'on y introduit, occupe toujours la droite du Christ, jamais sur le même trône, à moins que ce ne soit un couronnement.

Dans un grand retable des frères Van Eyck, la partie supérieure contient trois compartiments. Dans celui du milieu est le Christ, portant le globe & couvert de la triple couronne comme roi, prêtre & juge ; à droite, comme de coutume, sont la Vierge & saint Jean-Baptiste ; la Vierge, sous des traits de reine pleins de dignité & de grâce, est assise sur un trône & porte, sur sa belle chevelure, une superbe couronne de roses, de lys & de pierres précieuses ; elle lit attentivement dans le livre de la Sagesse ; c'est la *Sponsa Dei,* la *Virgo sapientissima ;* c'est peut-être le seul exemple où l'on voit la Vierge assise à la droite de son fils & tenant un livre à la main.

Citons encore une œuvre des plus célèbres & de toutes peut-être la moins comprise des spectateurs ; c'est une des grandes fresques de la Camera della Signatura, dans le Vatican. Elle représente les quatre plus grands sujets qui puissent occuper l'esprit : la théologie, la poésie, la philosophie & la jurisprudence. Dans le premier de ces sujets, improprement appelé la dispute du Saint-Sacrement, Raphaël a réuni, dans une grande scène, tout le fyftème théologique tel que l'admet l'Eglife catholique ; c'eft une efpèce de concile compofé de témoins de la vérité célefte & de la vérité terreftre. Le groupe du milieu préfente le Rédempteur du monde affis, les bras tendus. A fa droite eft la Sainte Vierge, à fa gauche eft faint Jean-Baptifte, tous deux affis prefque au niveau du Chrift. Saint Jean eft là dans fon caractère de Précurfeur, envoyé pour rendre témoignage à la lumière, afin que par lui tous les hommes croient. La Sainte Vierge s'y trouve, non-feulement comme mère, comme époufe, comme repréfentant l'Eglife, mais encore comme exprimant la fageffe célefte, car c'eft à ce titre que l'Eglife catholique lui a appliqué les magnifiques paffages des proverbes & des cantiques.

Rien n'eft plus beau que la grâce, la majefté & l'humilité de la figure & du maintien de la Vierge, quand elle adore la fource de toute lumière, de toute fageffe, de toute bonté ; c'eft l'œuvre de Raphaël. Au deffus du groupe principal font l'image emblématique du père & la colombe qui femble defcendre fur la terre. Voilà la bafe de toute la théologie : la foi au myftère de la Sainte-Trinité, la foi en l'incarnation du Verbe & la foi en fa venue pour éclairer le monde.

Au moyen-âge, on rencontrait rarement la Vierge feule, féparée de fon fils, debout ou intronifée, comme la *Virgo Dei*, ou la *Regina Cœli*; cependant on la trouve dans un retable peint par Cafino Roffelli, pour les Servitti de Florence ; elle eft feule, dans une attitude majeftueufe, fur un piédeftal ; elle tient un livre & regarde la colombe qui plane fur fa tête ; c'eft encore la *Virgo Sapientiæ*. D'un côté font faint Jean l'Evangélifte &

faint Antoine de Florence ; de l'autre font faint Pierre & faint Philippe Benezzi debout ; fainte Marguerite & fainte Catherine font agenouillées ; tous femblent contempler la madone, avec une raviffante dévotion. Les têtes & les attitudes des perfonnages de cette peinture ont tout le caractère & toute l'élégance qui diftinguaient l'école de Florence à cette époque, fans aucune de ces extravagances dans lefquelles Cafino tomba plus d'une fois. On fait que l'ordre des Servitti, pour lequel fut fait ce tableau, était fpécialement confacré à la Sainte-Vierge.

Dans les temps plus modernes, & même de nos jours, ces repréfentations font plus fréquentes & il n'eft pas rare de trouver la fainte Vierge feule, fur un autel, debout ou agenouillée ou dans toute autre pofition, expofée à la vénération des fidèles.

Toutes les nombreufes & fouvent magnifiques peintures repréfentant la Vierge feule, par fa tête ou par fon bufte, regardant le ciel, avec une douce expreffion, ou baiffant les yeux, les mains jointes, dans l'attitude de la prière, appartiennent à cette claffe de repréfentations. Les têtes anciennes font des imitations des effigies grecques, attribuées à faint Luc. Quand elle porte une couronne fur fon voile, ou tient un fceptre, c'eft la reine du ciel ; fi elle eft entourée d'anges, dans une attitude d'adoration, c'eft la reine des anges. Quand elle pleure ou tient une couronne d'épines, c'eft la *Mater dolorofa ;* fi elle eft fimplement voilée, les bras croifés, fi fes traits font ceux de la beauté, de la jeuneffe, de la pureté, de la douceur que l'art peut rendre c'eſt la *Sancta Maria Virgo*. On trouve peu de ces effigies ſorties des écoles primitives : mais à partir du commencement du xviie ſiècle, elles ſe multiplièrent à l'infini, car elles devinrent l'étude favorite des peintres modernes qui les varièrent ſelon leur goût, ſans jamais ſe laſſer d'un ſujet qui trouvait un ſi facile placement.

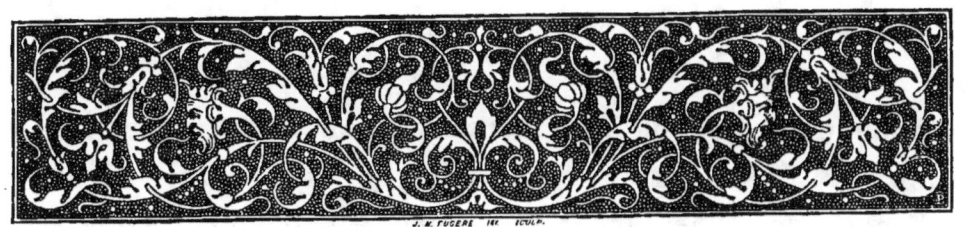

XXXVI.

Notre-Dame de Miféricorde.

PRES avoir exalté la Vierge dans le ciel, où la foi la place à côté de fon fils, l'art, d'accord avec la pieufe croyance de l'Eglife, ayant égard à fa qualité de Mère & à fon titre de Reine, nous la préfente naturellement comme la médiatrice la plus puiffante au ciel & comme la protectrice la plus affurée fur la terre. En effet, c'eft par elle que le Verbe s'eft incarné pour fauver le genre humain ; c'eft par elle que les faveurs céleftes les plus abondantes coulent fur la terre ; enfin elle eft toujours regardée & repréfentée comme modèle de miféricorde, de fympathie, de bénignité, &, fous ce point de vue, l'art n'a pas manqué de l'introduire dans toutes les fcènes où elle peut exercer fa bonté naturelle & donner un libre cours aux épanchements de fon cœur.

Dans les repréfentations grecques du Jugement dernier, la

composition a introduit une rivière de feu qui coule du pied du trône du Christ vengeur, pour dévorer les méchants. Dans l'art moderne, le sentiment de ce sujet est toujours terrible ; les anges & toute la cour céleste tremblent devant la face courroucée du juge suprême, justement irrité contre les pécheurs. Mais, au milieu de toutes ces terreurs, la Vierge, soit debout, soit assise ou à genoux, paraît toujours comme une médiatrice qui demande miséricorde.

Dans un Jugement dernier, représenté dans le *Hortus Deliciarum*, on voit ces mots écrits sous les pieds de la Vierge : *Maria, filiâ suâ pro Ecclesiâ supplicat.*

Dans une très-belle peinture par Martin Schoen, c'est Dieu le père qui, une épée & trois javelines dans ses mains, est assis auprès de son fils comme un vengeur, mais la Vierge, debout sur le devant du tableau, regarde son fils avec une expression de tendre supplication, intercédant pour les méchants qui sont agenouillés autour d'elle & semblent l'implorer, tous leurs regards étant fixés sur elle.

Dans les fresques bien connues d'Andrea Orcagna, au Campo Santo, le Christ & la Vierge sont intronisés, l'un au dessus de l'autre, dans des auréoles séparées, mais également glorifiés. D'une main, le Christ montre la plaie de son côté, tandis qu'il lève l'autre en signe de menace, son attention étant dirigée sur les impies qu'il précipite dans l'abîme. La Vierge, une main sur sa poitrine, le regarde d'un air suppliant. Tous deux sont royalement vêtus & portent des couronnes ravissantes ; ils sont accompagnés des douze apôtres.

Dans un Jugement Dernier par Rubens, peint pour les Jésuites de Bruxelles, la Vierge étend son manteau sur le monde, comme si elle voulait mettre l'humanité entière à l'abri de la colère de son fils montrant sa poitrine d'un air qui semble dire : Malheur à ceux qui n'y ont pas cherché un refuge. L'idée & le pouvoir dramatique de cette œuvre que l'on a souvent critiquée, sont aussi caractéristiques que le peintre, le temps & la communauté pour laquelle la peinture fut faite.

Plus belles, plus en rapport avec nos sentiments, sont ces gracieuses représentations de la Vierge comme dispensatrice des grâces sur la terre, comme protectrice & patronne de la chrétienté dans le ciel.

Dans de telles peintures, elle est debout, les bras tendus, couronnée d'un diadème & quelquefois voilée ; son grand manteau, étendu gracieusement de chaque côté, soutenu par des anges, réunit sous ses plis protecteurs des disciples & des adorateurs de tout rang, de tout âge, de tout sexe & de toute condition ; si la peinture a une signification moins universelle, dédiée peut-être par quelque ordre religieux, on voit alors sous son manteau, un certain nombre de moines, de nonnes, ou une troupe de jeunes orphelines, ou bien des prisonniers délivrés. Ces peintures, intitulées *Misericordia*, ne sont pas très-communes ; nous pouvons cependant en citer quelques exemples.

Dans celui que nous a laissé Fra Filippo Lippi, la Mère de Miséricorde étend son manteau protecteur sur trente-cinq personnes à genoux. Les figures sont toutes des portraits ; aucune n'est remarquable, mais l'ensemble de la peinture est un bel exemple du motif.

Dans un bas-relief, à Venise, à l'entrée du couvent des Frères de la Charité, les membres de la communauté font réunis fous le manteau de leur patronne, de la Vierge de miféricorde.

Piero della Francifca a peint, pour l'hôpital de Burgo San Spolero, dans les Apennins, une vierge qu'on croirait une déeffe & qui n'eft autre qu'une Mère de Miféricorde.

Dans la collection de Herr-V-Quand I, de Drefde, on voit une belle & remarquable repréfentation de la Mère de Miféricorde, fans enfant. La Vierge eft debout, les mains croifées fur la poitrine & enveloppée d'une draperie blanche fans aucun ornement ; fur fa tête eft un voile de gaze tranfparent, de couleur brune. L'expreffion de la figure eft tendre & contemplative, même prefque trifte. Toute fa perfonne, de grandeur naturelle, eft extrêmement bien faite; à fa droite eft l'infcription fuivante : *Imago beatæ Mariæ Virginis*. Au dire de Lanzi, ce beau fujet, attribué à Moretto, de Drefde, eft à la fois une *Compunzione*, une *Pieta*, une *Carita*.

On fait grand cas du tableau intitulé *la Mifericordia*, de Luques, par Fra Bartholomeo, de 1815, deux ans avant la mort de l'artifte. La Vierge, grande & magnifique figure, eft debout, feule, élevée fur une plate-forme, les bras tendus, regardant le ciel. D'un côté, le donateur du tableau eft repréfenté par faint Dominique. Au deffus, dans une auréole de gloire, on voit la figure du Chrift, entouré d'anges; il femble fe pencher vers fa mère. L'expreffion des têtes, la bonté de celle de la Vierge, le fentiment des groupes, furtout celui des femmes & des enfants, pour lefquels Marie femble implorer les fecours d'en haut, juftifient le renom de la peinture, comme une des plus grandes productions de l'efprit.

Il est une autre version de ce sujet que nous ne pouvons ne pas mentionner, à cause de sa singulière & fantastique conception. Dans l'art primitif, Notre Seigneur était fréquemment représenté comme berger, *ego sum Pastor bonus*. C'est sans doute à ce passage de l'Evangile qu'est dû le caprice d'Alonzo Miguel de Tobar, peintre espagnol du commencement du XVIIIe siècle, de représenter la Vierge sous le type de bergère, pour indiquer sans doute sa bonté, sa miséricorde pour tous ceux qui l'implorent. Dans son œuvre, Marie, sous le costume de pastourelle arcadienne, portant un chapeau à larges bords, est assise sous un arbre &, la houlette à la main, elle semble garder son troupeau de moutons qu'elle nourrit de roses mystiques. A première vue, on a de la peine à trouver Marie, sous les traits de cette jeune bergère & sans l'auréole de gloire qui entoure sa noble tête, on n'y verrait jamais qu'une jolie & jeune Arcadienne. Mais la beauté d'expression de la tête de Marie est telle qu'elle fait aisément pardonner à Alonzo la bizarrerie de sa conception. Tout y est digne de Murillo. Ce tableau, qui fut fait pour une église de Franciscains, a souvent, du reste, été copié & on le trouve aujourd'hui reproduit dans des gravures françaises & allemandes ; mais rien ne saurait égaler la peinture primitive dans sa grâce expansive & poétique.

On trouve assez souvent des peintures en *ex-voto*, représentant la Mère de Miséricorde & rappelant des actes particuliers de sa protection puissante. Il en est une, par Nicolas Alunno, dans laquelle la Vierge tend son sceptre d'en haut pour repousser le démon qui voulait s'emparer d'un garçon. D'un côté est la mère agenouillée, les yeux tournés vers le ciel, dans une attitude de supplication. La même idée a été répétée par Lanfranc.

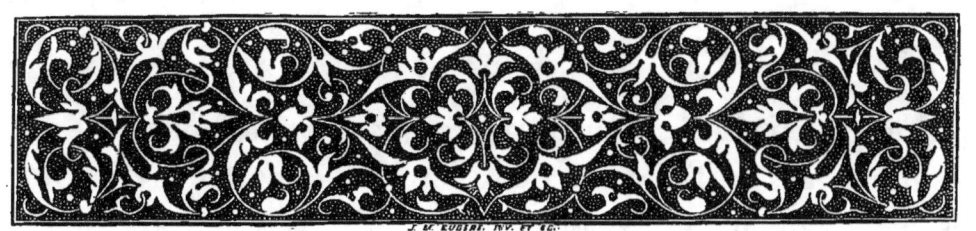

XXXVII.

La Mère de Douleur.

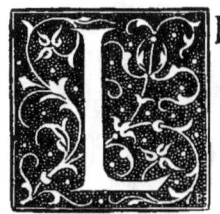ES divers épifodes de la vie de la Vierge ont tous fourni à l'art des fujets de peintures admirables par le fentiment, par l'identité de l'idée repréfentée avec les befoins des fpectateurs ou par la fimilitude des circonftances de leur vie avec celle de la mère de Dieu. Tous les actes de la vie de Marie fe paffent fur la terre; elle était foumife aux mêmes viciffitudes de bonheur & de malheur, qui font le partage de l'efpèce humaine; auffi toutes les fcènes que l'art a reproduites font-elles parfaitement comprifes, fortement fenties des maffes. Sa vie a été, comme celle de tout être humain, un tiffu de jours nébuleux entremêlés de quelques moments de férénité & de jours fombres & triftes, mais d'une trifteffe capable de donner la mort à tout autre cœur de femme qu'à celui de Marie, que le Tout-Puiffant femble avoir fait tout autre que celui du commun des mères. Quelle

est la mère, en effet, qui aurait la force d'assister au supplice de son fils unique, du fils le plus doux, le plus aimant, le plus soumis, le plus attentif aux volontés maternelles, sans tomber inanimée, anéantie par la douleur!

Aussi, de toutes les positions dans lesquelles Marie s'est trouvée pendant sa vie mortelle, celle qui a trait à sa douleur incompréhensible, à son angoisse inexprimable, est-elle une des plus importantes par rapport à elle, une des plus difficiles à rendre pour l'artiste, une des plus précieuses par rapport aux sentiments qu'elle provoque.

Une *Mater Dolorosa* rappelle à l'esprit du spectateur non-seulement les douleurs de la mère, mais encore les douleurs endurées par le fils, elle renouvelle le spectacle de la passion de Jésus auquel on croit assister. C'est, en effet, dans ce sujet que se révèle principalement son caractère de mère du Rédempteur crucifié, de reine des martyrs, de femme dont le sein fut percé de mille glaives.

Le sujet étant complexe, chacun des artistes a pu choisir le moment de la passion du Sauveur, auquel la Vierge était présente, pour en faire la représentation d'une *Mater Dolorosa*. Cependant on n'en distingue que trois qui ont été généralement adoptées par les artistes de toutes les écoles.

1° *Mater Dolorosa*. Sous ce titre, Marie apparaît seule, debout ou assise, les mains jointes, la tête penchée en signe de douleur, de grosses larmes tombant de ses yeux, toute l'expression annonçant la plus grande tristesse. Dans ce cas, ses traits sont ceux d'une femme d'un âge mûr. Le moment de la passion de Jésus n'est point ici précisé.

Un écueil contre lequel viennent souvent se briser les plus grands talents, dans ce sujet, c'est la prétention qu'ils ont de vouloir allier dans la même figure l'expression de la beauté & de la bonté à celle de la douleur; ce qui transforme presque toujours une figure qui devrait être souverainement éplorée, en une figure qui n'est rien moins que triste & souffrante. Ce défaut n'existe guère dans les anciennes représentations. Celles des Carrache & des écoles espagnoles ont une grande profondeur de sentiment. Dans ces sortes de peintures de la Vierge, elle est communément représentée avec un glaive qui lui perce la poitrine, quand on n'en représente pas sept, faisant allusion aux sept douleurs; on la trouve, mais rarement, avec les sept glaives autour de sa tête.

2° *Stabat Mater*. La seconde représentation de la Mère de Douleur est cette figure de la Vierge qui, depuis les premiers siècles, est constamment placée debout à la droite du crucifix, saint Jean étant à la gauche. L'attitude de la Vierge est ici celle d'une femme dans une immense douleur, mais résignée, les mains jointes, la tête inclinée, couverte d'un voile & étroitement enveloppée d'un manteau.

On la trouve quelquefois les bras étendus, les yeux fixés sur son fils attaché à la croix, ne pleurant pas, mais ayant dans ses traits toute l'expression de la plus profonde douleur unie à la plus grande foi.

3° *La Pieta*. La troisième manière de peindre une *Mater Dolorosa* est celle appelée *Pieta*, la plus belle, la plus caractéristique du sujet. Quand cette représentation est purement dévote, elle ne se compose que de la Vierge, de son divin fils mort dans ſes bras, ſur ſes genoux ou à ſes pieds ; quelquefois on introduit des anges qui pleurent, mais jamais d'autres perſonnages.

Ce ſujet a été traité, du reſte, de mille manières, les deux plus parfaites ſont celle de Michel-Ange & celle de Raphaël.

Dans le groupe de marbre de Michel-Ange, qu'on admire au Vatican, la Vierge eſt aſſiſe ; le Chriſt mort eſt couché ſur les genoux de Marie qui le contemple avec une grande expreſſion de douleur & de réſignation, mais la majeſtueuſe réſignation domine.

La compoſition due à Raphaël n'exiſte que comme gravure, exécutée par Marc Antoine, mais ce faible papier, conſacré par la beauté de l'œuvre, durera autant que le marbre. La Vierge eſt debout, les bras tendus, regardant le ciel avec une expreſſion d'agonie ; devant elle & à terre eſt le corps de ſon divin fils. Rien ne ſurpaſſe cette production ; la tête de la Vierge eſt regardée comme un chef-d'œuvre, diſtançant tellement par la délicateſſe de l'exécution tous les travaux de Marc-Antoine qu'on pourrait croire que Raphaël lui-même a pris le burin de ſes mains pour former les traits de cette divine figure.

Un troiſième exemple d'une grande beauté eſt la *Pieta* par Francia, dans la galerie nationale de Londres. Le Chriſt eſt étendu devant ſa mère ; un ange ſoutient ſa tête & un autre ſes pieds. La Vierge eſt debout, les yeux rougis & alourdis par les larmes qu'elle a verſées, & on voit clairement qu'il n'eſt pas beſoin de glaive dans ſa poitrine pour exprimer la douleur que ſon cœur maternel a reſſentie.

Il exiſte encore pluſieurs autres compoſitions de ce ſujet que nous pourrions détailler, mais combien peu nous paraiſſent-elles dignes après les citations que nous venons de faire !

Lorsque, avec la Vierge & saint Jean, est introduite Marie-Madeleine avec ses cheveux épars, le groupe cesse alors d'être une *Pieta* & devient plutôt une représentation qu'un symbole.

L'idée d'exprimer une *Mater Dolorosa* n'exclut point la réunion au groupe principal de divers personnages de saints, soit comme intercesseurs, soit comme patrons.

Dans une œuvre célèbre de Guido, on voit sur la partie supérieure du tableau le corps mort du Rédempteur étendu sur un linceul blanc, derrière est la Vierge les yeux levés vers le ciel, dans l'expression d'une sublime douleur ; aux pieds du Christ est un ange qui le contemple avec un air de tendre commisération; un autre est à la tête & se détourne en sanglotant; au bas du tableau, sont assemblés, debout ou à genoux, les divers patrons de la ville de Bologne, qui tous regardent la Vierge en la suppliant d'intercéder pour la cité. Elle est ici à la fois Notre-Dame de Pitié, Notre-Dame de Bon Secours, Notre-Dame de Douleur. Cette peinture, qu'on voit dans l'académie de Bologne, fut dédiée en 1616, comme acte de pénitence & de piété, par les magistrats de la ville, qui la placèrent dans l'église de Santa Maria della Pieta.

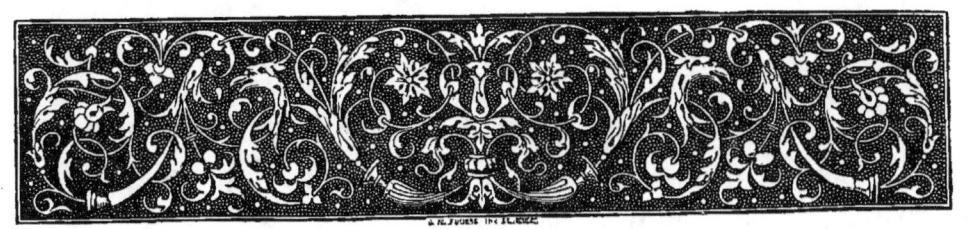

XXXVIII.

Marie mère de Dieu. — Vierge avec l'Enfant Jéfus.

L eſt certain, & des témoignages non douteux l'atteſtent, que le culte de Marie, comme mère de Dieu, était preſque général dans la chrétienté, même avant le commencement du ıv^e ſiècle. Il faut qu'il en ait été ainſi pour que Neſtorius pût émettre une opinion contraire & qu'il trouvât dans les Pères de l'Egliſe tant & de ſi rudes adverſaires quand ſe manifeſta ſon héréſie.

La longue durée de cette controverſe, l'opiniâtreté des Neſ--toriens, le zèle paſſionné de leurs adverſaires & leur triomphe définitif lorſque les égliſes de Carthage & de Rome ſe décla--rèrent en leur faveur, tout contribua à multiplier & à difſémi--ner, dans toute la chrétienté, ces images de la Vierge qui nous la préſentent comme mère de Dieu. Dès-lors, l'Egliſe, ſou--tenue du pape Grégoire-le-Grand, accepta comme orthodoxes ces repréſentations &, de même que la croix était le ſymbole qui diftinguait les chrétiens des païens, de même l'image de la Vierge avec l'enfant Jéfus devint le fymbole qui diftingua les catholiques des Neftoriens.

Il eft donc conftant que les premières repréfentations de la Vierge-Mère ne furent pas une conféquence de l'héréfie de Neftorius, puifqu'elles exiftaient depuis bien des années auparavant, jouiffant déjà d'une grande popularité; mais il eft auffi vrai que leur orthodoxie ne date que du concile d'Ephèfe, en 431, & leur admiffion légale dans les églifes & chapelles, que du pontificat de Grégoire-le-Grand, au commencement du VIIe fiècle.

Le ravage des Iconoclaftes a fait difparaître la totalité de ces peintures des écoles grecques & byfantines; celles qui nous reftent ne font, pour la plupart, que des copies par réminifcence, & s'il fe trouve quelques originaux de ces écoles, ils font exceffivement rares.

La plus ancienne de ces effigies, qui nous foit reftée, n'eft qu'un fymbole. C'eft une figure de demi-grandeur, voilée, les bras tendus; l'enfant, auffi de demi-grandeur, eft debout devant elle, fans grâce, fans aucun fentiment, fans même qu'il paraiffe être l'objet des attentions de fa mère. Telles étaient les premières expreffions de foi au dogme de la maternité divine, mais elles ne tardèrent pas à changer de forme & à devenir de véritables repréfentations.

Comme le culte de la Vierge triompha d'abord en Orient, on ferait autorifé à croire que c'eft dans les églifes grecques que l'on trouvera les plus anciennes peintures de la mère de Dieu, mais il n'en eft pas ainfi & c'eft en Occident, où les brifeurs d'images n'ont pas étendu leurs ravages, que l'on trouve quelques copies des types byzantins qui fe font confervés dans les églifes de Rome, de Ravenne & de Padoue, par des peintures ou des mofaïques.

Comme ces anciennes figures en mofaïque de la Vierge intronifée avec fon fils font les précurfeurs & les modèles de tout ce que l'art a conçu & exécuté depuis, il eft néceffaire de les examiner en détail, avant d'entrer dans la defcription des copies qui en ont été faites.

La cathédrale de Capoue renferme une mofaïque dont la partie fupérieure repréfente le bufte du Chrift dans l'action de bénir. Dans un compartiment, à droite, eft le prophète Ifaïe, tenant un parchemin fur lequel eft écrit : *Ecce Dominus in fortitudine veniet, &c*. Dans un compartiment, à gauche, eft Jérémie, tenant auffi un parchemin avec ces mots : *Fortiffime, magne, &c.;* au deffous, dans la voûte du centre, la Vierge eft affife fur un trône, un tabouret fous fes pieds & fur fa tête un voile furmonté d'une couronne. Le Chrift eft affis fur fes genoux; il eft vêtu & de fa main gauche il tient une couronne, tandis que fa droite eft élevée comme pour bénir. D'un côté du trône, font faint Pierre & faint Stéphen; de l'autre, font faint Paul & fainte Agathe, à laquelle l'églife eft dédiée.

A Santa Maria Nova, la Vierge eft affife fur un trône, la tête ornée d'une riche couronne comme reine du ciel; fur fes genoux eft l'enfant Jéfus debout; d'une main elle foutient fon divin fils, l'autre eft placée fur fa poitrine.

Dans la chapelle de San Zena, à Rome, la Vierge eft intronifée; fur fes genoux eft affis l'enfant Jéfus qui tient dans fa main gauche un parchemin fur lequel eft écrit : *Sum lux mundi*, je fuis la lumière du monde ; fa main droite eft élevée comme pour bénir ; dans la partie fupérieure de la mofaïque eft le monogramme : *Maria, Mater Dei*.

Toutes ces figures, quoique appartenant aux premiers âges de l'art, offrent un certain cachet d'élégance dans les formes, de vérité dans l'expreffion, de délicateffe dans les contours qui ont pu fervir de modèle aux peintres des fiècles poftérieurs. Mais voici venir la décadence & les œuvres du VIIIe au IXe fiècle nous montreront l'art dans un fi grand déclin, qu'on fera tenté de fe demander à foi-même, fi avant cette époque il n'y a pas eu de meilleurs artiftes, fi on n'a jamais fu mieux faire. Les fonds font tout unis, il n'y a plus de ciel bleu aux étoiles dorées & fcintillantes comme dans les mofaïques du Ve & du VIe fiècle, les figures ne font prefque plus que des lignes, elles n'ont ni forme ni expreffion. On y remarque néanmoins une certaine ampleur dans les vêtements & des acceffoires d'une fignification plus caractériftique, par exemple, la couronne de la Vierge y remplace plus fréquemment le voile byzantin, laquelle trahit, dit Bugler, une influence feptentrionale & probablement un peu franque. Les faints qui accompagnent les repréfentations de la Vierge font conftamment faint Pierre & faint Paul, généralement debout & raides comme des momies égyptiennes.

Malgré tous leurs défauts, ces grandes & uniformes rangées de figures, car on n'avait pas eu encore l'idée des groupes & des variétés dans les pofes & les attitudes, fervirent de modèle aux peintres & aux mofaïftes d'Italie pour leurs œuvres architecturales & les retables qui furent élevés dans les églifes de la Renaiffance. Depuis Cimabuë & Andrea Tafi, jufqu'à la fin du XIIIe fiècle, tout fe reffentait de ce caractère immobile & inanimé, qui pourtant n'excluait pas un fentiment grave & religieux, car longtemps après encore, lorfque les arrangements étaient moins uniformes, on s'apercevait toujours de cette influence dans ces nobles Madones intronifées, comme reines du ciel & des anges, feules ou avec d'autres bienheureux.

L'attitude de la mère & du fils varie très-peu dans les anciennes peintures qui exiftent encore. La madone eft prefque toujours affife fur un trône, vêtue d'une tunique rouge & d'un manteau bleu, à moitié jeté fur la tête en forme de voile; elle tient l'enfant Jéfus, vêtu de rouge ou de bleu; la Vierge incline légèrement la tête de côté; le Chrift a la main droite élevée comme pour bénir, la gauche eft étendue fur fa mère. Telles étaient les fimples difpofitions des effigies préfentées par les mofaïques architecturales qu'on plaçait ordinairement au deffus du maître-autel, dans les chapelles & dans les églifes. Les exemples confervés font, pour ce motif, très-célèbres dans l'hiftoire de l'art.

Le premier eft une Vierge intronifée par Guido de Siena, qui vivait vingt ou trente ans avant Cimabuë. Dans l'exécution du type, la conception byzantine fe remarque encore un peu, mais avec un fentiment radouci & plus naturel, particulièrement dans la figure de l'enfant. L'expreffion de la face de la Vierge eft fi douce & fi attrayante que fi l'artifte n'avait mis une date, 1221, à fon œuvre, on croirait que ce tableau eft de la fin du XVe fiècle.

Le fecond font les deux coloffales madones de Cimabuë,

actuellement à Florence. La première, qui fut peinte pour les moines de la Sainte-Trinité, est maintenant dans la galerie de l'Académie. Elle a toute la raideur du type byzantin. Elle est entourée de six anges adorateurs, placés par trois de chaque côté, mais les uns au dessus des autres. Au dessous sont les bustes des quatre grands prophètes, placés dans des niches & tenant des parchemins comme dans l'antique mosaïque de Capoue. La seconde est toujours restée dans la chapelle Ruccelaï, à Santa Maria Novella. Malgré son attitude élancée, sa grandeur colossale & son style sévère, la face de la madone est frappante par la douceur de son expression. L'enfant Jésus est aussi bien fini; trois anges sont de chaque côté & semblent soutenir le trône sur lequel la Vierge est assise. Les prophètes, au lieu d'être au bas du tableau, sont peints dans des médaillons, de chaque côté.

Vasari s'étend longuement dans le récit de l'estime qu'on avait pour cette peinture qu'on porta processionnellement, au son des trompettes, de l'atelier de Cimabuë à l'église où elle est encore.

Dans les représentations strictement dévotes de la Vierge & de l'enfant, on la voit presque toujours assise, jusqu'à la fin du XIIIe siècle, &, pendant plus d'un siècle encore, il n'y eut que les sculptures qui la présentèrent debout; telle on voit, du moins, la belle madone de Nicolas Pisano, dans la Capella della Spina de Pise; mais on peut en rencontrer bien d'autres exemples dans les églises gothiques & les recherches de Cicognaro en signalent un grand nombre.

On trouve, au XVIIIe siècle, plusieurs exemples de la madone sculptée debout sur un piédestal, couronnée ou voilée, tenant l'enfant fur fon bras gauche, tandis que de fa main droite elle tient un fceptre ou une fleur. De telles effigies de la Vierge étaient fouvent placées fur le pilier central qui partage habituellement la grande porte des cathédrales en deux parties égales, faifant fans doute allufion à ce texte : « Je fuis la porte, fi quelqu'un la franchit par moi, il fera fauvé » ; texte qui, pris à la lettre, faifait des églifes un refuge inviolable.

Dans les contrées foumifes à la foi catholique romaine, il n'eft pas rare de trouver ces effigies de la Vierge au coin des rues, au deffus des portes des maifons. Dans ce cas, la Vierge apparaît fous le caractère de protectrice & on peut l'appeler Notre-Dame de Grâces, Notre-Dame de Bon Secours.

Rarement on voit, avant la fin du XIVe fiècle, la Vierge peinte debout; un exemple fait cependant exception, c'eft celui de la vieille madone grecque, vénérée comme miraculeufe dans la cathédrale d'Orvièto, fous le titre de la *Madona de San Brizio*, à laquelle on prête une antiquité fabuleufe, mais, felon les connaiffeurs, très-conteftable & qu'on ne peut faire remonter qu'au XIIIe fiècle, furtout fi on en juge par la couronne de la Vierge & de l'enfant qui font même très modernes & tout-à-fait en défaccord avec le refte de la peinture.

En Italie, les élèves de Giotto furent les premiers à repréfenter la Vierge debout, fous un dais; mais ces repréfentations font plus fréquentes dans le nord de l'Europe qu'en Italie, au XVe & au XVIe fiècle.

Dans les fimples madones intronifées, on apporta graduellement une grande variation dans les attitudes & dans les fentiments. La Vierge, au lieu de foutenir fon fils des deux mains, le tient d'une feule, de l'autre, elle le montre ou bien elle lève fa main droite comme pour bénir les adorateurs. Dans quelques cas, l'enfant careffe fa mère, quelquefois celle-ci l'allaite; mais de pareilles repréfentations de la Vierge intronifée font rares. On trouve, cependant, un exemple attribué à Van Eych, de la Vierge affife fur un trône magnifique, fous un dais, & offrant le fein à fon fils. Cet exemple a fon pendant dans la galerie de Vienne; repréfentant la Vierge debout, mais venant de fe lever de fon trône, auffi fous un dais gothique, fur lequel font fculptées d'un côté la chute d'Adam & de l'autre Eve avec le ferpent.

Quelques exemples préfentent Marie adorant fon fils, mais c'eft probablement alors la *Madre Pia*, qu'on a tant variée dans la fuite. Souvent l'enfant eft couché fur les genoux de fa mère; celle-ci le regarde, les mains jointes, comme en prières, ou bien elle place fa main fous les pieds de fon fils. Dans quelques cas, l'enfant regarde fa mère, en ayant un doigt fur fes lèvres, exprimant par ce figne le *Verbum fum*; rarement on trouve des exemples dans lefquels l'enfant foit endormi.

Lorfque la Vierge intronifée eft repréfentée tenant un livre ou lifant, & que l'enfant pofe la main fur le livre, c'eft une variation qui remonte au xive fiècle. La madone eft alors la *Mater fapientiæ*, la *Virgo fapientiffima*, le livre eft celui de la Sageffe. Telle eft du moins la plus commune interprétation. Dans une peinture en ce genre par Grofiacci, la Vierge eft affife fur un trône, lifant attentivement; près d'elle font faint Jean-Baptifte & faint Michel.

Quant à la couleur des vêtements de la Vierge, elle ne s'écarte prefque jamais des règles fixées; fa tunique eft ordinairement rouge, fon manteau eft ou rouge, couleur de l'amour & de l'afpiration religieufe, ou bleu, couleur de la conftance & de la pureté célefte.

Dans les peintures du XIIIe, du XIVe & même d'une partie du XVe fiècle, ces couleurs font d'une teinte tendre & délicate, le rouge eft rofe, plutôt que cramoifi; mais, dans la fuite, on a fait une étude de l'effet des couleurs, & le rouge, le bleu-foncé ont remplacé les teintes pâles. Parfois le manteau bleu recouvre la tête de la Vierge & lui fert de voile, quelquefois un voile blanc ou une couronne le remplacent. On voit peu de vierges intronifées, comme *Regina cœli*, qui n'aient pour ornement ou une couronne ou des cheveux tombant fur fes épaules en treffes longues & luxuriantes.

Dans les peintures allemandes & vénitiennes, la Madone eft fouvent richement vêtue; fa robe eft couverte de broderies & de perles, fa couronne eft garnie de diamants.

Les anciennes peintures préfentent toujours l'Enfant Jéfus vêtu; ce n'eft qu'au XVIe fiècle qu'on le voit en partie & même entièrement nu. Les anciens le couvraient d'une tunique fermée par une ceinture, avec de grandes manches, d'une étoffe quelquefois brodée d'or, quelquefois blanche, ou bleue, ou rouge. A cette robe, prefque royale, on a fubftitué plus tard une petite chemife tranfparente, fans manches; mais, en général, dans toutes les peintures deftinées à des couvents de femmes, il eft couvert d'une tunique bleue, ou bien fa mère le tient enveloppé dans fes vêtements.

Dans les anciennes peintures, le trône fur lequel la Vierge eft affife, eft un couffin d'étoffe brodée, pofé fur un tabouret, ou bien une chaife de fculpture gothique telle qu'on la voit dans les ftalles des cathédrales. Plus tard, ces fiéges ont été transformés en trônes riches, ornés fuivant le goût & le talent de l'artifte. On en voit qui font peints de manière à imiter le marbre, ornés de médaillons & de bas-reliefs repréfentant des fujets tirés de l'Ancien Teftament & qui fe rapportent à l'hiftoire de la Vierge ou à la miffion de fon fils.

Au XVIe fiècle, au moment où les fentiments religieux déclinaient & que le goût profane envahiffait toutes les branches de l'art & la littérature, on trouve des trônes de la Vierge ornés de bas-reliefs, d'ornements claffiques, comme la chaffe de Théfée & d'Hippolyte. On fuppofe alors que la mère de Dieu intronifée fur les ruines du paganifme, rappelle les anciennes légendes qui font tomber les temples & leurs idoles à l'approche de Marie & de fon fils. Il exifte plufieurs exemples de ces fortes de repréfentations de la Vierge fur des trônes magnifiques.

Les Italiens font une diftinction entre la *Madona in trono* & la *Madona in gloria*.

Quand des faints étaient introduits dans un tableau, la dignité de Marie comme mère de Dieu, voulait qu'elle ne fe trouvât jamais confondue parmi eux, on l'élevait alors au deffus de la terre & on la plaçait au milieu de nuages, avec le croiffant ou l'arc-en-ciel fous fes pieds. Cette repréfentation prenait alors chez eux l'appellation de *Madona in gloria*. Cet arrangement, fouvent répété, n'a pas, ce nous femble, la dignité fimple d'une reine affife au milieu de fes fujets.

De par l'autorité de l'Eglife, Marie eft intitulée reine des anges, des Prophètes, des Apôtres, des Vierges, des Martyrs & des Confeſſeurs, parmi leſquels les artiſtes choiſiſſent les perſonnages acceſſoires qu'ils veulent introduire ou qu'ils ont ordre de faire figurer dans leurs œuvres. Dans le principe, les anges paraiſſent avoir obtenu la préférence, ainſi que le prouve un exemple remarquable de la Madone intronifée, entourée de quatre anges, & que l'on voit dans l'antique moſaïque de l'égliſe de Sainte-Apollinaire à Ravenne, les madones de Cimabuë dont nous avons déjà parlé & beaucoup d'autres qu'il eſt ſurabondant de citer. Giotto place les anges agenouillés au pied du trône, faiſant de la muſique ou ſervant leur glorieuſe reine. Cet accompagnement d'anges choriſtes eſt un des plus anciens acceſſoires qui ſe ſoient conſervés juſqu'à nos jours. Dans une œuvre bien remarquable de Gentil Fabriano, repréſentant une Madone intronifée, l'artiſte a placé de chaque côté du trône, un arbre ſur lequel ſont perchés, comme des oiſeaux, de petits ſéraphins rouges, chantant & jouant ſur des inſtruments. Dans quelques exemples, tel que le retable par Taddeo Gaddi, à Florence, les anges, au lieu des inſtruments de muſique, harpes ou luths, portent les attributs des vertus cardinales.

Lorſque les Patriarches, les Prophètes, les Sibylles, en un mot, tous les perſonnages de l'ancienne loi, entrent dans une peinture ou ſur un retable, comme faiſant partie du cortége de Marie, comme types, prophètes ou précurſeurs du Meſſie, ils ſont toujours en dehors du compartiment dans lequel la Vierge eſt aſſiſe avec ſon fils. La ſeule exception que l'on trouve parfois eſt en faveur du roi David & du patriarche Job, mais ſeulement dans les œuvres modernes. David n'a plus alors ſa qualité de prophète, il ne conferve que fon titre d'ancêtre de la Vierge & du Rédempteur ; Job ne fe rencontre que dans les œuvres vénitiennes, non comme patriarche, mais comme patron.

Les Evangéliftes & les Apôtres paraiffent quelquefois, mais toujours comme patrons des églifes pour lefquelles la peinture eft faite. Saint Jean-Baptifte, qui femble avoir été le premier introduit après les anges, eft mis à proximité de la Vierge & de l'Enfant. Dans l'art grec, on l'a fait ange & meffager, car il paraît fouvent avec des ailes. L'Eglife grecque l'honore fpécialement comme Précurfeur &, à ce titre, il fait partie obligatoire de tous les groupes facrés. Rien n'eft comparable à la gracieufe & familière figure du petit faint Jean, comme acceffoire au groupe de la Vierge & de fon fils. L'introduction de ce perfonnage, qui remplace prefque toujours les anges aux pieds du trône, devint prefque habituelle au xvie fiècle.

Dans les peintures primitives, fainte Anne, mère de la Vierge, était rarement introduite, parce que la généalogie terreftre de la mère de Dieu ne pouvait trouver place dans des repréfentations fublimes & myftiques ; mais, à partir du milieu du xve fiècle, fainte Anne devint, d'après les légendes, un perfonnage important &, quand il fallait l'introduire, le peintre n'était pas peu embarraffé de la place qu'il devait lui donner. Il paraiffait peu convenable de la mettre plus bas que fa fille ; elle ne pouvait pas non plus lui être fupérieure ; on tranchait alors la difficulté en les faifant affeoir toutes deux fur le même trône, fainte Anne s'occupant de l'Enfant Jéfus que Marie tenait dans fes mains. On voit à la galerie nationale de Londres un exemple en ce genre par Francia.

Le premier exemple peut-être que l'on puisse indiquer de la Vierge intronisée, entourée de sa famille, est par Vivarini. Sainte Anne est à la droite du trône, à la gauche est saint Joachim, sur le devant est un groupe de Franciscains.

L'introduction des Docteurs, des Pères de l'Eglise avec leurs longues robes & leur barbe flottante, mis en contraste avec la charmante jeunesse, avec la noble & sublime naïveté de la Vierge & de son divin fils, produit un effet magique sur l'esprit de l'observateur. Un bel exemple que nous pouvons en citer est l'œuvre de Maretto, actuellement à Francfort. La Vierge caresse tendrement son fils, deux Docteurs sont de chaque côté du trône. Un second exemple est celui que l'on voit dans la galerie de Milan.

De toutes les servantes de la Vierge & de Jésus, la plus populaire est peut-être sainte Catherine, dont le mariage a été un thème souvent répété à cause de son admission générale dans toutes les communautés de femmes.

Dans l'art flamand & dans l'art espagnol, les serviteurs de la Vierge sont des moines & des religieuses. La raison en est que la plupart des communautés renfermant dans leur sein des artistes d'un mérite peu commun, ceux-ci crurent ne devoir mieux faire que d'introduire dans leurs œuvres quelques-uns de leurs membres béatifiés, les donnant pour escorte à la Vierge. Un simple coup d'œil suffit aux personnes accoutumées à lire les significations de l'art, pour discerner l'ordre religieux pour lequel un tableau a été fait. Saint Paul est le saint des Bénédictins ; il est peu de tableaux faits pour eux où il ne paraisse. Saint Augustin est le patriarche des Franciscains & des

Dominicains; communément il occupe la première place dans les peintures exécutées pour ces deux ordres religieux, en compagnie de saint Bernard & de saint Dominique. Dans les ordres mendiants, on trouve ordinairement saint Antoine de Padoue, sainte Claire d'Assise. Une des belles peintures, dans cette composition, est celle de Pellegrino, dans laquelle la Vierge intronisée est accompagnée de ces deux derniers personnages. Une autre œuvre non moins célèbre est celle du Corrége, faite pour l'église des Franciscains de Parme, où l'on voit la Vierge béniffant saint François qui la contemple avec admiration; derrière lui, d'un côté est saint Antoine de Padoue, de l'autre sont saint Jean & sainte Catherine.

Dans les peintures votives qui ont pour objet la délivrance de la peste, on voit toujours figurer saint Sébastien, saint Roch ou saint Georges, quelquefois saint Côme & saint Damien, protecteurs ordinaires dans les grandes calamités. Une peinture remarquable dans cette composition est celle par Mateo Giovani, où la Vierge & l'Enfant Jésus sont intronisés entre saint Sébastien & saint Georges, pendant que saint Côme & saint Damien, en tenue de médecins, portant une palme, sont agenouillés devant le trône. Le tableau du Titien, que l'on voit à Venise & qui fut fait & consacré à la Vierge en reconnaissance de la cessation de la peste, présente la Vierge & l'enfant assis dans la gloire céleste. La Vierge est surtout remarquable par son expression gracieuse & souriante. Une autre peinture célèbre, en ce genre, est celle de saint Sébastien par le Corrége. L'introduction, dans cette belle œuvre, de saint Germain, patron de Modène, indique assez que cette peinture fut faite pour cette ville, à l'occasion de la peste qui la désola en 1515.

335

Dans les calamités occafionnées par les inondations & par le feu, faint Grégoire eft le grand protecteur. Ce faint & fainte Barbe, que l'on invoque contre le tonnerre & la tempête, expriment la délivrance de ces fléaux, quand ils font réunis fur un même tableau. Les peintures votives qui font des actes de reconnaiffance pour quelque bienfait obtenu de Marie, ne font pas moins recommandables. Une des plus connues & des plus remarquables eft celle que l'on voit au Louvre, exécutée par Andrea Montagna, fur l'ordre de François de Gonzague, comme témoignage de fa gratitude, envers la Vierge, de la victoire qu'il remporta fur les Français en 1495.

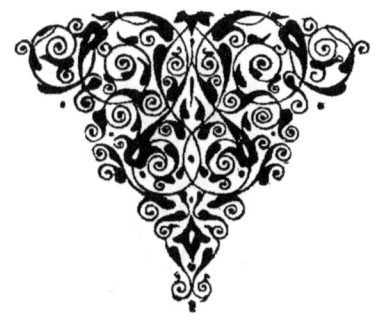

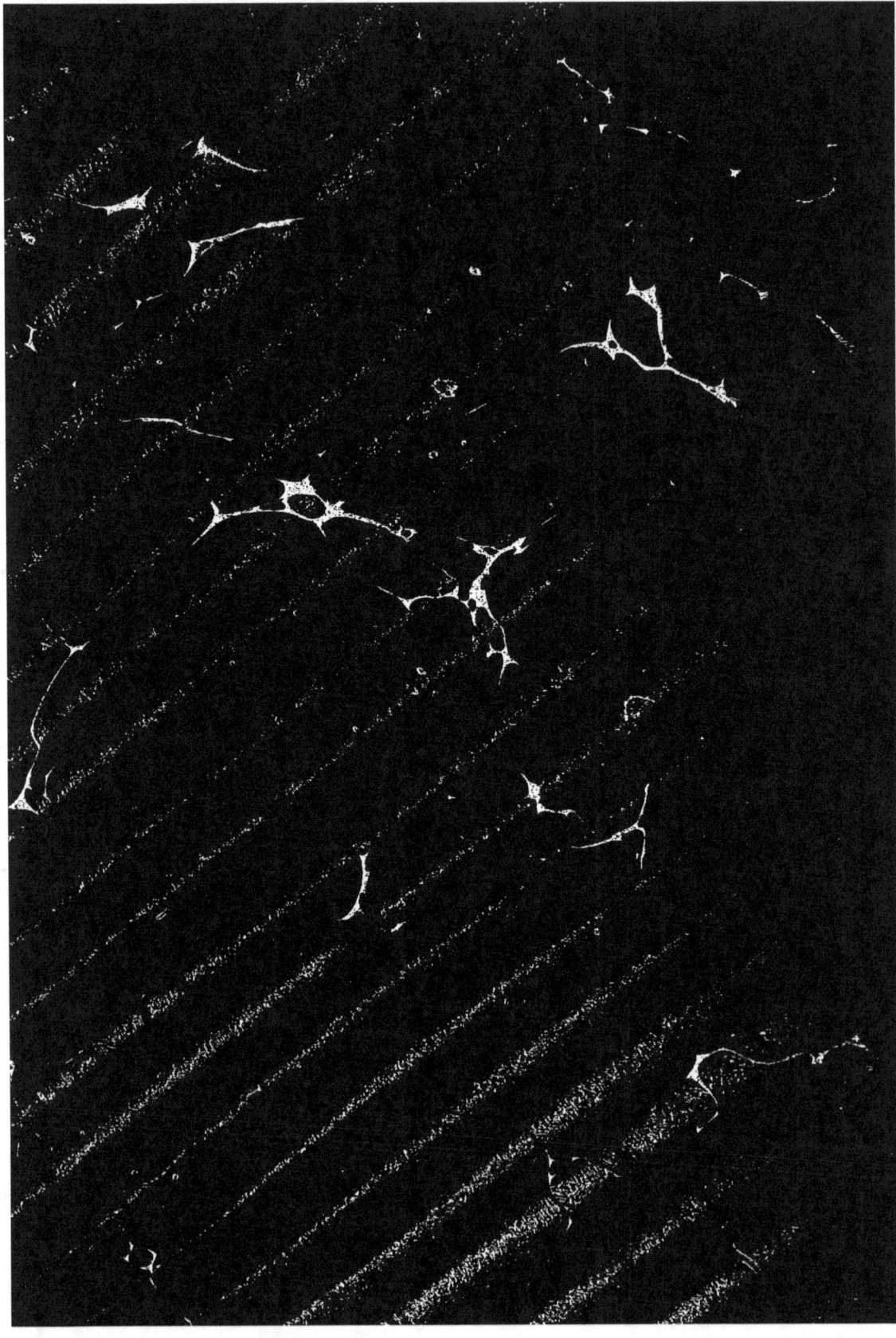